基于MAS的
企业集团财务协同控制研究

冯自钦◎著

中国水利水电出版社
www.waterpub.com.cn
·北京·

内 容 提 要

企业集团在国民经济中具有重要的地位和作用,其财务协同控制能力的强弱不仅是企业集团综合竞争能力的反映,更是一个国家或地区经济的综合性体现。研究和解决企业集团财务协同控制问题具有十分重要的意义。

本书充分结合企业集团财务协同控制的系统特征,按照"理论框架—系统分析—机理分析—共享知识库及 Agent 生成与优化—模型构建—系统实施及维护—实证分析"的逻辑思路展开研究,力求突出理论深度和开创性,为企业集团和政府管理部门提供管理方法和决策参考。

图书在版编目(CIP)数据

基于 MAS 的企业集团财务协同控制研究/冯自钦著
. —北京:中国水利水电出版社,2017.12
 ISBN 978-7-5170-6188-5

Ⅰ.①基… Ⅱ.①冯… Ⅲ.①企业集团—财务管理—研究 Ⅳ.①F276.4

中国版本图书馆 CIP 数据核字(2017)第 326216 号

书 名	基于MAS的企业集团财务协同控制研究 JIYU MAS DE QIYE JITUAN CAIWU XIETONG KONGZHI YANJIU
作 者	冯自钦 著
出版发行	中国水利水电出版社 (北京市海淀区玉渊潭南路1号D座 100038) 网址:www.waterpub.com.cn E-mail:sales@waterpub.com.cn 电话:(010)68367658(营销中心)
经 售	北京科水图书销售中心(零售) 电话:(010)88383994、63202643、68545874 全国各地新华书店和相关出版物销售网点
排 版	北京亚吉飞数码科技有限公司
印 刷	北京一鑫印务有限责任公司
规 格	170mm×240mm 16开本 17.5印张 227千字
版 次	2018年5月第1版 2018年5月第1次印刷
印 数	0001—2000 册
定 价	81.00元

凡购买我社图书,如有缺页、倒页、脱页的,本社营销中心负责调换

版权所有·侵权必究

前　言

在现代科学和管理技术飞速发展的互联网时代，企业集团的财务正面临着组织内部管理向跨组织协作、单一信息沟通向多维信息传递、固定价值流程向柔性价值流程转换的多种挑战，无法规避的财务风险日益成为企业集团财务战略实施和价值创造的障碍，如何搞好企业集团的财务协同控制一直以来都是党和政府密切关注、理论工作者深入研究的重要课题。由于企业集团在国民经济中具有重要的地位和作用，其财务协同控制能力的强弱不仅是企业集团综合竞争能力的反映，更是一个国家或地区经济的综合性体现。因此，研究和解决企业集团财务协同控制问题具有十分重要的意义。

协同控制是当前世界学术界普遍关注的焦点问题和整个国际社会关注的研究主题，也必然成为企业集团管理理论和实务界所重视的重要研究领域。国内外的研究表明，已有的基于还原论的建模方法不能很好地解决复杂系统问题。采用基于MAS(Multi-Agent System)的建模方法，将复杂系统中的交互个体用Agent的方式来描述，并对个体之间以及个体与环境之间的交互进行建模，就能够将复杂系统中个体的微观行为与系统的整体属性——宏观"涌现性"有机地结合起来，已被证明是一种有效的建模方式。

财务协同控制是企业集团通过一定技术实现的财务战略匹配、财务经营优化、财务关系协调、财务创新提升、财务风险控制的价值涌现机制，是在相关财务要素的有机配合下，通过复杂的非线性相干作用产生单独要素所无法实现的整体功能优化过程，是企业集团长期价值创造和持久竞争优势的自组织实现过程。

▶ 基于 MAS 的企业集团财务协同控制研究

企业集团财务协同控制系统可视为一个开放的复杂巨系统,具有多主体、多因素、多尺度、多变性等特征,包含着丰富而深刻的复杂性科学问题,就机理而言,该系统与 MAS 所面临的问题极为相似,具有自适应柔性动态管理和分布式控制特征,易于采用 Agent 的方式进行模拟研究。同时,企业集团财务协同控制系统涉及管理科学、信息科学、工程科学等多学科领域,是典型的跨层次、跨部门和综合性很强的问题,需要不同学科间开拓、交叉、渗透与融合,MAS 为解决此类问题的关键技术提供了新的思路、理论和方法。

本书充分结合企业集团财务协同控制的系统特征,按照"理论框架—系统分析—机理分析—共享知识库及 Agent 生成与优化—模型构建—系统实施及维护—实证分析"的逻辑思路展开研究,力求突出理论深度和开创性,为企业集团和政府管理部门提供管理方法和决策参考。

本书的主要内容和创新性包括:①基于 MAS 的企业集团财务协同控制理论框架。主要研究财务协同控制思想的演进、基于 Agent 的智能决策支持系统和基于 MAS 的企业集团财务协同控制相关理论,建立基于 MAS 的企业集团财务协同控制研究的基本理念体系和基本理论框架。②基于 MAS 的企业集团财务协同控制系统分析。主要研究企业集团财务协同控制系统的基本结构、内在关系和耦合效应,建立企业集团财务协同控制系统的基本结构模型,路径因果关系和耦合效应模型。分析企业集团财务协同控制系统与 MAS 的差异性和一致性,探讨基于 MAS 的企业集团财务协同控制的可行性。③基于 MAS 的企业集团财务协同控制机理。主要进行 Multi-Agent 任务分析、结构分析、职能分析和机能分析,厘清企业集团财务协同控制系统的 Multi-Agent 的基本特性;进行基于 MAS 的企业集团财务协同控制的 Agent 博弈分析,把握企业集团财务协同控制系统的 Multi-Agent 博弈特征;探讨企业集团财务协同控制系统的 Multi-Agent 合作与冲突,建立企业集团财务协同控制系统的 Multi-Agent 协调控制模型。④基于MAS的企业集团财务协同控制共享知识库及Agent生成与优化。主要研究共享知识库的构建基础、知识表达和共享知识库系统、共享知识库的构建与更新、Multi-Agent的生成与交互、Multi-Agent的进化与选择,把握共享知识库的基本特性,建立共享知识库模型,探讨Multi-Agent交互进化规律,建立Multi-Agent自适应进化模型。⑤基于MAS的企业集团财务协同控制系统模型构建。主要提出基于MAS的企业集团财务协同控制系统的概念模型和假设,设计问卷并进行问卷调查,运用结构方程模型进行拟合分析和路径关系检验,建立基于MAS的企业集团财务协同控制系统模型,并进行模型的功能分析和局限性分析,对模型进行了适应性评价。⑥基于MAS的企业集团财务协同控制系统实施及维护。主要研究基于MAS的企业集团财务协同控制系统的实施原则、实施环境和实施步骤,阐述基于MAS的企业集团财务协同控制系统维护内容、维护类型和维护程序。⑦实证分析。主要对企业集团财务协同控制系统的耦合效应和知识本体类的属性指标及判断规则模型进行实证分析。

  本书的出版得到了教育部人文社会科学研究规划基金项目资助(项目编号:12YJA630030)、河南省高校科技创新团队(资源环境统筹与生态补偿)支持计划资助(团队编号:16IRTSTHN025),在此表示衷心的感谢。受作者知识水平的限制,书中难免存在不足或疏漏之处,敬请读者批评指正!

作 者

2017年10月29日

目　　录

第一章　绪论 …………………………………………………… 1
　　第一节　研究背景 ………………………………………… 1
　　第二节　研究的目的和意义 ……………………………… 12
　　第三节　国内外相关研究综述 …………………………… 16
　　第四节　研究内容与研究方法 …………………………… 22
第二章　基于 MAS 的企业集团财务协同控制理论框架 …… 28
　　第一节　企业集团财务协同控制思想的演进 …………… 28
　　第二节　基于 Agent 的智能决策支持系统 ……………… 35
　　第三节　基于 MAS 的企业集团相关理论分析 …………… 41
　　第四节　基于 MAS 的财务管理相关理论分析 …………… 49
　　第五节　基于 MAS 的自组织相关理论分析 ……………… 56
　　第六节　基于 MAS 的协同控制相关理论分析 …………… 63
　　第七节　研究的理论框架 ………………………………… 66
　　本章小结 …………………………………………………… 67
第三章　基于 MAS 的企业集团财务协同控制系统分析 …… 68
　　第一节　企业集团财务协同控制系统及其与 MAS 的异同点分析 … 68
　　第二节　基于 MAS 的企业集团财务协同控制的可行性研究 … 83
　　本章小结 …………………………………………………… 88
第四章　基于 MAS 的企业集团财务协同控制机理 ………… 89
　　第一节　企业集团财务协同控制系统的 Multi-Agent 分析 … 89
　　第二节　企业集团财务协同控制系统的 Multi-Agent 博弈分析 … 96
　　第三节　企业集团财务协同控制系统的 Multi-Agent 合作与冲突 … 105
　　本章小结 …………………………………………………… 112
第五章　基于 MAS 的企业集团财务协同控制共享知识库及 Agent
　　　　　生成与优化 ………………………………………… 113
　　第一节　Multi-Agent 共享知识库的构建基础 …………… 113

第二节　Multi-Agent 知识表达与共享知识库系统 ………… 115
第三节　基于 MAS 的企业集团财务协同控制共享知识库构建
　　　　与更新 …………………………………………………… 120
第四节　企业集团财务协同控制系统的 Multi-Agent 交互进化 … 130
本章小结 ……………………………………………………………… 136

第六章　基于 MAS 的企业集团财务协同控制系统模型构建 ……… 138
第一节　基于 MAS 的企业集团财务协同控制系统模型假设
　　　　检验 …………………………………………………… 138
第二节　基于 MAS 的企业集团财务协同控制系统模型设计
　　　　与分析 ………………………………………………… 151
本章小结 ……………………………………………………………… 159

第七章　基于 MAS 的企业集团财务协同控制系统实施及维护 …… 160
第一节　基于 MAS 的企业集团财务协同控制系统实施 ……… 160
第二节　基于 MAS 的企业集团财务协同控制系统维护 ……… 174
本章小结 ……………………………………………………………… 177

第八章　实证分析 ……………………………………………………… 178
第一节　企业集团财务协同控制系统的耦合效应实证分析 …… 178
第二节　基于 MAS 的企业集团财务协同控制矩阵模型实证分析 … 189
本章小结 ……………………………………………………………… 208

第九章　总结与展望 …………………………………………………… 209
第一节　研究总结 ………………………………………………… 209
第二节　主要创新点 ……………………………………………… 211
第三节　研究展望 ………………………………………………… 212

附录 A　调查问卷 ……………………………………………………… 213
附录 B　VFP 计算主程序源代码 ……………………………………… 225
附录 C　样本公司 2016 年合并财务报表数据资料 …………………… 237

参考文献 ………………………………………………………………… 261

第一章 绪 论

在现代科学和管理技术飞速发展的互联网时代,企业集团的财务正面临着组织内部管理向跨组织协作、单一信息沟通向多维信息传递、固定价值流程向柔性价值流程转换的多种挑战,无法规避的财务风险日益成为企业集团财务战略实施和价值创造的障碍,如何搞好企业集团的财务协同控制一直以来都是党和政府密切关注、理论工作者深入研究的重要课题。鉴于基于MAS的企业集团财务协同控制问题的复杂性,运用多种理论和方法进行系统化探讨十分必要,其研究成果对于提升企业集团的综合竞争力具有重要的指导作用。

第一节 研究背景

一、企业集团及其在国民经济中的地位和作用

企业集团是指以现代企业制度为基础,以资本为主要联结纽带,以母子公司架构为主体,由母公司、全资子公司、控股子公司、参股公司及其他成员企业或机构,以集团章程、集团战略为共同行为规范而组成的具有一定规模和多层次结构的多法人企业联合体。按照企业集团的纽带关系可将企业集团划分为母子型企业集团、财团型企业集团和契约型企业集团。母子型企业集团又可称为股权型企业集团,它是以母公司为核心,以资本和契约为主要联结纽带,由母公司通过对分公司、子公司和孙公司的控股,形成金字塔式的层级控制关系。在母子型企业集团中,母公司、子公司和孙公司具有独立法人资格,子公司和孙公司由于受母公

司的股权控制,其经营决策接受母公司的支配,并与母公司一起共同实现企业集团的战略目标。财团型企业集团是以银行和金融公司为核心,以资产为主要联结纽带,成员企业之间通过"环状持股,多元结合"的方式形成横向的联结关系,其结合形式具有相对松散性,企业集团形成的主要目的是成员企业间的业务提携和对市场风险的控制。契约型企业集团主要以协议、合同和章程等契约形式为联结纽带,在原有隶属关系不变的前提下,成立理事会、董事会等决策机构,成员企业之间通过分工协作、资源共享、互惠互利等方式开展相关业务,实现共同的战略目标。

不同类型企业集团的联结关系如图1-1所示。

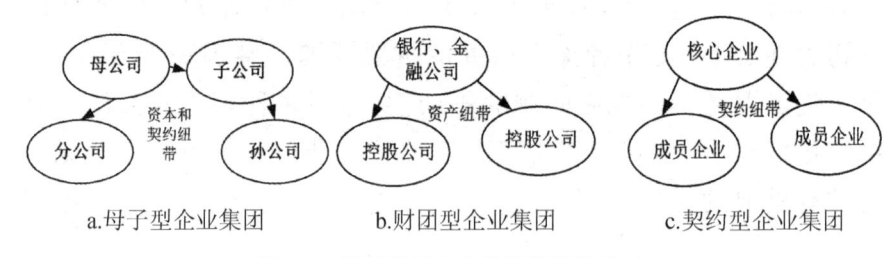

a. 母子型企业集团　　b. 财团型企业集团　　c. 契约型企业集团

图 1-1　不同类型企业集团的联结关系

企业集团是现代企业制度下的高级组织形式,它的产生和发展是企业与市场相互作用共同演化的结果,它是介于企业与市场之间的中间性组织[①]。亚当·斯密(Adam Smith,1768)在《国富论》中系统地提出了劳动分工理论,认为劳动分工是提高劳动生

---

① 中间性组织:是指企业与市场之间的一种组织存在形式,是在信息技术的支持下,企业之间建立在信用基础之上,以合作为目的,依靠价格机制和权威机制配置资源,具有网络特性的相对稳定且普遍存在的一种契约安排。从经济学角度来看,它是一种合作竞争型的准市场组织。从制度经济学的视角看,它是介于市场和企业之间的一种制度安排。从分工经济学的视角看,它的企业组织间的关系由相互之间的生产和服务过程中分工关系所决定。从行为经济学的视角看,它的各企业组织的加入是一种自组织行为。从组织结构的视角看,它具有虚拟性,它与实体公司之间存在显著的区别。它兼具了科层权威机制的计划性和市场价格机制的竞争性与市场机制的竞争性、效率性双重优势。一方面,它克服了市场失灵,防止交易费用过大;另一方面,它又克服了一体化组织失灵,防止组织费用过高,从而达到交易费用和组织费用的最小化和效率的最大化。

产率和增进国民财富的重要力量。在劳动分工的作用下,经济组织按照一定方式组织生产要素,进行生产经营活动。常见的经济组织是以企业和市场为主导的一体化组织和市场化组织。企业作为一体化组织,主要是在劳动分工与协作下,运用各种生产要素生产商品或提供劳务。市场作为市场化组织,主要是对企业生产的商品或提供的劳务进行交换。由此产生了生产成本和交易费用。随着竞争环境的变化,单体企业在生产经营过程中会面临各种各样的难题,如企业资源获取的成本问题、企业生产的商品或提供的劳务交换时的交易费用问题、企业的抗风险能力问题等等。环境的变迁对组织变革提出了最为迫切的要求,由此产生了介于企业与市场的中间性组织,如企业集团、产业集聚[①]、虚拟组织[②]、战略联盟[③]和模块化组织[④]等等。企业集团作为企业与市场"杂交"的制度形式,通过介于一体化和偶然而短暂的市场交易关系,使成员企业之间在互相保持独立性的前提下,建立了相对长期而稳固的交易关系,成员企业之间不但能够取得资源互补和能力互补的作用,而且能够实现规模经济、范围经济和协同经济的效果。

经济组织的演变关系和不同类型的中间性组织分别见图1-2和图1-3。

---

① 产业集聚:是指在一定区域内,不同类型的企业高度密集地聚焦在一起,能够形成产业集群发挥集群的集聚效益,包括外部经济、协同效应、创新效益、竞争效益等,通过市场创造模式和资本转移模式,推动专业化市场的形成和资本的外部迁入。

② 虚拟组织:是指以信息技术为支撑的人机一体化组织,它的主要特征是运用现代通信技术、数据库技术、人工智能技术、互联网技术等,共享组织成员的核心资源、核心能力,实现跨区域的合作与行动,节约时间,降低费用和风险。

③ 战略联盟:是指两个或两个以上的企业为了达到共同的战略目标而采取的合作方式,一般是通过合作协议,制定共同的战略目标,约定风险共担、利益共享的合作模式,从而创造规模经济,发挥企业间的互补优势和消除行业壁垒,实现多样化的生产关系,提高企业的核心竞争力和发展潜力。

④ 模块化组织:是指以产品和技术为基础所进行的企业内部分工或组织结构调整,包括产品模块化和组织模块化。区别于一体化层级组织,模块化组织能够实现组成部分之间的灵活连接的资源配置方式,具有半自律的松散耦合关系,能够带来规模经济和发挥"选择权"优势,具有较强的战略柔性。

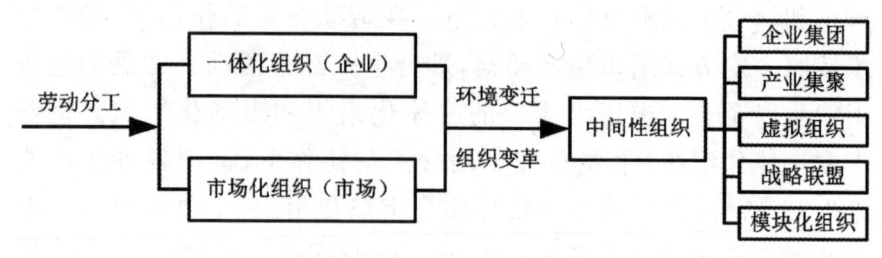

图 1-2 经济组织的演变关系

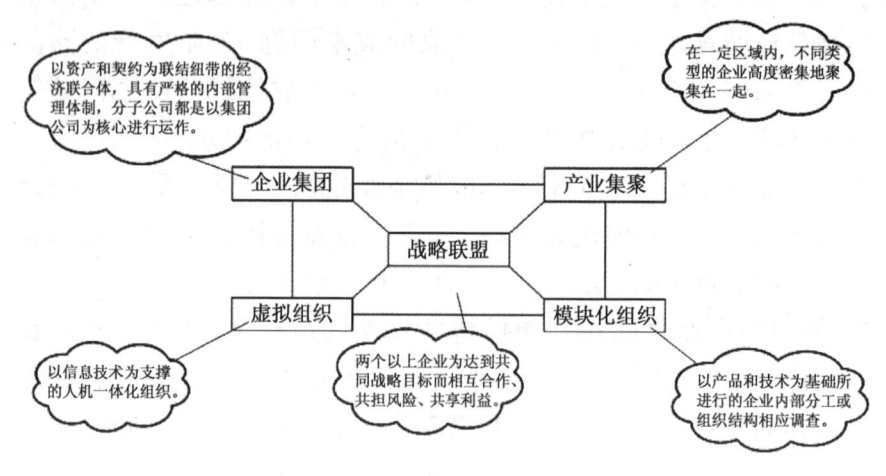

图 1-3 不同类型的中间性组织

对企业集团的认识需要重点把握其经济本质和系统特征。企业集团的经济本质主要体现在以下几方面：①企业集团的经济本质是以权威机制和价格机制为协调手段的经济活动或组织分工制度形式，主要表现为通过专用性资产安排而形成的关系契约。②多元化企业集团往往能够利用互补性资源，通过创造协同优势来提高竞争力，从而有效抵御风险。③企业集团追求的是实现资源一体化的整合价值效应，这种价值效应体现了短期与长期、局部与整体的协同关系，最终表现为协同经济性和价值涌现性。④企业集团是以多方共赢为特征的利益共同体，母公司与成员企业之间是互惠互利的共生关系，是协同基础上的竞争，也是竞争基础上的协同。企业集团是一个复杂的协同控制系统，具有耗散结构特征、协同竞争特征和动态耦合特征。首先，企业集团是一个开放的远离平衡态的经济系统，与外界环境、内部环境和市场之间不断地进行着能量、物质和信息的交换,内部存在涨落且涨落导致有序。其次,企业集团需要多种要素的密切配合,通过非线性相互作用,在随机涨落力驱动下进行协同建制,通过自身的协同控制能力来调整内部协同竞争关系以适应环境变化,并通过系统的协同控制作用推进系统的演化。同时,企业集团是一个复杂的自适应系统,系统内部存在多个子系统,各子系统要素之间存在着关联关系和匹配关系,通过它们的相互影响、相互作用,决定和影响着企业集团整体价值创造的协同进程和效果。

毫无疑问,在现代经济组织中,企业集团已经成为经济发展的最为重要的推动力量。随着我国市场经济的确立,为适应我国经济结构调整和参与市场竞争的需要,自20世纪80年代以来,我国先后通过重组、并购等方式组建了一定数量的企业集团,在一定时期内发挥了规模经济、协同经济的作用。随着现代企业制度的确立和完善,最初靠政府行政手段组建的企业集团也进入了协同优化发展期,同时出现了大批多种形式的企业集团,这些企业集团的整体规模在进一步扩大,发展势头强劲,在国内、国际竞争中逐渐崭露头角。如2015年我国500强企业集团年末总资产达197.6万亿元,较2014年500强企业集团年末资产176.4万亿元增长12%;实现营业收入59.5万亿元,较2014年500强企业集团56.68亿元增长4.74%;净利润总额达2.58万亿元,较2014年500强企业集团年末净利润2.4万亿增长7.3%。虽然我国企业集团经过多年的发展,取得了较大的业绩,在2017年公布的世界财富500强企业中也拥有了115个席位,但与世界500强企业集团相比仍有一定差距,排在100名以内的企业集团仅有20家(2016年中国企业集团财富世界500强经营及排名情况见表1-1)。放眼全国,企业集团的数量、规模和经营情况决定了区域经济发展的状况,如2015年我国百亿元以上营业收入的企业集团数量436个,其中北京、上海、江苏、浙江等地区就占到了全国总数的50%以上,排在前500强的企业集团数目占全国的50%以上,很大程度上促进和带动了这些地区的经济发展,而我国偏远地区

（如西藏）因企业集团发展滞后而使区域经济呈现落后状况。全国500强企业集团产值占GDP的比重见表1-2。

表1-1 2016年中国企业集团财富世界500强经营及排名情况

单位：百万美元

排名	公司名称	营业收入	净利润	排名	公司名称	营业收入	净利润
2	国家电网公司	315198.6	9571.3	261	京东	39155.3	−573
3	中国石油化工集团公司	267518	1257.9	268	恒力集团	37879.7	821.7
4	中国石油天然气集团公司	262572.6	1867.5	274	中国华能集团公司	37542.6	−85.9
22	中国工商银行	147675.1	41883.9	276	神华集团	37321.5	1916.9
24	中国建筑股份有限公司	144505.2	2492.9	277	绿地控股集团有限公司	37240.3	1085.2
27	鸿海精密工业股份有限公司	135128.8	4608.8	279	怡和集团	37051	2503
28	中国建设银行	135093.3	34840.9	296	和硕	35891.2	599.6
38	中国农业银行	117274.9	27687.8	307	万科企业股份有限公司	34458	3164.5
39	中国平安保险（集团）股份有限公司	116581.1	9392	312	中国能源建设集团有限公司	33929.8	421
41	上海汽车集团股份有限公司	113860.8	4818.2	318	中国中车股份有限公司	33738.7	1700.3
42	中国银行	113708.2	24773.4	319	长江和记实业有限公司	33475	4252.4
47	中国移动通信集团公司	107116.5	9614.3	320	冀中能源集团	33365.5	−153.9
51	中国人寿保险（集团）公司	104818.2	162.4	322	新兴际华集团	33173.8	448.2

续表

排名	公司名称	营业收入	净利润	排名	公司名称	营业收入	净利润
55	中国铁路工程总公司	96978.5	924.1	326	陕西延长石油(集团)有限责任公司	32652.3	−22.6
58	中国铁道建筑总公司	94876.5	1192.4	329	中国光大集团	32460.5	1877.8
68	东风汽车公司	86193.5	1415	334	中国机械工业集团有限公司	32237	502
83	华为投资控股有限公司	78510.8	5579.4	336	中国航天科技集团公司	32093.8	1996.2
86	中国华润总公司	75776.3	2580.2	337	陕西煤业化工集团	31926	−254.4
89	太平洋建设集团	74629	3168.1	338	中国恒大集团	31828	2368.8
100	中国南方电网有限责任公司	71241.5	2329.8	339	江西铜业集团公司	31679.8	20.4
101	中国南方工业集团公司	71150.5	580.3	341	中国保利集团	31508.3	744.1
103	中国交通建设集团有限公司	70750.8	1431.3	343	浙江吉利控股集团	31429.8	1265.7
114	中国人民保险集团股份有限公司	66731.9	2144.3	348	物产中大集团	31185	324.3
115	中国海洋石油总公司	65891.7	1752.4	355	中国航天科工集团公司	30581.9	1443.7
119	中国邮政集团公司	65605	4980.3	362	中国电子信息产业集团有限公司	30009.7	321.9
120	中国五矿集团公司	65546.9	−446.7	364	中国船舶工业集团公司	29876.8	367.6
125	中国第一汽车集团公司	64783.9	2411.3	365	江苏沙钢集团	29862.2	352.1
129	天津物产集团有限公司	63324.2	141.7	366	中国远洋海运集团有限公司	29743.1	1489

续表

排名	公司名称	营业收入	净利润	排名	公司名称	营业收入	净利润
133	中国电信集团公司	62387	1764.6	368	国家电力投资集团公司	29493.4	436.6
135	中国兵器工业集团公司	61325.5	853	369	台积电	29387.9	10283.7
136	中粮集团有限公司	61265.3	204.5	372	山东能源集团有限公司	29298.6	39.2
137	北京汽车集团	61129.5	1260.6	380	大连万达集团	28482.8	110.3
139	安邦保险集团	60799.8	3883.9	382	中国华电集团公司	28204.3	360.6
143	中国中化集团公司	59532.6	468	383	友邦保险	28196	4164
159	山东魏桥创业集团有限公司	56174	1217.2	390	广达电脑	27715.1	469.3
162	中国航空工业集团公司	55306.2	464.2	397	中国国电集团公司	27315.1	268.7
170	海航集团	53035.3	278.9	400	中国电子科技集团公司	27291.7	1611.6
171	交通银行	52989.6	10116.9	411	国泰人寿保险股份有限公司	26291.7	934
172	中国中信集团有限公司	52852	3,236.3	430	大同煤矿集团有限责任公司	25630	－214.8
183	正威国际集团	49676.7	1199.9	433	山西焦煤集团有限责任公司	25122.5	－10
190	中国电力建设集团有限公司	48868.8	1,057.6	439	中国航空油料集团公司	24588.1	320
199	中国医药集团	47809.7	504	445	山西阳泉煤业（集团）有限责任公司	24284.1	11.1
204	中国宝武钢铁集团	46606.2	442.8	448	潞安集团	24087.3	－106.9
205	来宝集团	46528.3	8.7	450	美的集团股份有限公司	24060.4	2210.4

续表

排名	公司名称	营业收入	净利润	排名	公司名称	营业收入	净利润
211	中国化工集团公司	45177.2	17.9	454	中国大唐集团公司	23871	243.9
216	招商银行	44551.8	9344.8	458	仁宝电脑	23772.5	252.1
221	河钢集团	43768.9	−146.8	459	阳光金控投资集团有限公司	23657	159.2
222	中国华信能源有限公司	43743.3	740.9	462	阿里巴巴集团	23517.3	6489.5
226	联想集团	43034.7	535.1	467	碧桂园控股有限公司	23043.7	1733.6
230	兴业银行	42621.6	8105.9	476	山西晋城无烟煤矿业集团有限责任公司	22874.6	3
233	中国船舶重工集团公司	42149.2	485.8	478	腾讯控股有限公司	22870.7	6185.9
238	广州汽车工业集团	41560.4	551.9	485	苏宁云商集团	22366.1	106
241	中国联合网络通信股份有限公司	41273.9	23.2	488	厦门建发集团有限公司	22145	280.2
245	上海浦东发展银行股份有限公司	40688.7	7992.8	490	中国通用技术（集团）控股有限责任公司	22113.1	413.6
248	中国铝业公司	40278	−282.5	494	厦门国贸控股集团有限公司	21929.6	35.6
251	中国民生银行	40234.3	7,201.6	495	新疆广汇实业投资（集团）有限责任公司	21919.3	251.8
252	中国太平洋保险（集团）股份有限公司	40192.7	1814.9	497	新华人寿保险股份有限公司	21795.7	743.9
259	中国建材集团	39322.6	74.5				

注：资料来源：财富中文网，http://www.fortunechina.com。

表 1-2　全国 500 强企业集团产值占 GDP 的比重

	2011 年	2012 年	2013 年	2014 年	2015 年	2016 年
全国 500 强企业集团产值（万亿元）	36.30	44.90	50.02	56.68	59.50	59.46
全国 GDP 总量（万亿元）	48.93	54.04	59.52	64.40	68.91	74.40
占全国 GDP 的比重(%)	74.19	83.09	84.04	88.01	86.34	79.92

二、企业集团财务协同控制能力的脆弱性

现代企业集团是具有显著的财务协同控制特色、管理复杂性和动态耦合特征的先进组织形式，是伴随着生产力发展在适应外部环境和内部条件变化的前提下进行的组织自我完善和创新。近年来，随着宏微观环境的变化，财务协同控制失效导致的企业集团破产或竞争力下降案例日益增多，不可避免地给国民经济带来严重的消极影响。如 2002 年以来的美国世界通信、联合航空、环球电信的"破产效应"，重创了美国经济。2006—2009 年，美国次贷危机影响下的 Lehman Brothers Holdings 倾覆、General Motor Corporation 破产危机带来的多米诺骨牌效应，对世界经济的影响深远。我国长虹公司的战略性失血(2004—2006)、长航油运的战略性失败(2014)案例，也给企业集团的财务协同控制敲响了警钟。在企业集团财务协同控制的管理实践中，进一步挖掘这些失败的案例，它们背后都有着共同的因素值得深入探讨和研究，那就是企业集团发展过程中的财务协同控制能力弱化问题。一方面，财务协同控制能力是企业集团财务协同控制的基础，它的弱化直接导致企业集团核心竞争力的下降。在"战略资源—财务协同—核心竞争力"导向下的企业集团管控系统中，弱化的财务协同控制能力是战略资源价值提升和核心竞争力形成的关键障碍。独特性资源的缺失、核心竞争力的不足，势必使企业集团在财务

协同控制面前力不从心、难以为继。另一方面,财务协同控制能力是企业集团财务协同控制的保障,它的弱化直接导致企业集团价值效应的扭曲或错位。在"战略风险—财务协同—价值效应"导向下的企业集团价值创造体系中,弱化的财务协同控制能力是企业集团充分利用财务资源实现价值效应的核心阻力。日益累积的财务风险和日益枯竭的财务资源,使企业集团在价值创造方面难以坚挺和持久。

三、企业集团财务协同控制能力提升的必要性

通过优化资源配置、提高环境适应能力、促进利益关系协调来实现集团经济、规模经济和协同经济是现代企业集团的基本任务。企业集团在多重契约关系、多重利益主体和多向资源约束的前提下,发挥"1+1>2"或"2+2=5"的财务协同效应,不仅是提高企业集团自身竞争力的需要,而且也是区域经济发展的需要。在国家宏观经济政策的引导和协调下,通过自身的协调发展,我国有一大批企业集团在国内外经济舞台上逐渐崭露头角,促进了区域经济和民族经济的发展,如中国石化、中国建筑、中国移动、中国铁建等。然而,由于企业集团财务协同控制问题的复杂性,如何从战略高度协调企业集团的财务资源和财务利益关系,如何消解财务冲突和规避财务风险,如何进一步提升企业集团的价值创造能力等,一直以来都是研究者所要着力解决的关键问题。在努力寻求企业集团财务协同控制规律的前提下,研究者探讨了企业集团的财务治理结构、财权配置、财务绩效评价等一系列问题,取得了丰富的研究成果,对于企业集团财务协同控制问题的研究具有重要的参考价值。在协同战略、配置资源、协调关系以实现价值创造和应对由于内外经济环境变化所产生巨大财务风险影响的过程中,企业集团财务早已突破了传统的纯科层组织界限,具有显著的分布式、网络化和动态复杂性特征,它需要通过复杂的财务协同机制和财务控制手段,来实现对环境的适应性反应和

对财务资源的优化配置,从而达到自身的动态优化和协同演进,具有较强的财务协同潜质、财务控制特征和财务进化属性。企业集团财务协同控制系统具有多主体、多因素、多尺度、网络性特征,包含着丰富而深刻的复杂性动态网络系统科学问题。同时,企业集团财务协同控制系统涉及管理科学、信息科学、工程科学等多学科领域,是典型的跨层次、跨部门和综合性很强的问题,需要不同学科间开拓、交叉、渗透与融合,MAS(Multi-Agent System)为解决此类问题的关键技术提供了新的思路、理论和方法。

第二节 研究的目的和意义

本书的研究综合运用 MAS 建模、协同学基本理论、企业集团、财务管理理论、复杂系统理论和方法,通过研究企业集团财务协同控制系统与 MAS 的机理相似性,构建企业集团财务协同控制系统的 MAS 模型,按照"理论框架—系统分析—机理分析—共享知识库及 Agent 生成与优化—模型构建—系统实施及维护—实证分析"的逻辑思路,就企业集团财务协同控制系统的体系构建和形成机理展开深入研究,力求突出理论深度和开创性。努力在基于 MAS 的企业集团财务协同控制理论体系、优化模型、自学习与进化模型,建立具有中国特色的企业集团财务协同控制体系等方面做出创新性成果,丰富和发展企业集团财务管理理论,为企业集团和政府管理部门提供管理方法和决策参考。

本书的研究具有很强的理论价值和实际应用价值,主要表现在以下几方面。

一、研究的理论价值

采用 MAS 方法对企业集团财务协同控制进行研究,是复杂系统理论、协同学理论与财务理论融合的纵深探索,对于推进复杂系统理论、协同学理论与财务理论在企业集团财务协同控制问题中的具体应用和企业集团财务管理理论的发展具有积极的作用。复杂系统理论认为,世界上所有的客观存在都是具有一定结构的复杂系统,这一系统自成体系又从属于高于其结构的更为复杂的系统。世界上的所有复杂系统都是作为其他更为复杂系统的子系统而存在,并具有区别于其他子系统的特有属性,正是由于各个子系统的关系结构属性的差异性才形成了纷繁芜杂的世界。协同学理论认为,复杂系统是一个开放性系统,内部要素之间不但具有相干作用,而且系统自身受外部环境的影响,系统内部要素必须通过协同性合力来推进系统功能的改善,从而实现系统的自身发展和与环境的相适应。企业集团的财务协同控制系统实际上也是一个复杂性系统,它是由若干个子系统组成,要发挥企业集团的财务协同控制作用,必须通过各个子系统的协同作用来实现,MAS方法通过Multi-Agent的方式将各子系统的协同作用有效地整合起来,其研究成果有助于推进复杂系统理论、协同学理论与财务理论的融合发展。

采用MAS方法对企业集团财务协同控制进行研究,能够丰富和完善企业集团财务管理理论。财务管理是企业集团处理财务关系和开展财务活动的重要职能,包括财务分析与预测、财务决策与计划、财务组织与控制、财务评价与考核等多项职能,通过投资管理、筹资管理、营运资金管理、利润分配管理、财务风险管理等多种管理活动,推进财务资源的优化配置,协调财务关系的改善,发挥财务协同作用,并通过合理资产结构、优化资本结构和降低资本成本,来保障企业集团财务管理的价值最大化目标实现。财务管理是企业集团管理的核心灵魂,由于企业集团存在多层财务关系,其财务管理的复杂程度远大于单体企业,传统的财务管理起点理论、财务管理目标理论、财务管理运营理论,构成了企业集团财务管理的理论基石。然而,企业集团财务管理的复杂性对财务管理理论提出了更高要求,以财务协同控制为目标的财务管理是其理论价值发挥的重要性体现,它的目标是从创新性视角来进一步发掘企业集团的财务问题,厘清企业集团通过财务协同控制来创造价值的规律,推进企业集团的价值管理水平。MAS方法是财务协同控制研究的基本方法,它的研究成果是企业集团财务管理理论的延伸和扩充。

二、研究的实际应用价值

采用MAS方法对企业集团财务协同控制进行研究,能够有效保障企业集团的财务环境适应能力的提升,产生竞争优势,推进综合竞争能力的提高。综合竞争能力是衡量企业集团生存与发展的基本能力,企业集团处于日益复杂的竞争环境中,有效适应环境对企业集团的财务管理提出了变革的要求。随着世界经济和科学技术的日益快速发展,企业集团面对的宏观和微观环境也处于快速变化之中,强化财务职能管理、优化财务资源配置、协调平衡财务利益关系已经成为企业集团财务变革的重要推动力量。财务协同控制是企业集团适应环境变化所做出的必要举措,它是企业集团在复杂环境下通过协同战略的有效执行来培育竞争优势,提高管理决策能力和管理水平,形成综合竞争力。MAS方法对企业集团财务协同控制提供了重要技术支撑,对于增强企业集团财务环境适应能力具有重要的作用,采用MAS方法对企业集团财务协同控制进行研究,其研究成果的应用必然能为企业集团综合竞争能力的提升产生积极作用。

采用MAS方法对企业集团财务协同控制进行研究,有利于促进企业集团的财务资源优化配置,提高企业集团的财务资源配置能力。财务资源是企业集团生存与发展的重要保障,也是企业集团价值创造活动开展的必不可少的条件,企业集团在价值创造过程中要想获得利益的最大化,就必须不断投入财务资源,并通过财务资源的优化配置来发挥自身的财务资源优势,实现企业集团价值创造目标。企业集团的财务资源存在于企业集团的财务协同控制体系中,这些资源可划分为常规性财务资源和特殊性财务资源。常规性财务资源是企业集团的普遍性财务资源,易于被竞争对手模仿。特殊性财务资源具有价值性、稀缺性、难模仿性等"黏合性"特征，是企业集团财务协同控制的关键财务资源，对企业集团的价值创造具有不可替代性、稀缺性和边际价值贡献性。企业集团财务协同控制需要区分和匹配常规性财务资源和特殊性财务资源，MAS方法具有良好的匹配效果，对于企业集团的财务资源优化配置具有明显的作用。

采用MAS方法对企业集团财务协同控制进行研究，能够有效改善企业集团成员企业间的利益关系，提升财务协同作用，实现企业集团的整体战略经营目标。企业集团的整体战略经营目标融合于各成员企业的战略之中，需要通过成员企业的共同努力才能得以实现。由于成员企业之间不可避免地存在利益上的冲突和协调问题，因此，如何提升成员企业之间的财务协同作用显得尤为必要。企业集团是由契约和资产为主要纽带组成的复杂利益关系主体，母公司与各个子公司之间、子公司之间都有着复杂的利益关系，企业集团必须在努力实现整体性战略目标的同时兼顾各子公司的发展，同时考虑各利益相关者的利益，促进集团内部和外部的协同共赢。企业集团内外部矛盾和冲突是代理成本、集体决策成本和风险承担成本增加的源泉，会严重损害公司利益。采用MAS方法对企业集团财务协同控制进行研究，其研究成果应用能够有效降低企业集团的矛盾和冲突，实现利益均衡和协同发展。

采用MAS方法对企业集团财务协同控制进行研究，是化解财务风险提升财务风险防范能力的基本途径。财务风险是企业集团协同发展过程中面临的重要风险，是导致企业集团财务危机的根源。财务风险可表现为财务战略环境的适应性、财务资源的匹配性、财务利益关系的协调性以及财务创新的开拓性等多个方面，具有不确定性、价值损失性和结果差异性等特征。财务风险可划分为潜伏期、发展期和实现期等多个阶段，每个阶段都具有不同的危害程度，需要通过风险识别技术和风险控制技术进行识别和控制。传统的财务风险识别与控制技术，虽然能够对财务风险进行一定的识别和控制,但识别与控制方法简单滞后,难以达到有效的效果。MAS方法能够充分结合财务风险的基本特征,通过智能化技术性应用,及时获取财务风险的数据信息,通过Multi-Agent对财务风险的识别和管理,来完成对企业集团财务风险的控制,它是企业集团财务协同控制的重要内容,能够有效增强企业集团的财务风险防范能力。

第三节 国内外相关研究综述

一、基于价值效应的企业集团协同控制研究

价值效应是企业集团协同控制的绩效表现和战略执行结果,它的最初表现为协同效应。从价值效应的角度出发,安索夫(Ansoff)首先提出了它的四个变量,即增加了的销售收入、降低了的运营成本、压缩了的投资需求以及各自的变化速度,并把它们的运行结果表达为"2+2=5"。赫尔曼·哈肯(Hermann Haken,1976)运用协同学理论论述了协同控制价值效应的内在本质,指出序参量是微观子系统集体运动的产物,是协同控制价值效应的表征和度量,它支配着子系统的行为和系统的演化过程,系统在序参量的作用下通过自组织活动,从无序到有序,使旧的结构发展成为在空间、时间或功能等方面都发生根本变化的新的有序结构,从而实现价值效应。迈克尔波特(Michael Porter,1985)从竞争优势的角度阐释了协同控制价值效应的内在特征,认为价值效应是多项资源条件的协同控制整合表现,贯穿于整个价值链当中,它是组织结合自身条件充分实现竞争与合作的结果。伊丹广之(Itami H.,1987)认为价值效应是组织互补与协同的结果,通过隐形资产的互补和协同,企业能够产生竞争对手难以模仿的持久竞争优势。卡普兰和诺顿(Robert S. Kaplan,David P. Norton,1992)认为价值效应是财务、内部流程、顾客、学习与成长四个维

度同战略协同的结果,企业集团可以通过投资人的天赋和有效的治理体系,来协同控制旗下企业以获得长期的经营业绩。另外,效率动因理论、剔除无效内部人理论和非效率动因理论也分别从企业兼并时的控制权转移、内部治理和外部治理的角度对企业集团协同控制的价值效应进行了阐释。

我国学者对协同控制价值效应的研究涉及面较广,主要包括价值效应实证分析、价值效应与公司治理的关系等。严复海和吴晓静(2010)对上市公司资产剥离短期价值效应进行了实证研究,认为资产剥离行为能够为上市公司带来短期的价值效应,但上市公司频繁的资产剥离行为会打击投资者的信心,降低对资产剥离的关注,对公司股价变动的影响不大。刘文华(2011)对经理层团队职能背景特征价值效应进行了实证研究,认为由于董事会与经理层之间的战略定位与分工差异,使得政治背景、金融背景等反映经理层外部关联属性并没有体现出对公司经营绩效的正向促进作用,经理层生产与研发背景比例与资产回报率显著正相关。李国栋和薛有志(2012)研究了多元化企业董事会战略对价值效应的影响,认为董事会介入对公司的价值效应具有正向影响,适宜的董事会关系能力能够提高董事会介入的有效性,从而产生战略介入效应,并推动公司价值效应的产生。顾海峰和谢晓晨(2013)研究了企业的跨国并购价值效应,认为企业跨国并购的价值效应主要受行业相关性、文化匹配度和企业的并购整合能力的影响,行业相关性决定了可实现的最大收益,文化匹配度会减少这一收益,企业的并购整合能力决定了价值效应的最终状态。龙文滨和宋献中(2014)从资源投入的视角研究了社会责任决策与公司的价值效应,研究表明:资源投入水平、资源投入集中度和资源投入偏好影响公司的价值效应;在资源投入集中度相同时,资源投入水平与公司价值呈"u"形曲线关系;在资源投入水平相同时,资源投入集中度与公司价值呈正相关关系。张俊丽、金浩和李国栋(2015)结合我国沪深两市 A 股制造业上市公司经验数据,采用实证分析的方式研究了治理结构战略参与度对企业战略转型价值效应的影响问题,结果表明:以企业多元化程度变化为度量指标的战略转型程度与资产回报率负相关,但公司治理结构战略参与程度的指标对企业战略转型的价值效应具有正向调节作用。周建、余耀东和杨帅(2016)对终极股东超额控制下公司治理环境与股权结构的价值效应进行了研究,结果表明:终极股东超额控制权与公司的价值效应负相关,通过改善公司的治理环境和股权制衡关系,可以抑制终极股东的超额控制权,从而产生价值效应。窦军生、王宁和张玲丽(2017)研究了家族企业的多元化和价值效应问题,认为家族所有权与企业总体多元化和非相关多元化具有显著的负相关关系,家族通过所有权参与会削弱多元化战略的个人自利性动机,影响企业的多元化决策和多元化战略执行,并通过降低企业的融资成本及业务间的协调成本来实现价值效应。

二、基于战略风险管理的企业集团协同控制研究

近年来,在协同学及其相关理论的指导下,对企业集团协同控制的研究更加强调协同控制中战略风险的识别、评估和信息系统应用,突出战略协同控制中的创新作用。Weitzner David 和 Darroch James(2010)探讨了战略目标、企业集团协同管理和道德规范之间的关系,提出了应对协同控制失效导致的战略风险管理框架。Chatzipoulidis 和 Aristeidis(2010)研究了企业集团协同控制管理中的信息保障问题,认为信息资产的充分、安全和可靠是降低成本、管理财务和满足经营目标的基础,信息保障取决于内部和外部的合作程度,而战略协同控制的原则是寻求一个保持绩效和定期风险评估的双向可操作性方法。Mont M. Casassa 和 Brown Richard(2011)结合他们的实验室工作,利用建模和仿真技术,建立了一套协同控制风险评估和决策支持方法,以帮助决策者充分了解决策过程需求和实施有效性协同控制策略的影响因素,并有效评估战略风险的暴露程度,为企业集团战略安全策

略的应用提供保障。Ai Jing 和 Brockett Patrick(2012)等提出了优化企业集团协同控制的概念框架。该框架在考虑决策者风险偏好的情况下,通过资本预期回报率最大化条件的设定,运用风险约束优化方法对协同控制的资本配置决策进行研究,明确了协同控制偏好和优先级对于避免公司失败和财务困境的作用。Maria、Yanes-Estevez 和 Ramon(2014)结合前景理论和战略参照点理论,运用拉希模型对西班牙的样本公司进行了研究,结果表明:由于战略选择上的差异,受外部参照点影响大的企业将承担更高的协同控制失效风险。Bharathy 和 Mcshane(2014)运用系统动力学的方法对企业集团协同控制进行了研究,提出了包括反馈和延迟在内的协同控制系统动力学整合模型,并结合 ISO 31000 协同管理标准进行了实证分析。

我国学者姜继娇和杨乃定(2005)研究了企业集团协同控制失效风险的动态测量问题,提出了以实物期权为核心的企业集团协同控制失效风险的动态测量模型,并进行了实证研究。叶建目和邓明然(2006),研究了企业集团协同控制失效风险的维度空间和柔性控制问题,提出了以战略方向、战略时间和战略成本为约束的三维空间体系,并研究了协同控制失效风险的实物期权链,提出了协同控制失效风险的复合期权方法。商迎秋(2011)研究了企业集团协同控制失效风险的识别和评估,在对"战略、资源、能力与环境匹配性失衡"协同控制动因分析的基础上,提出了综合协同控制矩阵、层次分析法和模糊综合评价法的协同控制失效的风险识别和评估方法。孙慧和程立(2012)运用战略图对企业集团战略执行过程中的协同控制失效风险进行了研究,将战略图、平衡计分卡和预算管理集成于战略执行管理过程中,建立了战略执行控制的整合框架。熊艳、谢艳和张同健(2012)运用结构方程模型对国有商业银行信息能力培育与协同控制的关系进行了研究,结果表明:提高信息能力会有效改进商业银行的协同控制能力。王春华(2014)运用复杂网络理论对对外投资企业集团的协同控制失效风险识别和预警进行了研究,构建了企业集团协

▶ 基于 MAS 的企业集团财务协同控制研究

同控制复杂网络、环境因素识别模型和环境因素预警模型,并进行了实证研究。李翕然(2014)以煤炭企业集团为例,从内部控制角度研究了企业集团的协同控制问题,建立了以风险管理目标、风险内部控制体系、体系实施与考评和风险管理预警与报告为中心的协同控制运行模式。安雪芳(2015)以战略管理、风险管理和决策管理理论为基础,按照协同控制失效风险识别、评价和控制,对我国煤炭企业集团进行了协同控制研究,建立了基于熵权的煤炭企业集团协同控制 TOPSIS 评价模型和决策模型。

三、基于复杂动态网络的企业集团协同控制研究

复杂动态网络系统是复杂适应系统(Complex Adaptive System,CAS)的网络化拓展和延伸,是在 Highsmith 对复杂性系统行为描述、Herbert A. Simom 对系统涌现复杂结构分析的基础上,由 Holland 提出的具有复杂性、适应性的动态网络化系统。该系统中具有适应能力的个体称为智能体(Agent),具有聚集、非线性、流和刺激反应特性。回声模型是基于多智能体技术的复杂动态网络系统宏观模型,具有探测器、效应器和对环境编码的信息处理能力,它的 Agent 由资源库、进攻标识和防御标识组成,包含了与生物体结构相关的决定 Agent 遗传物质和能力的信息。基于多智能体技术的回声模型应用研究主要有:城市信息系统的仿真模型研究、供应链管理复杂系统研究、物流企业创新主体交互作用模型研究、集群创新网络演化过程仿真研究等。基于 Agent 的复杂动态网络系统计算经济学研究最早是建立在 Swarm 平台基础上的人工股票市场模拟,它通过遗传算法实现 Agent 学习和交易规则的演化,进而模拟现实中的投资个体行为。另外,关于信息经济学的阿克洛夫模型、宏观经济的决策模型、企业链形成模型、经济衰退问题以及 SARS 传播模型是中国人民大学、国防科技大学等基于 Swarm 平台的研究成果。

网络组织竞争优势理论认为,企业组织分工创造了相互依存

的网络,产生了企业组织间相互依赖和长期关系的多样性合约,从而使网络组织有能力寻求和运用网络资源来获得竞争优势。具有网络组织运作特性的企业集团财务协同控制系统,早在20世纪70年代就被Richardson从能力互补的角度予以肯定,也被Douglass C. North和Roberts Thomas从经济增长的角度予以强调。然而,由于信息共享程度的局限性、委托代理关系的特殊性等多种因素作用,企业集团财务协同控制的网络化运作往往处于分布式、效率缺失状态,这必然成为制约其价值创造的根源,研究者也更多地关注和探索以消除信息壁垒和规范代理人行为的财权配置治理机制。Robert S. Kaplan和David P. Norton认为企业集团的价值创造来源于实施有效的财务治理体系,监督和引导旗下企业以及管理层来获得长期的业绩。Williamson在比较交易费用经济学与代理理论分析方法的基础上,阐释了公司融资方式受交易费用影响的因素主要是资产的特性,为进一步综合研究公司财务治理问题奠定了理论基础。Hart认为治理结构的作用是分配公司非人力资本剩余控制权。我国学者结合企业集团组织的发展,专门研究了企业集团财务治理创造价值的机制问题,建立了财务治理理论的研究框架,如干胜道的所有者财务论、伍中信的财权流理论、汤谷良的财务治理制度安排均衡控制理论。

四、简要评述

国内外的研究表明,企业集团协同控制是一个复杂的系统性问题,从协同控制失效风险识别与评价,到协同控制价值效应,再到协同控制的复杂动态网络,涉及多方面创新性成果的支撑。现有的研究覆盖了协同控制的柔性内涵阐释、系统动力学分析、管理框架构建、运行模式设计,以及决策支持模型探析等,但研究的深度、广度和应用性方面仍需进一步扩展。在互联网时代,企业集团早已突破了传统中间性组织的界限,具有显著的分布式、网络化和风险复杂性特征,它需要通过复杂的协同机制和风险消解手段,来实现对环境的适应性反应和对资源的优化配置,从而达到自身的资源优化和协同演进,具有较强的协同潜质和优化属性。协同作用、优势互补和聚合效应是有效化解企业集团战略风险,提升其价值创造能力的不竭动力。然而,由于信息共享程度的局限性、委托代理关系的特殊性等多种因素作用,我国企业集团协同控制的结果大部分处于效率缺失状态,这必然成为制约其价值创造的障碍。"十三五"期间,强化企业集团的"控制力、影响力、抗风险能力","建立风险识别和预警机制",是需要研究者创新性突破的科研难题。财务协同控制是企业集团战略、资源、能力和环境适应性的财务资源整合,是发挥财务在协同控制系统中功效的有效途径。强化财务协同控制对企业集团战略执行力的核心作用,不仅是企业集团生产经营和协同发展的需要,更是规模经济、协同经济和"互联网+"新经济的必然要求。随着新技术的广泛采用和研究的深入,财务协同控制对于解决企业集团战略执行力问题必将会发挥越来越大的作用。

第四节　研究内容与研究方法

一、研究目标

财务协同控制是公司财务治理的一项基本命题,是企业集团通过财务战略的实施、财务经营优化、财务关系的均衡协调、财务创新能力和财务风险控制能力的不断提升,来充分调动内外部价值创造能动性,发挥整体功效的基本手段,是提高企业集团核心竞争力的根本途径。基于MAS的企业集团财务协同控制研究,是以丰富和完善企业集团财务管理理论为目的,旨在为企业集团和政府部门的财务管理提供一套新的思路和方法,主要达到以下目标。

(1)系统梳理基于 MAS 的企业集团财务协同控制基本理论，全面把握基于 MAS 的企业集团财务协同控制理论特征和一般规律，建立研究的理论分析框架，为研究提供理论支撑。

(2)深入探索和挖掘企业集团财务协同控制的内在机理和复杂性，采用 MAS 的建模方法，分析 Agent 间的合作与冲突，建立企业集团财务协同控制的 MAS 体系结构框架和"情境—应对"型企业集团财务协同控制理论体系。

(3)建立基于 MAS 的企业集团财务协同控制基础应用平台，提高企业集团财务协同控制的科学性，为企业集团和政府部门的财务管理提供决策参考，并致力于构建财务协同管理交叉学科，培养财务协同管理创新型人才。

二、研究的主要内容

本书的内容共分 9 章，结构安排如下：

第一章，绪论。主要论述基于 MAS 的企业集团财务协同控制研究的背景、选题研究的目的和意义，对国内外关于基于 MAS 的企业集团财务协同控制相关研究的文献进行归纳总结，厘清研究的基本脉络，把握研究的基本方向，并对研究现状进行简要的评述，阐述研究的基本内容和主要研究方法。

第二章，基于 MAS 的企业集团财务协同控制理论框架。主要研究财务协同控制思想的演进、基于 Agent 的智能决策支持系统和基于 MAS 的企业集团财务协同控制相关理论，建立基于 MAS 的企业集团财务协同控制研究的基本理念体系和基本理论框架。

第三章，基于 MAS 的企业集团财务协同控制系统分析。主要研究企业集团财务协同控制系统的基本结构、内在关系和耦合效应，建立企业集团财务协同控制系统的基本结构模型、路径因果关系和耦合效应模型。分析企业集团财务协同控制系统与 MAS 的差异性和一致性，探讨基于 MAS 的企业集团财务协同控制的可行性。

第四章,基于 MAS 的企业集团财务协同控制机理。主要进行 Multi-Agent 任务分析、结构分析、职能分析和机能分析,厘清企业集团财务协同控制系统的 Multi-Agent 的基本特性;进行基于 MAS 的企业集团财务协同控制的 Multi-Agent 博弈分析,把握企业集团财务协同控制系统的 Multi-Agent 博弈特征;探讨企业集团财务协同控制系统的 Multi-Agent 合作与冲突,建立企业集团财务协同控制系统的 Multi-Agent 协调控制模型。

第五章,基于 MAS 的企业集团财务协同控制共享知识库及 Agent 生成与优化。主要研究共享知识库的构建基础、知识表达和共享知识库系统、共享知识库的构建与更新、Multi-Agent 的生成与交互、Multi-Agent 的进化与选择,把握共享知识库的基本特性,建立共享知识库模型,探讨 Multi-Agent 交互进化规律,建立 Multi-Agent 自适应进化模型。

第六章,基于 MAS 的企业集团财务协同控制系统模型构建。主要提出基于 MAS 的企业集团财务协同控制系统的概念模型和假设,设计问卷并进行问卷调查,运用结构方程模型进行拟合分析和路径关系检验,建立基于 MAS 的企业集团财务协同控制系统模型,并进行模型的功能分析和局限性分析,对模型进行适应性评价。

第七章,基于 MAS 的企业集团财务协同控制系统实施及维护。主要研究基于 MAS 的企业集团财务协同控制系统的实施原则、实施环境和实施步骤,阐述基于 MAS 的企业集团财务协同控制系统维护内容、维护类型和维护程序,为基于 MAS 的企业集团财务协同控制系统的应用基础。

第八章,实证分析。分别针对企业集团财务协同控制系统的耦合效应研究和知识本体类的属性指标及判断规则模型设计,采用 23 家汽车制造行业上市公司的样本数据进行实证分析。

第九章,总结与展望。对研究进行总结,归纳和分析研究的主要创新点,指出研究存在的问题,并对今后的研究工作进行展望。

三、拟解决的关键问题

本书的研究拟解决的关键问题有以下三方面内容。

(1) 构建基于 MAS 的企业集团财务协同控制系统模型,增强模型的适应性和科学性,以实现企业集团财务协同控制的基本功能。

(2) 财务协同控制共享知识库的构建和更新。财务协同控制共享知识库是企业集团财务协同控制的基础,共享知识库的不完整将影响财务协同控制的可靠性,减弱企业集团财务协同控制的针对性和有效性。

(3) 基于 MAS 的企业集团财务协同控制 Multi-Agent 生成与优化。建立科学合理的企业集团财务协同控制系统必须有功能完备、可靠性强的 MAS 支持,合理、优化的 Multi-Agent 对于系统的功能和效率具有较强的约束性。

四、研究思路与方法

本书的研究在分析和梳理国内外关于基于价值效应的企业集团协同控制、基于战略风险管理的企业集团协同控制、基于复杂动态网络的企业集团协同控制等相关研究的基础上,按照"理论框架—系统分析—机理分析—共享知识库及 Agent 生成与优化—模型构建—系统实施及维护—实证分析"的逻辑思路,就基于 MAS 的企业集团财务协同控制体系构建和形成机理展开研究工作。主要采用以下研究方法:

(1) 文献研究法。文献研究法主要指搜集、鉴别、整理文献,并通过对文献的研究,形成对事实科学认识的方法。它的基本步骤是提出课题或假设、研究设计、搜集文献、整理文献和进行文献综述。本书的研究需要搜集大量的国内外关于 MAS、企业集团的研究文献资料,并在此基础上进行比较、分析和归纳总结,提炼出文献的基本论点,找出研究中存在的问题和不足,并在分析和评价过去和现在研究成果的基础上，指出目前的研究水平、动态、应当解决的问题和未来的发展方向，并提出论文的基本观点，为研究的开展奠定基础。

(2)逻辑研究法。逻辑研究法是指研究者在对研究对象的感性认识基础上，进一步形成概念，并以概念为操作的基本单元，以判断、推理为操作的基本形式，以辩证方法为指导，间接地、概括地反映客观事物一般规律的理性思维过程。它主要包括演绎推理法、归纳推理法、实验法和比较研究法等。本书的研究需要结合大量的企业集团相关研究资料，在理论分析和比较的基础上，紧紧抓住企业集团这一研究对象的关键特征，进行归纳总结和逻辑推断，使研究结论更具普遍适用性。

(3)问卷调查法。问卷调查法是研究者通过事先设计好的问题，让被调查者做出回答，通过对问题答案的回收、整理、分析，获取有关信息和资料的一种方法，它是用书面形式间接搜集研究材料的一种调查手段。问卷调查法的优点在于简便易行，经济节省，调查涉及的范围较大，有利于对被调查者的平均趋势与一般情况进行比较分析。结合研究的问题，本书的研究拟采用问卷调查的形式，开发和设计企业集团财务协同控制模型假设的调查问卷，对部分企业集团的有关人员进行了调查，对获得的资料采用结构方程模型(SEM)的方法进行处理，并得出相应的研究结论。

(4)定性分析与定量研究法。定性分析是对研究对象进行"质"的方面分析，具体地说是运用归纳和演绎、分析与综合以及抽象与概括等方法，对获得的材料进行加工，从而去粗取精、去伪存真、由此及彼、由表及里，达到认识事物本质、揭示内在规律的目的。定量研究是指搜集用数量表示的资料或信息，并对数据进行量化处理、检验和分析，从而获得有意义的结论的研究过程。本课题在定性分析的基础上，采用SEM的方法进行定量研究，并得出相应的研究结论，确保研究的质量和深度。

本书的研究思路与技术路线如图1-4所示。

第一章 绪 论

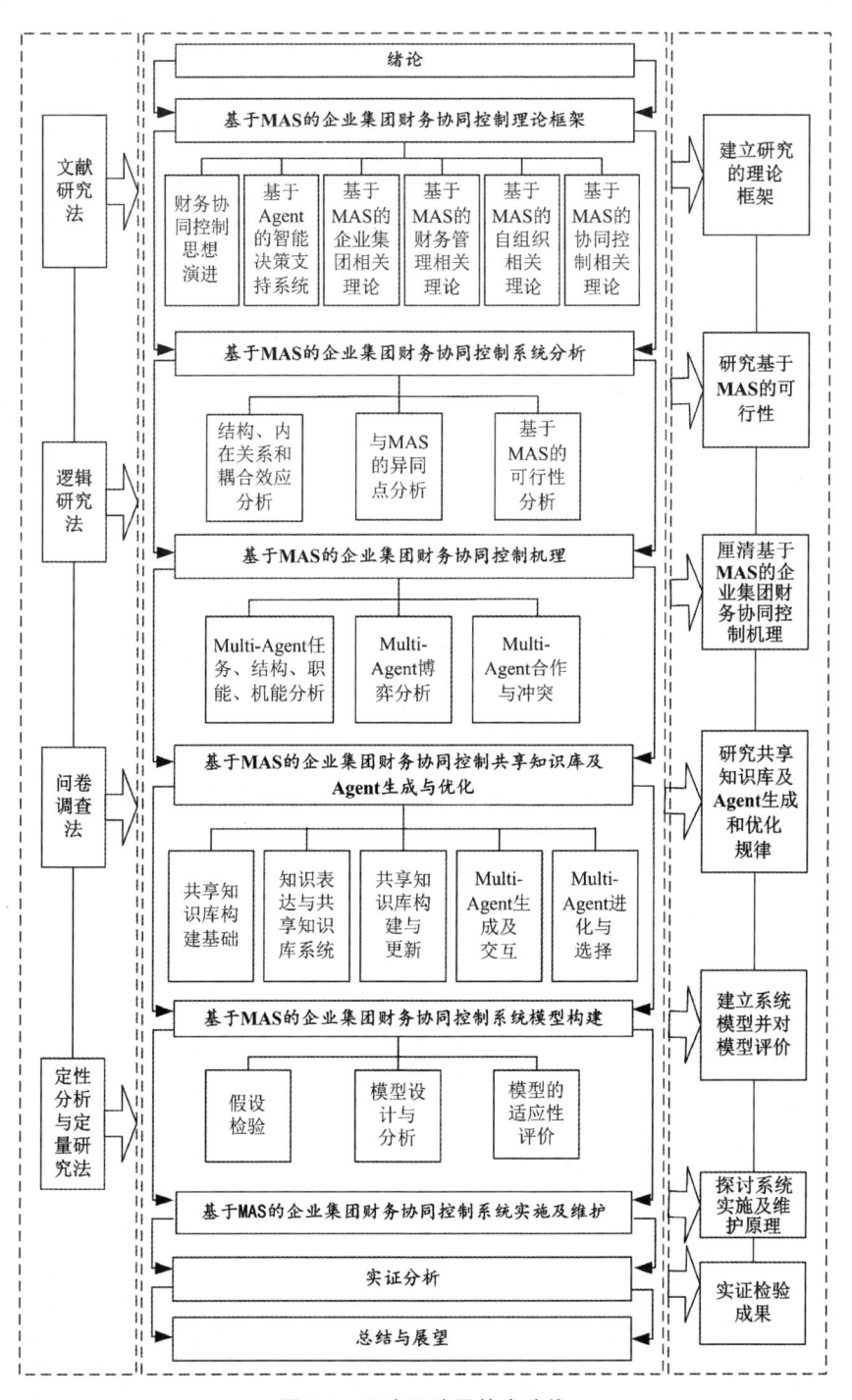

```
┌─文献─┐         ┌─────────── 绪论 ───────────┐         ┌─建立研究─┐
│ 研究 │────▶   │ 基于MAS的企业集团财务协同控制理论框架 │   ────▶│ 的理论 │
│ 法   │         └─────────────────────────────┘         │ 框架   │
└──────┘         │财务协│基于 │基于 │基于 │基于 │基于 │         └────────┘
                 │同控制│Agent│MAS的│MAS的│MAS的│MAS的│
                 │思想  │的智能│企业 │财务 │自组织│协同 │
                 │演进  │决策支│集团 │管理 │相关 │控制 │
                 │      │持系统│相关 │相关 │理论 │相关 │
                 │      │      │理论 │理论 │      │理论 │

                 ┌─基于MAS的企业集团财务协同控制系统分析─┐         ┌─研究基于─┐
                 └─────────────────────────────────────┘   ────▶│ MAS的可 │
┌─逻辑─┐         │结构、内在│ 与MAS │ 基于  │                   │ 行性    │
│ 研究 │────▶   │关系和    │的异同 │MAS的  │                   └────────┘
│ 法   │         │耦合效应  │点分析 │可行性 │
└──────┘         │分析      │        │分析   │

                 ┌─基于MAS的企业集团财务协同控制机理─┐         ┌─厘清基于─┐
                 └────────────────────────────────┘         │ MAS的企 │
                 │Multi-Agent任│Multi-  │Multi-  │         │ 业集团财 │
                 │务、结构、职 │Agent博 │Agent合 │         │ 务协同控 │
                 │能、机能分析│弈分析  │作与冲突│         │ 制机理   │
                                                           └────────┘

                 ┌─基于MAS的企业集团财务协同控制共享知识库及─┐    ┌─研究共享─┐
                 │       Agent生成与优化                   │    │知识库及  │
┌─问卷─┐         └─────────────────────────────────────────┘    │Agent生成│
│ 调查 │────▶   │共享知│知识表│共享知│Multi-│Multi-│              │和优化   │
│ 法   │         │识库构│达与共│识库构│Agent │Agent │              │规律     │
└──────┘         │建基础│享知识│建与  │生成及│进化与│              └────────┘
                 │      │库系统│更新  │交互  │选择  │

                 ┌─基于MAS的企业集团财务协同控制系统模型构建─┐    ┌─建立系统─┐
                 └──────────────────────────────────────────┘    │模型并对  │
                 │ 假设 │ 模型设│ 模型的│                          │模型评价  │
┌─定性─┐         │ 检验 │ 计与  │ 适应性│                          └────────┘
│分析  │────▶   │      │ 分析  │ 评价  │
│与定量│
│研究法│         ┌─基于MAS的企业集团财务协同控制系统实施及维护─┐  ┌─探讨系统─┐
└──────┘         └──────────────────────────────────────────┘  │实施及维  │
                                                                 │护原理   │
                                                                 └────────┘
                 ┌──────────── 实证分析 ────────────┐             ┌─实证检验─┐
                 └───────────────────────────────┘             │ 成果    │
                                                                 └────────┘
                 ┌──────────── 总结与展望 ───────────┐
                 └────────────────────────────────┘
```

图 1-4 研究思路及技术路线

第二章　基于 MAS 的企业集团财务协同控制理论框架

基于 MAS 的企业集团财务协同控制理论框架是指运用 MAS 方法分析企业集团财务协同控制的相关问题并指导开展相关研究的理论基础，主要包括企业集团财务协同控制观、基于 MAS 的企业集团相关理论、基于 MAS 的财务管理相关理论、基于 MAS 的自组织相关理论和基于 MAS 的协同控制相关理论。本章按照企业集团财务协同控制思想的演进、基于 Agent 的智能决策支持系统及基于 MAS 的财务协同控制相关理论分析展开，构建基于 MAS 的企业集团财务协同控制的理论框架。

第一节　企业集团财务协同控制思想的演进

一、基本协同观

协同竞争是自然界中普遍存在的现象，它涵盖了系统与环境、系统与要素以及系统之间的作用关系，它是系统生存和进化的基础，并由此形成了自然界的多样性、复杂性，使自然界日益呈现出繁荣的景象。对"协同"的认识起源于古希腊，古希腊语中有"Synergetics"一词，表示"协作的科学"的含义。从词根上分析，"Syn-"是"Cooperation"即合作之意，"-ergetic"是"Working"即结构和功能之意，"Synergetics"表达了系统内部各要素之间的相干作用，通过系统要素之间的作用，建立了系统的复杂结构，因此使系统不断地改进功能并适应环境，推动系统的协同进化。汉典网（http://www.zdic.net）将协同解释为"共同"之意，引用实例有

第二章 基于 MAS 的企业集团财务协同控制理论框架

《后汉书·吕布传》(卷七十五)的"将军宜与协同策略,共存大计"语句和《儒林外史》(第十三回)的"烦贵县查点来文事理,遣役协同来差访该犯潜从何处"。查字典(https://www.chazidian.com)中将协同解释为四层含义:其一为"谐调一致、和合共同",如《汉书·律历志上》中的"咸得其实,靡不协同";其二为"团结统一",如《三国志·魏志·邓艾传》中的"艾性刚急,轻犯雅俗,不能协同朋类,故莫肯理之";其三为"协助会同",如《三国志·魏志·吕布传》中的"卿父劝吾协同曹公,绝婚公路";其四为"互相配合",如《中国通史》中的"调发兵众,协同作战"。《新语词大词典》(韩明安主编)将协同定义为"构成系统的要素或与系统之间的协调和同步作用",并进一步指出协同的目的就是为了系统整体的同一性、结构的稳定性、进化的有序性和功能的最优化。

"协同"对于推动自然界的有序发展具有重要作用,对"协同"本质的认识有利于人类掌握协同规律,并利用协同现象来认识世界和改造世界,继而加快人类文明的前进步伐。然而,人类对协同的认识是一个动态变化过程,尤其是在管理学领域对协同的认识是一个循序渐进的过程。根据认识的深入层次,在管理学中对协同的认识可划分为四个阶段,分别是"和谐一致"阶段、"分工协作"阶段、"协调控制"阶段和"协同控制"阶段。在亚当·斯密提出劳动分工的概念以前,协同主要表达了和谐顺畅之意,是一种和谐一致性的表现。这种"和谐一致"是被动自发性协同方式,位于协同层次的初始协同层面,主要是通过各要素之间的自我约束和自我调节,发挥各要素的协同自律性,保障经济组织的资源平衡、功能平衡。1876 年,亚当·斯密在《国富论》中提出了劳动分工的概念,使人们对协同的认识从简单协作上升到分工协作的层次,它是协同层次中的基础协同层,是一种主动匹配性协同方式。这种分工协作,将经济组织建立在共同的目标之下,强调了职能划分与职能的匹配性,将经济组织复杂的任务进行分解,具有职能化、结构化、模块化特征,便于发挥局部功能和整体效能,提高工作效率。1916 年,法国管理学派亨利·法约尔出版了《工业管理与一般管理》一书,他将企业的管理活动划分为技术、商业、财务、安全、会计和管理六个方面,其中在管理活动中包含了协调和控制职能。协调控制作为管理的职能,通过一定的技术方法优化利用组织资源,协调和控制各部门的工作,达到组织职能的均衡一致性,实现组织目标,它是一种主动均衡性协同,位于协同层次的优化协同层面。随着宏微观经济环境的变化和现代技术的发展,人们对协同的认识已不简单地停留在前三个阶段,更多地认识到"协同"与"控制"结合的重要性,协同控制既要优化配置系统资源,发挥系统各要素的合力,又要使系统各要素产生相干作用,推动系统功能的改进,它是一种主动创新性协同,位于协同层次的高级协同层面见(表2-1)。

表2-1 对协同认识的四个阶段

阶段	协同层次	协同效果	协同方式
第一阶段:"和谐一致"阶段	初始协同层	将协同看成是各要素之间的自我约束和自我调节,通过发挥各要素的协同自律性,来保障组织系统的资源平衡、功能平衡	被动自发性协同
第二阶段:"分工协作"阶段	基础协同层	将协同看成是经济组织的职能划分与匹配,将经济组织复杂的任务进行分解,具有职能化、结构化、模块化特征,便于发挥局部功能和整体效能	主动匹配性协同
第三阶段:"协调控制"阶段	优化协同层	将协同看成是具有协调和控制职能的管理活动,通过该职能的发挥,实现经济组织资源的优化和功能的改进,达到组织职能的均衡一致性,实现组织目标	主动均衡性协同
第四阶段:"协同控制"阶段	高级协同层	强调"协同"与"控制"结合的重要性,既要优化配置系统资源,发挥系统各要素的合力,又要使系统各要素产生相干作用,推动系统功能的改进	主动创新性协同

二、基本协同控制观

纵观学术界对于经济组织的协同控制研究,其基本脉络早已突破了一般的协调合作框架,继而发展到发挥系统功效、协同创造独特资源并实现资源共享和创新协同管理方式并推动管理水平提高。在管理领域,按照协同思想演进的各个阶段,已先后形成了以"古典协同控制观"(Henri Fayol,1916)、"静态协同控制观"(Ansoff,1965)、"动态协同控制观"(Itami H.,1987)和"耦合协同控制观"(傅贻忙,2011)为代表的理论体系。"古典协同控制观"认为协同控制是一项管理职能,通过这一职能可以连接、联合、调和所有活动及力量,推动工作的协调配合,从而保障各项职能活动的正常进行。如法约尔提出的协调控制管理职能;梅奥(Elson Mayo)提出的科学技术应用、生产经营活动秩序、组织工作合作间的协调平衡是组织成功的保障;玛丽(Mary)提出的组织与个人的协调是管理的核心等观点。"静态协同控制观"认为协同控制是资源共享的效益体现,通过资源共享可以填补业务层面的资源空白,从而改进组织功能和提高工作效率。如安索夫认为独立经营的单体企业投资收益率之和会小于由这些企业组成的企业群的投资收益率,原因在于协同控制产生了互补性资源共享,使企业群的业务表现大于独立经营的单体企业,因此,协同控制的结果可表达为"1+1>2"或"2+2=5"。"动态协同控制观"认为协同控制是一个能动过程,它不仅能够实现资源共享,而且能够通过战略来改变和创造资源,可用公式表达为"$V_{a+b} > V_a + V_b$"。如伊丹广之认为企业战略选择能够影响隐形资产组合,而隐形资产的使用是企业保持动态的、长期资源匹配的最有效方法,发展隐形资产有利于改变企业资源状况,实现长期有效的协同控制。"耦合协同控制观"认为协同控制是企业内部各要素间的耦合创新作用带来的整体功能改善,它是一种耦合创新机制,能通过企业内子系统的耦合作用而为企业带来长期的竞争优势。

如李曙华认为"一切具有自调节功能的整体系统,各组成部分之间是相互生成、相互依赖、相互作用的"见(表 2-2)。

表 2-2 基本协同控制观

基本协同控制观	主要观点	代表人物	备注
古典协同控制观	从管理的职能角度出发,将协同控制解释为协调、合作与同步	法约尔、梅奥 玛丽	
静态协同控制观	认为协同控制是通过资源的共享而带来的功能与效率的提高,并可简单表达为"1+1>2"或"2+2=5"	安索夫	
动态协同控制观	认为协同控制能够改变和创造资源,进而为企业带来长期竞争优势,可表达为"$V_{a+b}>V_a+V_b$"	伊丹广之	
耦合协同控制观	认为协同控制是一种耦合创新机制,是通过发挥系统内子系统的耦合作用而为企业带来长期的竞争优势	李曙华、傅贻忙	

三、企业集团财务协同控制观

(一)企业集团财务协同控制观的形成

在"古典协同控制观""静态协同控制观"的基础上,"动态协同控制观"和"耦合协同控制观"重点强化了协同创造资源和系统的耦合创新机制,并认为"组织协同控制"实质上是系统内部不断通过协同控制来解决"冲突"的过程,而解决冲突是协同控制的宏观表现结果。Buzzell Robert 和 Gale Bradley(1987)认为企业集团的协同控制来自于具有相关性和共享性而联结起来的组织内部,通过有效的治理控制机制,能够实现单个企业无法实现的价值创造业务表现,从而保障管理层通过协同控制来获得长期的价值效应。Michael E. Porter(1990)认为内部要素和外部条件是协同控制的基础,通过寻求必要的要素支持、需求支持、相关行业支持,在有效战略的指导下建立有利于竞争的组织结构体系,才能够抓住机会创造竞争优势。Robert S. Kaplan 和 David P. Norton(2000)认为企业集团是以战略及愿景为核心,以财务、内部流程、学习与成长和顾客的四维平衡为协同控制维度,通过设计和运用有效的协同控制体系,就能创造合力,实现价值效应。顾保国(2006)认为企业集团是一个竞争与协同的矛盾统一体,"协同控制能力—资源配置—经济绩效"是其价值效应实现的基本框架,通过协同控制手段的驱动来解决冲突,能够提高协同力,从而有效配置资源,实现价值效应。陈志军和赵月皎(2017)认为企业集团的协同控制来自于横向的一致行动和纵向的权力配置,通过对关键协同控制点的控制和降低协同成本,实现资源的互补和共享,从而解决冲突和产生价值效应。

企业集团作为兼具企业和市场特性的创新型中间性组织,其协同控制结果更具复杂性、动态性和耦合性特征,学术研究的动态取向逐渐向两种主流范式展开。一是以财务协同控制为突破口的企业集团财务管理研究。张友棠等(2009)提出了企业集团三维财务协同模式,并认为企业集团的财务协同控制来自于外部环境的适应性、内部资源的匹配性和利益相关者的协调性。张宝强(2013)认为利益相关者的财务冲突是影响企业集团财务协同控制结果的重要来源,通过健全财务信息对称机制、财务利益协同机制和财务行为管理机制能有效解决冲突,实现价值效应。代鹏和刘洪渭(2014)认为显性契约的刚性控制和隐性契约的柔性控制是财务控制的两个方面,只有在这双重契约的财务控制下,企业集团的价值效应才能够真正实现。王莉(2015)认为企业集团是由多个法人组成的具有企业层次的企业组织,其财务的具体控制力度与价值效应之间的关系主要呈现一个倒"u"形结构,只有对其关键因素进行严密布控,才能有效保证企业集团财务战略的有效实行,实现价值效应最大化。黄清钊(2016)认为财务协同控制是企业集团发展过程中所要达到的一种战略境界,有效的财务协同控制模式对于企业集团价值实现具有无法替代的作用,在遵循市场主导、竞争优势、价值最大化和辐射效应原则的基础上,通过财务共享服务、财务管理模式建设来创造财务协同控制机会,促进价值效应的实现。二是以一般管理协同为基础的企业集团协同控制研究,形成了效率动因理论(Michael C. Jensen, 1984)、剔除无效内部人理论和非效率动因理论(Rohatyn, Felix G., 1986)。Henderson 和 Venkatraman(1992)在战略一致性过程模型和扩展的战略一致性模型基础上,提出了著名的 BP—ISP 战略匹配模型(Strategy Alignment Model, SAM),为企业集团财务协同控制战略的执行提供了理论支持。丁铭华(2010)研究了基于协同经济的企业集团协同控制路径,结合发展协同经济的要求,构建了"协同—集成—管控"的协同冲突解决模型。王晓静(2012)从研发协同控制的角度探讨了企业集团的协同控制问题,认为企业集团的创新优势来源于母公司和子公司,只有改善他们之间的研发协同控制模式,才能创造长期的研发价值。李彬和潘爱玲(2014)研究了企业集团母子公司协同控制效应的三维结构,认为协同控制结构、生成路径和收益分配是协同冲突解决的基础,企业集团应发挥合作网络资源配置优势,培育协同控制效应关键区域和管理好母公司主导的指令式协同。

(二)企业集团财务协同控制内涵

与动态协同控制和耦合协同控制的战略目标相一致,财务协同控制是企业集团演化进程中发挥协同优势的战略境界,它既是企业集团财务战略的合理应用,也是企业集团财务资源和财务关系的优化结果,对于企业集团的核心竞争能力提升具有重要作用。由于企业集团财务协同控制具有动态复杂性,现有的关于企业集团财务协同控制的研究成果尚没有从本质上进行全面的内涵揭示。现有研究成果的主要内涵缺失在于没有统一明确的企业集团财务协同控制概念。多数研究者的研究成果没有将"财务""协同"和"控制"完整地结合在一起,强调了财务控制的重要性,探讨了财务协同和财务协同效应的问题,而协同控制更多出现在计算机方面的研究中。对于企业集团财务协同控制的研究,其财务协同控制主体具有静态狭隘性、财务协同控制目标具有孤立性、财务协同控制机制具有低效性。本书的研究认为,企业集团是由多种纽带联结起来的复杂系统,各子系统之间的财务关系构成了系统协同演化的核心,其财务协同控制具有动态复杂性、系统耦合性、多主体协同性、多主体控制性,需要多种条件的支持,必须充分利用现代科学技术提供的条件,在深入探寻其内在机理的同时,搭建企业集团财务协同控制管理平台,实现企业集团财务协同控制的智能化、平台化和网络化。结合协同观、协同控制观及现有的研究成果,本书的研究给出的定义是:企业集团财务协同控制是指为实现总体战略目标,企业集团在充分利用现代信息技术的前提下,通过财务战略协同控制、财务经营协同控制、财务关系协同控制、财务创新协同控制以及财务风险协同控制实现的价值涌现机制,是在财务协同控制要素的相干作用下所达到的企业集团整体功能的优化,是企业集团综合竞争能力提升和价值创造能力提高的协同管理过程。

第二节 基于 Agent 的智能决策支持系统

一、MAS 基本方法

随着计算机科学的快速发展,分布式人工智能(Distributed Artificial Intelligence,DAI)已经成为复杂系统协同控制方面的重要研究领域,其研究成果对于复杂系统的协同决策具有重要作用。分布式人工智能的重要概念之一是智能体(Agent),它是具有智能性、自主性、反应性、社会性、目标导向性和移动性的软件实体。首次提出 Agent 概念的是 Minsky(1986),他定义的 Agent 是具有社会交互性和智能性的有技能个体,能够通过 Agent 的协商解决社会中的个体问题。Russell(1995)指出,Agent是具有认知能力的智能个体,它拥有一定的知识并运用这些知识解决特定的目标问题。Woodridge和Jennings将具有自主能力(Autonomy)、通信能力(Communication)、反应能力(Reactivity)和预动能力(Preactiveness)的硬件系统或控制单元称作Agent,它可以表现为专家系统、计算模块和求解单元。Shoham将具有知识(Knowledge)、信念(Belief)、愿望(Intention)和能力(Capability)状态的计算实体称作Agent。根据系统的复杂程度和对Agent个体的智能程度要求提高,逻辑推理能力、目标规划能力、学习适应能力等也逐渐成为Agent的基本特性。

MAS(Multi-Agent System)是多智能体系统,它是由若干个智能体组成的集合,这些智能体之间具有目标一致性,它们通过协作、协商和交流来共同完成系统交付的任务。在MAS中每个Agent都有规定好的功能,具有高度的自治性,它不受其他Agent的限制,当与其他Agent产生矛盾和冲突时,系统会通过竞争和协商的方式来解决这些矛盾和冲突,这一过程实际上是一个冲突消解的过程,通过冲突消解各Agent达到协同自治,推动MAS的功能改善。MAS在解决实际问题时具有明显的优点,它更适合于解决复杂性分布式系统问题。主要原因在于,复杂性分布式系统要求支持Agent的分布式应用,且每个Agent根据给定的系统任务都能够独立自主完成,当需要与其他Agent共同完成系统交付的更为复杂的任务时,Agent能够与其他Agent很好地通信和协调,并快速搜寻知识库获得处理任务的知识,提高解决问题的能力。

Agent的类型很多,Nwana将Agent分为协作型、接口型、移动型、信息型、反应型、混合型和聪明型七类(见表2-3),Newell将Agent分为合作型、学习型、自治型、接口型、协作型、协作学习型和聪明型七类(见图2-1)。一般情况下,按照智能体的行为可分为认知智能体、反应智能体、协作智能体和混合型智能体。认知智能体具有理智性和目标导向性,它可以根据已有知识在与其他智能体协商合作的情况下来为完成系统任务而采取必要的行动,这些行动是建立在精确的符号知识的基础之上的,智能体需要利用这些符号知识来推理和行动,并实现与其他智能体的交互。具有 BDI 体系结构的认知智能体用"信念""期望"和"意图"来描述智能体的内部结构。"信念"表达了智能体对外部环境状态的期待,并为达到特定的结果而采取行动,"期望"表示智能体对环境状态和行动的偏好,"意图"是指智能体想要完成的事情。反应式智能体是基于情景的智能体,它是以传感器数据为基础,能对外界刺激和感知到的信息作出反应,并根据事件和条件采取行动。最简单的反应式智能体是通过若干个规则来描述智能体对外界的感知活动,并作出相应的反应。协作智能体具有交互性和社会化特征,每个智能体都具有自治能力,必须通过协同工作的方式才能很好地完成任务。协作智能体能够进行任务分配和任务分解,智能体之间能够进行交互和通信,并在必要情况下进行协作和协商。混合型智能体是具有认知能力、反应能力和协作能力的智能体,它能通过认知机制来进行知识推理,并具有一定的学习能力,它也能够通过传感器来对外界的刺激进行反应,同时通过与其他智能体的交互协作来完成系统任务。混合型智能体的一般模型如图 2-2 所示。

表 2-3　Nwana 对 Agent 的分类及特性

Agent 类型	英文名称	Agent 特性	备注
协作型	Collaborative Agent	强调自治性和合作性。典型的协作型 Agent 需要清晰地表示其心理状态,特别是 BDI 状态。其开发动机是突破资源限制、重用"遗产"系统、从分布资源中寻求答案	
接口型	Interface Agent	接口型 Agent 的研究目的是为了更好地管理人机界面,为操作者完成一项复杂的任务和操作提供帮助	

续表

Agent 类型	英文名称	Agent 特性	备注
移动型	Mobile Agent	移动型 Agent 是一类能够漫游于广域网络中,通过与各种主机的交互进行信息收集并将结果主动提交给主人的软件过程。目前设计移动型 Agent 的主要手段是 TelescriPt,它是一个解释执行的面向对象的远程程序设计语言	
信息型	Information Agent	信息型 Agent 是为协助在"信息爆炸"时代管理、操纵和整理分布的信息资源的工具。信息型 Agent 是按功能角色识别的	
反应型	Reactive Agent	反应型 Agent 是一类以刺激—响应的方式对其所处环境作出反应的 Agent,它的内部没有符号模型	
混合型	Hybrid Agent	混合型 Agent 是根据其应用领域的要求综合应用上述各类 Agent 的特性以达到更好的设计特性	
聪明型	Smart Agent	聪明型 Agent 兼具合作、学习和自治的能力	

图 2-1　Agent 的分类

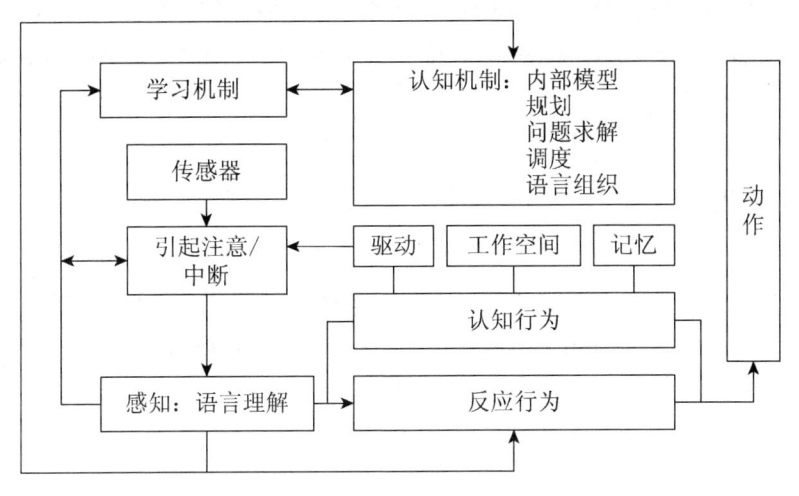

图 2-2 混合智能体的一般模型

二、基于 Agent 的智能决策支持系统模型分析

分布式人工智能的一个重要目标是为经济组织建立决策支持系统,以帮助经济组织实现智能化决策。决策支持系统(Decision Support System,DSS)是以计算机存储的信息和决策模型为基础,协助管理者解决具有多样化和不确定性问题,以进行管理控制、计划和分析并制定高层管理决策。决策支持系统是辅助决策者通过数据、模型和知识,以人机交互方式进行半结构化或非结构化决策的计算机应用系统,它是管理信息系统(Management Information System,MIS)向更高一级发展而产生的先进信息管理系统,它为决策者提供分析问题、建立模型、模拟决策过程和方案的环境,调用各种信息资源和分析工具,帮助决策者提高决策水平和质量。决策支持系统需要数据库、模型库、交互式计算机、高级程序语言的支持,它能够把数据仓库、联机分析处理、数据挖掘、模型库、数据库、知识库结合起来实现辅助决策功能。随着决策支持系统概念的提出,1980 年 Sprague 提出了决策支持系统三部件结构(对话部件、数据部件、模型部件),明确了决策支持系统的基本组成,极大地推动了决策支持系统的发展。20 世纪 80 年

代末90年代初,决策支持系统开始与专家系统(Expert System,ES)相结合,形成智能决策支持系统(Intelligent Decision Support System,IDSS)。

最基本的智能决策支持系统一般要具有友好的人机界面,能对知识进行表达和处理,具有智能的模型管理功能,具有学习能力,能运用人工智能技术进行协调管理和控制,它的基本模型如图2-3所示。基于Agent的智能决策支持系统(Intelligent Decision Support System Based on Multi-Agent,IDSSBMA)是人工智能的重要研究领域,其研究成果能为复杂系统管理提供帮助。

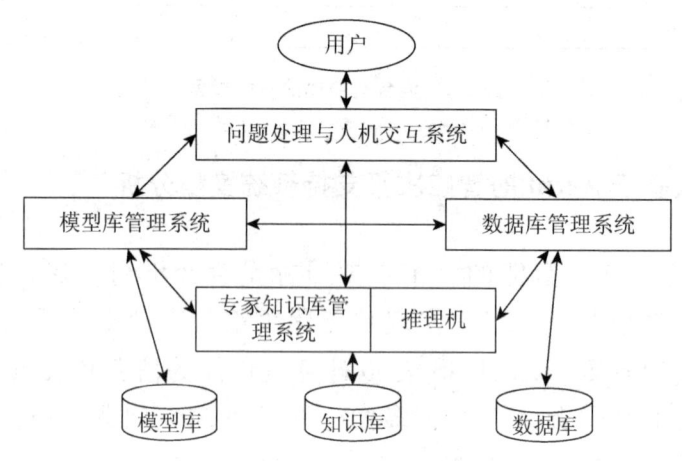

图 2-3 IDSS 基本模型

基于 Agent 的智能决策支持系统模型(见图 2-4)中的 Agent 一般由交互 Agent、管理 Agent、决策 Agent、协作 Agent、信息 Agent、模型 Agent 和知识 Agent 构成,并可划分为用户层、交互界面层、任务分解层、任务求解层和信息数据层。交互 Agent 提供用户与计算机的交互,实现人机智能结合,具有个性化特征。管理 Agent 主要是对其他 Agent 进行管理,重点实现 Multi-Agent 的任务分解、任务分配和 Agent 间的协商问题。决策 Agent 主要是根据收到的任务,结合自身能力来决定如何完成任务和完成什么任务。协作 Agent 通过协议、策略来解决 Multi-Agent 之间的协作问题。信息 Agent 主要是从大量的信息源中检索出决策者需要的信息,并实现对信息的检索、分类和处理。模型 A-gent 主要是将 Multi-Agent 与决策支持系统结合,建立基于 A-gent 的决策支持系统模型,提供复杂问题的解决方法。知识 A-gent 主要是通过知识的选择与推理,完成知识的分类整理工作,扩展专家知识库。

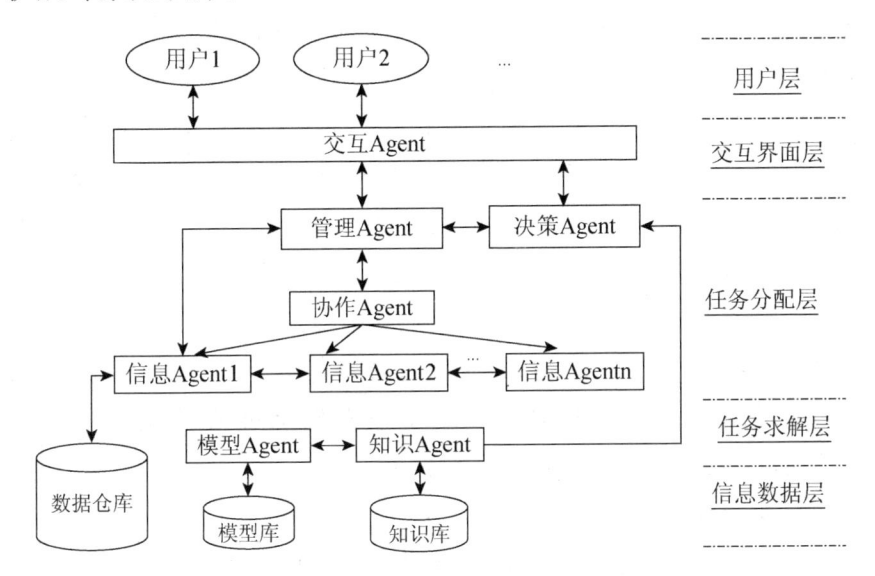

图 2-4　基于 Agent 的智能决策支持系统的基本模型

第三节　基于 MAS 的企业集团相关理论分析

一、企业集团经济理论

企业集团经济理论主要包括规模经济理论、范围经济理论和协同经济理论。

(一)规模经济理论

规模经济理论是经济学的基本理论,主要是指由于生产经营规模的扩大,能够引起单位产品成本的下降,从而提高企业的经济效益。它初始于亚当·斯密的《国富论》,起源于美国,主要代表人物有马歇尔、马克思、保罗·A.萨缪尔森、科斯、钱德勒等。马歇尔的《经济学原理》将规模经济解释为内部规模经济和外部规模经济,并指出规模经济具有规模报酬递减的规律。内部规模经济是企业资源的优化利用和经营效率提高的结果,外部规模经济是企业之间的分工、联合和布局的结果。马克思在《资本论》中论述,扩大生产规模能够节约生产资料,提高劳动生产率。保罗·A.萨缪尔森在《经济学》一书中指出:"导致在企业里组织生产的最强有力的因素来自于大规模生产的经济性","生产在企业里进行的原因在于效率通常要求大规模的生产、筹集巨额资金以及对正在进行的活动实行细致的管理与监督。"科斯从交易成本的角度分析了规模经济,认为企业是市场价格机制的替代,扩大企业规模能够替代市场从而节约交易费用,企业兼并的成功与否取决于增加的管理费用与节约的交易费用比较。钱德勒认为当生产或经销单一产品的单一经营单位所增加的规模减少了生产或经销的单位成本时就会带来规模经济。

假设企业的生产函数为 $Q=f(x_1,x_2,\cdots,x_n)$,当所有生产要素都增大到原来的 k 倍时,产量变为原来的 h 倍,即 $hQ=f(kx_1,kx_2,\cdots,kx_n)$ 时,企业取得规模经济。同理,假定企业生产产量 Q 的总成本为 $C(Q)$,如果对 n 个产出 $Q_1,Q_2,\cdots,Q_n$,有 $C(\sum_{i=1}^{n}Q_i) - \sum_{i=1}^{n}C(Q_i) < 0$,企业取得规模经济。

规模经济的判定系数 e 可用如下公式衡量:

$$e=\frac{\mathrm{d}c/c}{\mathrm{d}Q/Q}=\frac{MC}{AC} \quad (2-1)$$

当 $e<1$ 时,生产的规模收益增加;当 $e=1$,生产的规模收益不变;当 $e>1$ 时,生产的规模收益减少。

(二)范围经济理论

范围经济是指同时生产两种或两种以上产品时,比单独生产这些产品的成本之和小,因此,企业扩大经营范围,进行多元化生产经营能够带来成本的节约。范围经济的原因在于扩大经营范围能够共享企业的核心专长,随着企业产品的增加,企业长期平均成本会下降。这些核心专长一般包括无形资产的充分利用、研究与开发的扩散效应、技术设备的多种功能、零部件多种组装性能等。范围经济是企业多元化经营的依据,当企业具有进入新产业的技术、管理知识和具有协调不同产业的业务能力时,企业利用范围经济实施横向一体化、纵向一体化和混合一体化战略,使实施多元化战略取得的长期收益大于由此付出的成本,从而分散风险,发挥企业的优势和潜力。

假设某企业扩大生产经营范围,由原来单独生产 X 品或 Y 产品,改为联合生产 X 产品和 Y 产品。单独生产 X 产品和 Y 产品时的成本函数分别为 $TC(X)$ 和 $TC(Y)$,联合生产 X 产品和 Y 产品时的成本函数为 $TC(X,Y)$,则当 $TC(X,Y)<TC(X)+TC(Y)$ 时,企业具有范围经济。

范围经济的程度可以通过联合生产对成本的节约来衡量,公式为

$$TC_s = \frac{TC(X)+TC(Y)-TC(X,Y)}{TC(X,Y)} \tag{2-2}$$

(三)协同经济理论

安索夫将协同经济解释为相对于各独立组成部分进行简单汇总而形成的企业群整体的经营表现,并运用投资收益率来分析协同经济,在此基础上提出了超加性协同经济理论。曾晓洋(1999)认为企业的整个经营和运作活动是由业务经营战略、资源战略和组织战略等子系统构成,当这些子系统按照资本经营原则协同行动时,可以优化企业的业务结构、资源结构和组织结构,从而为企业节约生产经营成本,并为企业带来协同经济。朱沁夫等(2000)认为,协同经济是由于企业生产要素及其协同配合,能够带来企业经营效率的提高。顾保国(2003)认为,协同经济是由于企业各种投入要素的相互耦合所导致的单位产品成本的下降,当

在一定环境中因生产要素相互之间的密切耦合,具有协同经济,当企业内部生产要素不能有效协同时,就会导致协同不经济。

假设由 n 家企业构成的企业群中,第 i 家企业生产的产品年销售收入为 S_i,生产这种产品的费用成本为 Q_i,企业投资为 I_i,则该企业的投资收益率为:$ROI_i=(S_i-O_i)/I_i$。企业群的总销售收入 $S=\sum_{i=1}^{n}S_i$,整体运营成本为 $O_T=\sum_{i=1}^{n}O_i$,总投资为 $I_T=\sum_{i=1}^{n}I_i$,则企业群的整体投资收益率为 $ROI_T=(S_T-O_T)/I_T$。如果企业群中的企业组合成一个公司,投资总额仍保持为 I_T,由于协同的作用可以使新公司的销售收入 $O \geqslant O_T$,费用成本 $S \leqslant S_T$,从而使新公司的收益率 $ROI \geqslant ROI_T$,因此,新公司呈现协同经济性。

二、企业集团战略管理理论

战略管理理论的基本问题是企业如何利用有限资源来获得并保持竞争优势。1965 年,美国著名战略学家安索夫在其著作《企业战略》一书中开始使用战略管理一词,将战略从军事领域拓展至经济管理活动。安索夫认为:"战略是贯穿于企业经营与产品及市场之间的一条共同经营主线。它包括四个要素:产品与市场范围、增长向量、竞争优势和协同作用。"1971 年,安德鲁斯在《公司战略概念》一书中首次提出了公司战略的思想,并将公司战略定义为能够做的(组织优势和劣势)与可能做的(环境机会与威胁)之间的匹配,提出了 SWOT 分析框架,并认为在分析竞争优势时外部环境和内部条件同样重要。随着经营环境的变化,战略管理理论的重点逐步转移到企业竞争方面,特别是 20 世纪 80 年代以来,西方经济学界和管理学界一直将企业竞争战略理论置于学术研究的前沿地位,从而有力地推动了企业竞争战略管理理论的发展,形成三大主要战略管理学派:市场结构学派、核心能力学派和战略资源学派。

(一)市场结构学派

1970 年,市场结构学派(又称环境学派)开始兴起,主要代表人物是迈克尔·波特。该学派侧重于从企业外部市场结构进行分析,认为市场结构对企业竞争优势的建立起重要作用,行业吸引力是盈利的主要决定因素,进入障碍决定企业是否拥有持久的竞争优势。这一理论把竞争力的研究从企业内部转向外部市场,强调市场环境与市场结构的变化对企业竞争优势或企业竞争力的影响,克服了能力论的某些缺陷,使竞争力问题的研究视角进一步拓宽。

(二)核心能力学派

1990年,普拉哈拉德和哈默发表了《企业核心能力》一文,掀起了核心能力研究的热潮,形成了"核心能力"学派。该理论认为,企业依靠异质性资源(包括知识、技术、财务等),来形成独特的能力(具有价值性、稀缺性、难模仿性等特点),并利用这些资源和能力的独特协同方式创造企业的竞争优势。该理论主要强调企业内部条件对于保持竞争优势以及获取超额利润的决定性作用。

(三)战略资源学派

以沃纳菲尔特和潘罗斯为代表的资源论认为竞争力就是企业具有的价值性、稀缺性、不可复制性的特殊资源以及以低于价值的价格获取资源的优势。针对能力论和市场结构论的缺陷(前者侧重于企业内部的分析,后者专注于市场结构的影响),从资源、能力与市场结合的角度,提出广义的资源观:"企业的资源和能力包括企业用来开发、生产和分销产品或服务给消费者的所有财力、物力、人力和组织资源。"

三、企业集团治理理论

企业集团治理理论是在公司治理理论研究的基础上逐步发展起来的,主要包括企业集团治理问题的产生、企业集团治理边界、企业集团的治理内容和企业集团治理机制等方面的内容。

（一）企业集团治理问题的产生

企业集团是在股份制经济和现代公司制度高度发展基础上形成的以资产和契约为纽带、以母子公司关系为主要特征的现代企业的高级组织形式。一方面，企业集团是一个多法人联合体，成员企业具有相对独立性，并享有法律赋予的权利和承担相应的义务；另一方面，企业集团是一个有机整体，成员企业是一种共生共存的关系，并受到内部力量的约束。因此，企业集团治理问题既具有一般企业的特征，又具有特殊性。一般认为，企业集团治理问题产生的原因是由于委托代理问题的存在，从而使委托人不得不对代理人的行为后果承担风险，而解决委托代理问题的实质是剩余索取权和剩余控制权的配置问题。哈特(Hart,1995)在其《公司治理:理论与应用》一文中提出了公司治理问题产生的两个必要条件：第一，公司组织成员之间因存在代理关系而可能产生的利益冲突；第二，公司内部的交易费用不能使代理问题通过一个完全合约来解决。因此，在产生代理问题的情况下，治理问题随之产生，而治理结构的作用就是分配非人力资本的剩余控制权。

（二）企业集团治理边界

企业集团治理边界的确定不仅要考虑资产专用性与交易成本，还要关注核心技术和获取竞争优势等相关要素的经营活动效率范围。确定治理边界的核心思想应该把具有核心竞争优势的活动纳入整个企业集团中来，即将价值链上能够实现最大增值的环节置于企业集团内部，并借助企业集团成员间的互信与稳定协作关系降低交易成本，企业集团内的各节点也同样依此原则形成其治理边界。从制度经济学分析，企业集团是为了在市场交易中寻求一种交易费用较低且组织管理成本不高的制度安排。因此，企业集团治理边界的确定应符合交易费用与组织管理成本均衡原理，即企业集团治理的目的就是要在企业集团内部节约交易费用的同时如何降低组织管理成本的增量,从而达到企业集团内部成本的最优,以最终保证整个企业集团的稳定发展。李维安等(2001)在对企业集团治理研究中,提出了治理边界的概念,认为治理边界是治理的对象和范围,是治理客体的界定,即公司权力、责任以及治理活动的范围及程度,它反映了企业真实的权责关系。

(三)企业集团的治理内容

企业集团的治理内容包括一个非常广泛的范围。从对成员企业控制的角度分析,企业集团在充分考虑整体利益的同时,要兼顾局部利益,促进利益均衡和协调发展。从企业集团的法人治理结构分析,企业集团整体的治理结构要与成员企业治理结构之间协调,合理配置法人治理权。从企业集团的财务控制分析,有效的财务信息流动、规范的财务制度、合理的财权配置、及时的财务监督以及高效的投融资决策等,都是提高企业集团财务运作效率的关键。同时,企业集团治理必须解决多种利益冲突,以达到集团成员企业的协同一致。这些冲突主要包括股东与经营者之间的利益冲突;大股东与中小股东之间的利益冲突;股东与利益相关者之间的利益冲突。因此,企业集团治理必须建立有效的股东与经营者之间的制衡关系,必须建立有效的激励约束机制,必须建立完善的信息披露制度。

(四)企业集团治理机制

赵增耀(2002)在《企业集团治理》一书中将企业集团治理机制分为内部治理机制和外部治理机制,并认为内部治理机制是一种权力制衡机制和激励机制,外部治理机制则是由市场和政府控制的治理机制。孙班军等(2002)从公司治理功能层面将企业集团治理机制划分为文化治理机制、行为治理机制和财务治理机制,并认为财务治理是企业集团治理的核心,主要包括:投融资治理机制、审计监督机制、信息披露机制、资本控制机制和激励与约束机制。彭正新(2003)在其博士论文《中国国有企业集团治理机制研究》中将企业集团治理分为外部治理、中间治理和内部治理机制。王巍(2007)认为企业集团的内部治理机制包括控制机制、财务治理机制、激励机制和信任合作机制;外部治理机制包括市场监控机制、政府监控机制和其他利益相关者监控机制。

四、企业集团相关理论分析

企业集团经济理论、战略管理理论和治理理论是企业集团理论的重要组成部分,对于解决基于MAS的企业集团财务协同控制问题具有重要的理论价值,对于本研究起到了宏观理论指导的作用。纵观企业集团的发展历史,可以发现,企业集团经济是企业价值的根本体现,企业集团战略管理和企业集团治理是实现企业集团经济的基本保障。因此,基于MAS的企业集团财务协同控制研究必须紧紧围绕企业集团经济理论、战略管理理论和治理理论开展。

(1)企业集团的产生和存在目的是为了充分发挥成员企业的资源优势、技术优势和能力互补优势,归根结底是追求一种宏观上的经济表现。从交易费用的角度分析,企业集团是一种具有市场替代功能的中间性组织,当交易费用的节约大于管理费用的增加时,企业集团宏观上表现为整体大于局部的经济涌现,而规模经济、范围经济和协同经济正是这种经济涌现的具体表现形式。然而,规模经济、范围经济和协同经济的产生不是一个静态整合效应,而是一个动态的、耦合的协同价值效应实现过程,这一过程需要发挥基于MAS的企业集团整合协同控制优势,以财务为中心的企业集团协同控制必然成为企业集团协同经济实现的基本手段。因此,基于MAS的企业集团财务协同控制是实现规模经济、范围经济和协同经济的根本途径,而规模经济理论、范围经济理论和协同经济理论为基于MAS的企业集团财务协同控制研究提供了宏观经济目标和方向。

(2)协同与竞争是自然界的基本现象,也是经济领域健康运行的重要决定力量。企业集团必须时刻面对来自内外部的协同力量和竞争力量,努力发挥速度优势、资源优势、规模优势,以实现协同价值效应和提高竞争优势。然而,日益激烈的外部竞争环境,复杂多变的内外部关系,给企业集团的生存与发展带来了极大的不确定性,如何不断提高企业集团竞争优势已经成为战略管理的基本内容。企业集团战略管理理论的核心是紧紧围绕资源、能力和市场,以战略的适应性为前提,以整体最优、风险最小和价值最大为财务目标,推进企业集团的竞争能力提高。这一理论围绕的中心思想实际上是一种战略协同控制价值效应的实现机制,是财务协同控制在战略层面上的综合反映。因此,企业集团战略管理理论对于本研究具有重要的战略指导作用。

(3)企业集团治理理论主要是论述如何通过建立有效的权力制衡机制、激励约束机制以及监控机制等,通过剩余索取权和剩余控制权的优化配置来解决委托代理问题,其实质就是一个协同控制的价值效应实现过程。企业集团治理是建立在多法人关系之上的治理,其有效性体现在如何协同控制好各个利益主体的财务关系,如何通过统一的战略来保持集团整体的先进性和价值性,如何通过资源配置来达到成员企业与集团公司的共同发展,如何通过控制财务风险和解决内部利益冲突来降低损失和促进利益均衡。基于 MAS 的企业集团财务协同控制问题实质上是企业集团治理理论的纵深发展,它既是财务协同治理基础上的控制,也是财务协同控制基础之上的治理。因此,在企业集团治理理论的指导下进行基于 MAS 的企业集团财务协同控制研究,是发展企业集团治理理论的内在要求。

第四节　基于 MAS 的财务管理相关理论分析

一、财务资源配置理论

(一)泛财务资源观

传统财务资源通常指的是客观存在的、在一定的技术、经济环境和社会条件下,所有能被企业利用的资本资源,是属于硬资源的范畴。因此,财务资源配置的目标是物质资本的保值和增值。郭泽光(2002)等认为,财务资源是指企业所拥有的资本以及企业在筹集和使用资本的过程中所形成的独有的不易被模仿的财务专用性资产,包括企业独特的财务管理体制、财务分析与决策工具、健全的财务关系网络以及拥有企业独特财务技能的财务人员等。在新的理财环境下,财务资源的概念和内涵得到了进一步拓展,并逐渐形成了泛财务资源观。泛财务资源是对传统财务资源观念的拓展,从形态上可分为硬财务资源和软财务资源。其中,硬财务资源是指客观存在的,在一定技术、经济和社会条件下能被企业利用的有形资源,其构成主体是自然资源和传统的财务资源;软财务资源是以智力为基础的或无形的资源,包括知识资源和时间资源等。

(二)财务资源的配置

财务管理的目标就是通过合理地分配资源使其利用达到最优化。Collis等(1997)认为,由于企业的竞争优势是建立在其所拥有的独特资源和在特定环境中对这些资源进行配置的方式上,所以企业必须通过衡量和管理资源来保证竞争优势的可持续性。朱明秀(2007)认为,财务资源配置是以企业价值持续增长为目标,并体现了利益相关者利益的价值导向,它不但是企业的财务决策过程,也是企业价值创造的过程,它能够提高资源投入者的感知价值,激发他们进一步投入资源的积极性。财务资源具有稀缺性、价值性、难模仿性、不可替代性等特点,因此,企业必须有效地利用财务资源,在促进价值增值的过程中不断提高竞争优势。财务资源优化配置的标准通常是"帕累托最优"。"帕累托最优"的含义是:对于某种既定的资源配置状态所有的帕累托改进均不存在。对于财务资源的配置来说就是在这种资源的配置方式下,这些财务资源所产生的效用或效率已经达到了最大化,任何改变财务资源配置的方式,其后果都必然导致总效用或总效率水平的降低。

二、利益相关者财务理论

传统股东至上的财务理论认为,企业应以股东价值最大化为终极财务目标。然而,随着利益相关者理论和财务理论的发展,这一观点受到了极大的挑战。弗里曼(Freeman,1984)在《战略管理:利益相关者管理的分析方法》一书中,明确提出了利益相关者理论,指出利益相关者是包括股东、债权人、雇员、消费者、政府、居民等在内的能对企业经营活动产生直接或间接影响的客体。这些利益相关者与企业的生存和发展密切相关,因此,企业的财务决策必须考虑他们的利益。威廉姆森(1984)运用交易成本分析框架,从资产专用性的角度分析了应该优先考虑股东利益的必要性。布莱尔(1995)将利益相关者定义为"所有那些向企业贡献了专用性资产,以及作为既成结果已经处于风险投资的人或利益集团",并在其《所有权与控制:面向21世纪的公司治理》一书中指出,公司应该为所有利益相关者而不应该仅仅是为股东的利益服务。琼斯、克拉克森(Jones,Clarkson,1995)试图把代理理论、交易成本理论和契约理论结合在一起来分析利益相关者问题,建立所谓的"中心范式"。米切尔等人(Mitchell, Agle and Wood, 1997),从影响力(power)、合法性(legitimacy)和紧迫性(urgency)三个维度区分了利益相关者的关系,将利益相关者分为完全型、支配型、依赖型、危险型等七种类型(见图2-5),其中完全型是同时具有影响力、合法性与紧迫性的利益相关者。卡罗(Carroll,1996)认为,从与公司的利益关系上分析,利益相关者可分为直接利益相关者和间接利益相关者;从利益相关者的地位分析,利益相关者可分为核心利益相关者、战略利益相关者和环境利益相关者。

程宏伟(2001)指出,利益相关者财务就是企业内部的各经济利益主体以利益相关者财富最大化为基本的财务目标,在资产运营过程中建立的彼此利益促进与制约的财务运行机制。李心合(2003)在《利益相关者财务论》中指出,公司财务的价值导向是从股东利益向相关者利益的演进,公司财务的目标是利益相关者价值最大化,并要求利益相关者对公司进行分层次的共同治理。利益相关者财务理论是对利益相关者合作产权理论的发展,其核心要点是认为企业本质上是利益相关者缔结的合约集合,企业的每个利益相关者都对"企业剩余"做出了贡献,应当享有剩余索取权。按照这一"共同治理"逻辑,利益相关者财务理论提出了财务管理主体多元化、目标多元化的观点,并确立了"财务资本与智力资本"并重的理财思想,将财务理论的研究视野从企业财务扩展到所有者财务、经营者财务和利益相关者财务,丰富和完善了企业财务理论体系。

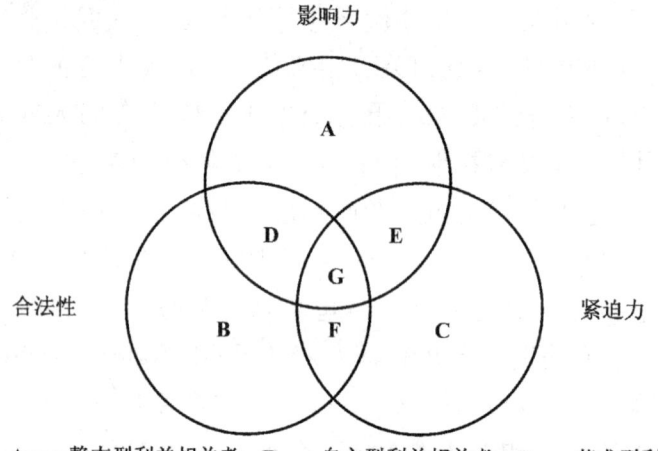

A——静态型利益相关者;B——自主型利益相关者;C——苛求型利益相关者;
D——支配型利益相关者;E——依赖型利益相关者;F——危险型利益相关者;
G——完全型利益相关者

图 2-5 米切尔等人对利益相关者的分类

三、财务风险管理理论

在现代风险管理理论的框架中,企业常常被看作是由多维风险和价值构成的有机整体,并以此参与市场竞争。企业是风险、价值和竞争关系的共同体,它需要通过不断地输入资源,提供有价值的商品和服务,以实现价值的转换、价值的增值和价值的再分配。财务风险在企业诸多风险当中居于核心地位,它的周期性显示是不以人的意志为转移的客观规律,它是在企业持续经营的整个财务活动过程中产生的,具有积聚性、持久性、潜在性和可度量性等特点,其积聚与放大的结果是形成财务危机导致企业失败的根源,往往带来无法挽回的严重后果。对财务风险的学术认识起源于对风险的认识,可归纳为三类观点:"危险损失观""结果差异观"和"不确定性观"。"危险损失观"认为财务风险是指企业财务活动中由于各种不确定因素的影响,对企业可能发生的未来危险和损失。"结果差异观"认为财务风险是由于财务活动的效率和效果的影响,而使未来实际结果与预期结果之间存在的差异。"不确定性观"认为财务风险是指财务活动的结果所导致的企业未来收益和损失的不确定性或是可用具体概率来描述的不确定性。基于此,部分学者将财务风险定义为资本价值经营时形式价值向内涵价值转化过程中的不确定性;或者是企业财务活动中由于各种不确定因素的影响,使企业财务收益与预期收益发生偏离,因而造成蒙受损失的机会和可能;或者是由资金运动而引起的风险货币化表现,它是受不确定因素影响而形成的财务收益偏离预期收益的潜在损失,表现为财务支付风险和财务结构风险。结合财务风险的时空变换,也有学者认为财务风险是由企业外部环境、内部运营和利益相关者的协调失效引起的,从而产生财务战略环境风险、财务资源配置风险和财务利益相关者协调风险。

对财务风险管理的关键在于对财务风险的识别和预警。定量财务风险识别及预警方法可以分为三类:参数模型分析方法、非参数模型分析方法和人工智能方法。传统的参数模型分析方法包括:单变量模型、多元判别模型、LOGIT回归模型、线性概率模型、PROBIT模型。单变量模型是指使用单一财务变量对企业财务失败风险进行预测的模型。多元判别模型包括Z模型、ZETA模型。Z模型是对多个财务比率通过多元鉴别分析,萃取出最具共同预测能力的财务比率,并利用这些比率建立起类似回归方程式的鉴别函数——Z计分法模式。ZETA模型是对Z模型的判别式分析及财务比率计算进行的一系列改进后提出的。

LOGIT 回归模型采用破产概率的方法进行公司分类,并首次应用于银行破产预测。线性概率模型是一种特殊的普通最小二乘回归模型,首次运用于银行业财务困境预测。PROBIT 模型与 LOGIT 模型相似,主要不同是两者采用的概率函数不同。现代参数模型分析方法主要有 CUSUM 模型,该模型是财务预测模型的最新进展,它能够区分公司的财务比率变化是序列相关结果还是财务比率永久恶化。非参数模型分析方法主要有递归分割算法,它是一种以单变量分类法和多元法的模式识别为基础的计算机处理非参数技术。人工智能方法主要有支持向量机、人工神经网络。支持向量机方法是建立在统计学习理论的 VC 维理论和结构风险最小原理基础上的,根据有限的样本信息在模型的复杂性(即对特定训练样本的学习精度和学习能力之间寻求最佳折中,以期获得最好的推广能力。人工神经网络(Artificial Neural Networks,ANNs)是一种平行分散处理模型,利用有限的样本指标训练出具有判别能力的网络结构,然后利用生成的结构模型去判别待判对象,从而达到预测的目的。

四、财务相关理论分析

(1)基于 MAS 的企业集团财务协同控制是一个复杂的理论和应用体系,涉及多种财务资源、多层财务目标和多方财务关系。从价值创造的角度分析,财务协同是资源最优配置的表现结果,是实现价值增值的宏观表现形式,而财务协同控制则是为了实现这一目标所采取的技术手段。从增强竞争优势的角度分析,财务资源是形成企业核心竞争能力的基础,对企业集团组织运行能力具有决定作用。正如王建民所说,资源的合理配置和有效融合形成能力,而能力的协调与配合就可能上升到核心竞争能力的高度。因此,企业集团财务资源的有效配置是实现价值创造和打造长期竞争优势的源泉,实质上是财务资源的协同机制和协同控制的期望效果。财务资源配置理论提出的泛财务资源观、财务资源最优配置目标、财务资源配置机制等,为本书的研究提供了财务

第二章　基于 MAS 的企业集团财务协同控制理论框架

理论方面的支撑。

（2）利益相关者是企业集团"专用性资本"的供应者,其更应享有更多的财务控制权与索取权。利益相关者财务理论提出在注重财务资本的同时,还应将非财务性资本的其他"专用性资本"纳入财务管理的范围,尤其是非财务性资本所有者向企业投入的"软性资本"或"智力资本",因此,企业集团的财务应该是与利益相关者合作的财务。在利益相关者财务理论的框架下,基于 MAS 的企业集团财务协同控制实际上是与利益相关者在战略、资源、关系等方面的协同,是通过协同控制技术所达到的期望结果。利益相关者财务理论为企业集团财务协同控制提供了宏观分析框架,指导本书的研究无论从协同主体、协同技术或协同目标上,必须综合考虑利益相关者的财务关系,将利益相关者的影响纳入财务协同控制的研究中来,保障研究的合理性、全面性和实用性。

（3）企业财务风险是动态的,适时地作用于企业经营活动中的复杂因子,对其内涵的正确把握和认识是风险管理中的理念环节,是对待财务风险的态度和立场的战略性指引。学术研究上从传统的概念领会到属性理解再到维度认知,是从感性到理性的飞跃,是研究重心的转移,对于本书的研究具有指导意义。在财务风险识别方法方面,国外学者越来越多借助于高深的数学或计算机智能方法和手段,设计预测模型。但是无论模型怎样精确,如果数据来源不全面,指标选取不科学甚至失真,没有科学的理论和方法支撑,也难以得到正确的结论。对财务风险的识别和控制,是一个从理论到技术的创新,需要长期持久的过程。现代风险识别和控制技术已经突破了传统的单一的静态风险框架,逐渐演变为多学科性的综合工具。以财务风险管理理论为指导的基于 MAS 财务协同控制研究有利于丰富和完善财务风险管理理论。

第五节　基于 MAS 的自组织相关理论分析

一、耗散结构理论

耗散结构理论是非平衡自组织理论的基础理论,是由比利时物理学家伊里亚·普利高津(Ilya Prigogine)提出的。普利高津认为:远离平衡态的开放系统具有耗散结构特征,它需要不断地与系统之外的物质和能量进行交换,通过涨落、非平衡相变,从原来的混沌无序状态转变为一种在时间上、空间上或功能上的有序状态。系统由有序状态变为无序状态是一个熵增的过程,系统由无序状态变为有序状态是一个熵减的过程。耗散结构是指系统处于远离平衡态的条件下,原来的平衡状态将失去稳定性,系统内部存在涨落力,部分涨落力通过耦合作用而被放大,从而在非平衡态下形成新的有序结构。系统从无序状态到耗散结构必须具备三个条件:系统必须远离平衡态;系统必须是开放的;系统内部各要素之间必须存在非线性相干作用。

平衡态是指系统各处可测的宏观物理性质均匀的状态,它遵守热力学第一定律,它是系统最无序的状态。普利高津认为"非平衡是有序之源"。对于开放的非孤立系统,如果系统处于平衡点附近,系统可以通过对称性自发破缺,从无序状态进入相对有序状态,从而通过平衡相变作用形成平衡结构。偏离平衡态的开放系统通过涨落,在越过临界点后"自组织"成耗散结构,耗散结构由突变而涌现,其状态是稳定的,开放系统在远离平衡状态的情况下可以涌现出新的结构。开放系统是一种与外界自由进行物质、能量和信息交换的系统。若 ds 是开放系统的总熵,dis 是系统内部的不可逆过程所产生的熵变,des 是系统与外界进行物质、能量和信息交换时的熵变,则有 $ds=dis+des$。对于开放系统,由于系统与外界不断地进行物质、能量和信息交换,存在 $des \geqslant 0$ 和 $des \leqslant 0$ 的情况。如果 $des<0$,就能抵消和减少系统的

内部熵增,使系统总熵减少,从而使系统通过自发的破缺功能从无序进入有序的耗散结构状态。系统为了保持这种有序的耗散结构,必须与外界时刻进行物质、能量和信息的交换,一旦这种交换停止,系统就会被孤立,从而造成这种有序结构的瓦解。

非线性相互作用是系统演化的动力。任何一个复杂系统都是由大量子系统组成的,子系统总是存在着自发的无规则的独立运动,同时又受到其他子系统运动的影响。在临界点前,子系统之间的关联弱到不能束缚子系统独立运动的程度,子系统本身无规则的独立运动起主导作用,系统呈现无序状态。随着控制参量的不断变化,当系统靠近临界点时,子系统之间的关联便逐渐增强,同时子系统无规则的独立运动在相对变弱,当控制参量达到"阈值"时,子系统之间的关联和子系统的独立运动,从均势转变到关联起主导地位的作用,因此在系统中便出现了由关联所决定的子系统之间的协同运动,出现了宏观的结构或类型。非线性相互作用能够产生协同现象和相干效应,它可以通过"正反馈放大作用"和"涨落"使系统从量变到质变,并演化为新的时空有序结构。

耗散结构理论认为,在接近平衡态的线性非平衡区,涨落的发生只是一种破坏稳定性的干扰,起消极作用。而在远离平衡的非线性区,系统中一个随机的微小涨落,通过非线性的相互作用和连锁效应被迅速放大,就可以形成整体的宏观"巨涨落",从而导致系统发生突变,形成一种新的稳定有序结构。此时,涨落对于耗散结构的形成起到了一个触发和激化作用,即所谓的"涨落导致有序"。在耗散结构的形成过程中,系统的结构、功能与涨落之间是一种相互影响、相互作用的关联关系。结构与功能之间是一种确定性的关系;而涨落是系统结构与功能之间的作用,它是一种随机性的触发行为,可能引起系统的局部改变,如果系统缺乏适宜的调节机制,这种局部改变会引起整个系统结构的变化,从而影响和改变系统的功能。因此,结构通过涨落规定和主导功能,而功能又通过涨落影响和改变结构。

二、协同理论

协同理论是由德国物理学家哈肯在《协同学：一门合作的学说》《协同学导论》《高等协同学》等著作中提出的，主要研究远离平衡态的开放系统，在不断与外界物质能量交换的前提下，通过内部的协同作用，实现时间、空间和功能上的有序结构，主要包括序参量伺服原理、自组织原理、协同作用原理。协同理论吸收了系统论、信息论、控制论、突变论、耗散结构理论的研究成果，采用动力学统计分析方法，建立了一系列数学模型，用于描述系统从无序到有序的变化规律。协同理论认为，虽然存在于客观世界的系统具有差异性，但系统之间、系统内部都具有相互影响、相互合作的关系，由此形成了复杂的协同竞争关系。同时指出，系统是由大量子系统组成的，子系统之间具有相互作用，这种作用导致了系统的涨落，通过序参量的控制导致系统的相变，并自发地形成有序的结构。

（一）序参量伺服原理

序参量是协同理论的核心概念，是支配系统各要素协调发展的重要力量，它产生于系统管理各要素的协同运作过程中，处于整个系统演化进程中最具决定性的主导地位。序参量可分为快驰豫变量和慢驰豫变量，快驰豫变量受到的阻尼较大，因驰豫时间短而不能决定系统的有序度，而慢驰豫变量在变化时出现临界无阻尼现象，几乎不衰减，并认为事物的演化受慢驰豫变量的控制，演化的最终结构和有序程序取决于慢驰豫变量，并将慢驰豫变量称为序参量。

按照协同学理论，在系统协同竞争演化的过程中，序参量起决定性支配作用，它不仅规定了系统协同竞争演化的方向，而且直接影响着系统协同竞争演化的进程。设系统的状态向量 p 有 n 个分量，即 $p=(p_1,p_2,\cdots,p_n)$，p 是空间向量 x 和时间 t 的函数，即 $p=p(x,t)$，则系统的控制方程可表示为

$$\dot{p}(x,t) = N[p(\mathbf{x},t), \nabla, \alpha, \mathbf{x}] + F(t) \tag{2-3}$$

其中：∇为微分算子，$\nabla = (\partial/\partial x, \partial/\partial y, \partial/\partial z)$，$F(t)$表示来自系统内部和外部的涨落力，$\alpha$为系统的控制参数。

在不考虑涨落力时，可以将$p(\mathbf{x},t)$表示为独立于时间的状态p_0与p的微小变化$w(\mathbf{x},t)$之和，即

$$p(\mathbf{x},t) = \mathbf{p} + w(\mathbf{x},t) \tag{2-4}$$

则将非线性函数N扩展为w在p_0处展开的幂级数，可以得到

$$N(\mathbf{p}_0 + w) = N(\mathbf{p}_0) + \mathbf{L}w + \hat{N}(w) \tag{2-5}$$

考虑涨落力时，假设：

$$p = \mathbf{p}_0 + \sum^{j} \xi_j(t) v_j(x) \tag{2-6}$$

将公式(2-6)代入式(2-3)，并经过转换得到：

$$\sum^{j} \dot{\xi}_j(t) v_j(x) = \sum^{j} \xi_j(t) \mathbf{L} v_j(x) + \hat{N}[\sum^{j} \xi_j(t) v_j(x)] + F(t) \tag{2-7}$$

可将公式(2-7)改写成如下的序参量控制方程：

$$\dot{\xi}_k = \lambda_k \xi_k + \widetilde{N}_k(\xi_j) + F_k(t) \tag{2-8}$$

根据协同学支配原理，系统的有序化只取决于非稳定模，为系统的序参量。

（二）自组织原理

哈肯将自组织定义为："在没有外界的特定干预下，系统获得空间的、时间的或功能的结构过程。"自组织原理认为，开放的系统会自发地形成有序，并不断通过协同进化方式向更高级的形式演变，它的推动力量包括协同和竞争。协同和竞争是系统进化的最活跃力量，一方面系统通过竞争实现优胜劣汰，另一方面系统又通过协同创造合力，提高竞争力，因此，系统的进化既是竞争的过程，也是协同的过程。系统在协同竞争中，各要素都接受序参量的支配作用，并通过非线性的相互作用而产生协同效应，在一

定范围内,通过涨落而达到一定的临界点,可以通过自组织而使系统从无序到有序,使旧的结构发展成为在空间、时间或功能等方面都发生根本变化的新的有序结构。

(三)协同作用原理

协同作用原理是指系统在序参量的支配下,各要素或子系统之间通过相互影响和相互作用,减少或消解冲突,实现彼此的协调配合,从而减少负面作用增加正面效果,推动系统功能的改善。协同作用的结果是整体功能大于局部功能之和,即"1+1>2"。影响协同作用的因素主要包括三方面内容:一是对系统起支配作用的序参量;二是系统的落后要素;三是系统要素之间的耦合力。支配系统的序参量对系统的进化起决定作用,它是系统发挥协同作用的关键。系统的落后要素虽然不能推动系统的协同进化,但它会削弱系统的整体功能,影响系统协同作用的结果。系统各要素的耦合力是系统协同作用的重要保障,是系统协同作用效果的根本性体现。因此,必须强化对系统序参量的管理和控制,改善落后要素的负效应状态,提升系统各要素的耦合力。

三、混沌理论

混沌理论是由美国气象学家爱德华·诺顿·洛伦茨提出的。混沌理论认为混沌现象是自然界的普遍现象,自然界的系统是由最初的混乱状态,通过以某种规则复制前一阶段的运动状态而形成的。复杂多变的系统在最初往往是极其单纯的,由于混沌现象,复杂系统经过多次连续的规则变化之后会演化成难以预测的结果。混沌的重要特征在于:对初始条件的敏感性依赖;极为有限的可预测性;内部存在超载有序;确定系统的内在随机性。对初始条件的敏感性依赖是指在混沌系统中,初始条件十分微小的变化,经过不断放大,对其未来状态会造成极其巨大的差别,因此,起初较小的误差可能会导致灾难性后果,主要原因在于:信息从小尺度传向大尺度,初始信息会随机放大。极为有限的可预测性是指当系统进入混沌状态后,系统可表现为整体或局部不可预言,主要原因在于:混沌系统会成为信息生产的机器,收集更多的信息毫无意义。内部存在超载有序是指混沌内部的结构具有自相似性,不同系统之间存在跨尺度的相似性。确定系统的内在随机性是指混沌现象是由系统内部的非线性因素引起的,是系统内在随机性的表现。因此,只要确定性系统中有非线性因素作用,系统就会在一定控制参数范围内产生一种内在的随机性,即确定性混沌。

四、自组织相关理论分析

自组织理论是由一系列理论构成的理论群,它的完善和发展,促进了复杂性科学研究的不断深入。耗散结构理论、协同理论、混沌理论是自组织理论的核心和基础,三者虽然是对不同背景系统作出的研究,但都是在探索系统内在的运行、演绎机理,也即系统的复杂性机制问题,不仅分别从不同的角度解释了物理系统内在的复杂性,而且可以推广运用于一般系统,解释基于 MAS 的企业集团财务协同控制系统的复杂性机制。因此,自组织相关理论对于本书的研究具有重要的理论价值。具体表现在以下几方面。

(一)为基于 MAS 的企业集团财务协同控制研究提供了新的视角和方法论

企业集团是一个非线性复杂系统,其动态演绎发展表现出了多维耗散结构特征、协同效应现象和混沌现象,这是一个靠非线性相干作用的自组织过程,无论是耗散机制、协同机制还是混沌机制都需要运用自组织理论和方法进行研究和分析。耗散结构理论考察了系统自身经输入能量而被吸收后,系统的涨落效应和能量耗散,从而经过自由能的加工、转换和升华,增加系统的结构能,并不断完成自组织的过程。企业集团具有整体性特征,其自身的发展离不开外界环境的支持,需要不断地通过输入资源与输出产品来与外界进行物质和能量的交换,以维持自身的生存与发展,这是一个自组织进化过程,最终的目的是为了改善企业集团系统的整体结构和能量增加,因而需要用耗散结构理论的方法进行分析和研究。协同学理论侧重于系统内部子系统间的非线性相干作用,是在序参量对其他因素支配的条件下,探讨系统的协同竞争过程和使系统从无序走向有序的协同效应实现机制。企业集团是由多个成员企业组成,具有多维价值目标、多重利益关系组成的复杂系统,其演化过程需要在内部子系统的合作与竞争中持续进行,并通过序参量的支配作用,优化配置内部资源,协调利益关系,这也是一个系统从无序走向有序的过程,因而需要用协同学的原理进行分析和研究。混沌现象是自然界的普遍现象,具有"蝴蝶效应"作用,对于基于 MAS 的企业集团财务协同控制研究有指导作用。

(二)推进自组织理论成果在基于 MAS 的企业集团财务协同控制研究的应用

自组织理论的研究成果对于人类正确认识客观世界起到了巨大的推进作用,并随着理论的应用和研究层面的不断扩展,越来越引起理论界的重视。以企业集团为研究对象,运用自组织理论的原理和方法,来探讨基于 MAS 的企业集团财务协同控制规律已经成为现阶段研究的一个方向。企业集团战略管理系统、资源管理系统和关系管理系统都是一个复杂的自适应系统,各要素间的相互作用是复杂的非线性作用,各要素间竞争和协同的过程也是共同进化的过程。战略协同能力、资源协同能力和关系协同能力可以看成是决定企业集团协同绩效的序参量,研究序参量如何通过自身涨落及竞争和协同所产生的涨落使系统走向有序,对于丰富和发展企业集团理论和指导企业集团生产经营实际都有着重要的意义。应用自组织理论成果,可以把已经取得的研究成果类比拓宽于企业集团问题的研究,为探索企业集团的运行规律提供有效的理论成果支撑,进而发挥企业集团内部子系统间的协同作用。自组织理论成果应用于基于 MAS 的企业集团财务协同控制研究,对于推进基于MAS的企业集团财务协同控制问题的有效解决和提高企业集团综合竞争能力具有重要的意义。

第六节　基于MAS的协同控制相关理论分析

一、内部控制理论

企业内部控制理论是在内部牵制思想基础上经过长期的发展形成的,大致可分为五个阶段,即内部牵制、内部控制制度、内部控制结构、内部控制整体框架和风险管理框架。内部牵制是以查错防弊为目的,以职务分离和交互核对为重点,以钱、财、物等会计事项为主要控制要素的内部控制原始形式。最早提出内部牵制的是L. R. Dicksee,他认为内部牵制由职责分工、会计记录和人员轮换三个要素构成。Gocgre. E. Bennett于1930年给出了内部牵制完整的定义:内部牵制是账户和程序组成的协作系统,这个系统使得员工在从事本职工作时,独立地对其他员工的工作进行连续性的检查,以确定其舞弊的可能性。《柯氏会计词典》将内部牵制定义为:以提供有效的组织和经营,并防止错误和其他非法业务的发生而制定的业务流程设计。1949年,美国会计师协会的审计程序委员会在《内部控制:协调系统要素及其对管理部门和注册会计师的重要性》的报告中对内部控制的定义为:内部控制是企业所制定的旨在保护资产、保证会计资料可靠性和准确性,提高经营效率,推动管理部门所制定的各项政策得以贯彻执行的组织计划和相互配套的各种方法和措施。随后,该委员会又将内部控制划分为会计控制和管理控制两大类。1988年,美国注册会计师协会的审计准则委员会发布了《审计准则公告第55号》,指出内部控制结构包括合理保证企业特定目标的实现而建立的各种政策和程序,主要包括控制环境、会计系统和控制程序三个部分。1992年,COSO提出了内部控制完整框架,并认为内部控制是受董事会、管理层和其他人员影响的,为达到经营活动的效率和效果、财务报告的可靠性、遵循相关法律法规等目标提供合理保证而设计的过程,具体包括五个要素:控制环境、风险评估、控制活动、信息沟通、监督。2004年9月COSO正式颁布了《企业风险管理——整合框架》(COSO-ERM),将内部控制上升至全面风险管理的高度来认识,主要包括八方面内容:内部环境;目标设定;事项识别;风险评估;风险应对;控制活动;信息与沟通;监控。

二、复杂系统协同控制理论

系统论创始人奥地利学者贝塔朗菲认为,系统是相互作用的多元素复合体,并于1928年首次提出了系统的复杂性问题。多智能体(Multi-Agent-System)的复杂系统是指由多个智能体组成的系统,这些智能体之间相互协同、相互服务,共同完成既定的任务。各智能体之间的任务划分、资源分配、行为的协调,在遵循一定的知识规则和管理策略基础上,由各智能体通过相互作用和对环境的感知来进行判断和决策。多智能体复杂系统具有如下特性:系统中的各个智能体是异步动作的,它们以不同的步调自主地各行其事,适合于各种分布式系统的应用;每个智能体都具有独立解决部分问题的能力或者都具有独立完成某个功能的能力,单个智能体出现问题不会影响系统的其他部分,从而提高了系统的可靠性;一个任务可分成若干个子任务并分派到一系列智能体上,通过知识交换、协商及控制信息的传送等,这些智能体可并行地协调工作;当网络、管理或业务能力不够时,新的功能就可以通过引入相应的智能体或智能体子系统来添加,从而保证系统功能的伸缩和扩展;通过有效的协商机制,可以在任务分派、业务花费、业务参数及业务质量等达成协议,从而避免或减少冲突。

在多智能体复杂系统中,智能体之间存在着潜在的利益冲突,因此,协同控制的目的就是要解决智能体间的冲突问题,这就需要通过协同设计,运用协商机制、冲突消解策略等,从系统的整体性和稳健性出发,提高多智能体间的相互依赖性,促进共同完成既定的任务和达到预期的目标。根据合作的类型,可以把多智能体之间的协作分为合作型和非合作型两类。对于合作型智能体复杂系统,通常有一核心协调者,各智能体有统一的目标,其合作的目的是实现目标效用函数的价值最大化;对于非合作型智能体系统,没有起核心作用的协调者,各智能体只是根据自己的兴趣自主决定是否接受各项任务,其最终目的是达到自己的私有目标或使自己的效用函数价值最大化。多智能体的协同控制涉及八方面内容:增强单个智能体的推理能力,以达到提高多智能体之间一致性的目的;任务分配;多智能体规划;目标和行为的一致性问题;冲突处理及资源管理;建立其他智能体的模型;多智能体之间的通信管理;适应与学习。

三、协同控制相关理论分析

(1)企业内部控制理论的核心思想是完善内控制度,形成制约关系,降低运行风险,保障系统的健康稳定。这一理论强调了控制活动、信息沟通、识别风险的重要性,其实质是为了解决企业内部的财务协同控制机制问题。一方面,企业集团财务主体的多样性决定了财务活动的复杂性,这就需要从战略协同的高度来保障财务活动的协调一致性;另一方面,企业集团成员企业的分散性可能会导致财务信息的滞后与失真,从而给企业集团内部沟通设置障碍。同时,多维利益主体、多层代理关系和复杂的联结纽带,使企业集团面临的风险面扩大,可能给风险识别、风险评估、风险控制增加难度。因此,解决企业集团的内部控制问题,必须解决企业集团的财务协同控制问题。可以说,内部控制理论为企业集团财务协同控制问题的研究提出了目标和要求。

(2)企业集团是一个具有复杂性的分布式协同控制体系,它的复杂性体现在协同主体的分散化、资源配置的复杂化、利益关系的多元化等多个方面,多个成员企业既有不同的经营目标又有共同的价值追求,因此,成员企业之间以及成员企业与集团公司之间既存在竞争又存在协作。如何通过竞争、协商、协作等手段将成员企业单方面的行动统一到企业集团整体利益的目标上,实质上是一个财务协同控制过程,这一过程需要解决一系列的代理问题。多智能体复杂系统协同控制理论,以智能体为研究对象,揭示的是智能体之间的冲突、协商、协作和协同实现的一般规律,从理论上提供了多元主体协同控制的技术解决方案。因此,可以借鉴多智能体复杂系统协同控制的核心思想和技术手段,将企业集团成员企业看成是协同控制的智能体,并运用多智能体协同控制的方法进行分析和研究企业集团的财务协同控制问题。

第七节 研究的理论框架

经过以上分析,可以建立本研究的理论框架,如图 2-6 所示。

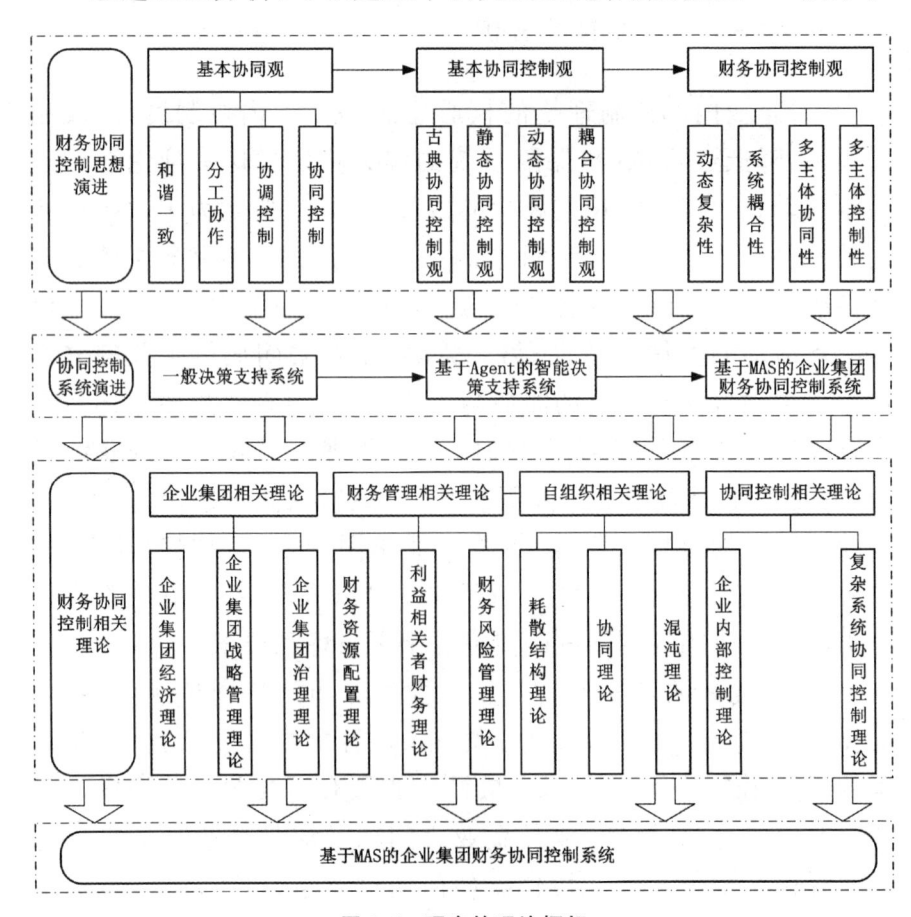

图 2-6 研究的理论框架

本章小结

协同控制观和协同控制相关理论是基于 MAS 的企业集团财务协同控制研究的重要理念支撑和理论支撑,对于基于 MAS 的企业集团财务协同控制的整体化和系统化研究具有重要的指导作用,本章通过协同控制观和协同控制相关理论研究,建立基于 MAS 的企业集团财务协同控制的理念基础和理论框架。首先,在对协同认识的基础上,归纳总结了协同认识的四个阶段:"和谐一致"阶段、"分工协作"阶段、"协调控制"阶段和"协同控制"阶段,总结分析了四种基本协同控制观:"古典协同控制观""静态协同控制观""动态协同控制观"和"耦合协同控制观",建立了企业集团财务协同控制观,并分析了 MAS 的基本方法和基于 Agent 的智能决策支持系统模型。其次,归纳分析了基于 MAS 的企业集团相关理论,为基于 MAS 的企业集团财务协同控制研究理论基础,这些理论包括企业集团相关理论、财务管理相关理论、自组织相关理论和协同控制相关理论。通过本章的归纳分析,厘清了财务协同控制思想的演进路径、协同控制系统的演进路径,构建了基于 MAS 的企业集团财务协同控制研究的理论框架。

第三章 基于 MAS 的企业集团财务协同控制系统分析

企业集团财务协同控制系统是发挥企业集团价值创造能力的复杂耦合系统,它与 MAS(Multi-Agent System)有天然的契合点,便于运用 MAS 方法进行分析和探讨,以确定系统的结构特征、协同控制潜质和 MAS 应用基础。本章首先探讨了企业集团财务协同控制系统的结构模型、内在关系和耦合效应,并对企业集团财务协同控制系统与 MAS 进行了异同点分析。然后,研究了基于 MAS 的企业集团财务协同控制的可行性,为 MAS 技术在企业集团财务协同控制系统中的应用奠定基础。

第一节 企业集团财务协同控制系统及其与 MAS 的异同点分析

一、企业集团财务协同控制系统的基本结构

(一)基本结构模型

企业集团财务协同控制系统是一个由多元财务协同控制子系统构成的复杂动态系统,这些财务协同控制子系统之间具有密切的协同潜质、控制特征和相互影响关系,它们通过彼此之间的相互影响、相互作用,共同推动企业集团财务协同控制系统的功能实现。在企业集团财务协同控制系统中,当这些财务协同控制子系统充分发挥各自的功能,并与其他财务协同控制子系统形成功能叠加时,企业集团财务协同控制系统的整体功能就达到了价

值涌现,企业集团财务协同控制系统的价值效应就增强。当这些财务协同控制子系统不能充分发挥各自的功能且彼此孤立时,企业集团财务协同控制系统的整体功能就小于各财务协同控制子系统的功能之和,企业集团财务协同控制系统的价值效应就减弱。本书的研究将企业集团财务协同控制系统划分为财务战略协同控制子系统(U1)、财务经营协同控制子系统(U2)、财务关系协同控制子系统(U3)、财务创新协同控制子系统(U4)和财务风险协同控制子系统(U5)。财务战略协同控制子系统(U1)位于系统的核心,财务经营协同控制子系统(U2)、财务关系协同控制子系统(U3)、财务创新协同控制子系统(U4)和财务风险协同控制子系统(U5)构成系统的四个维度,其基本结构模型如图3-1所示。

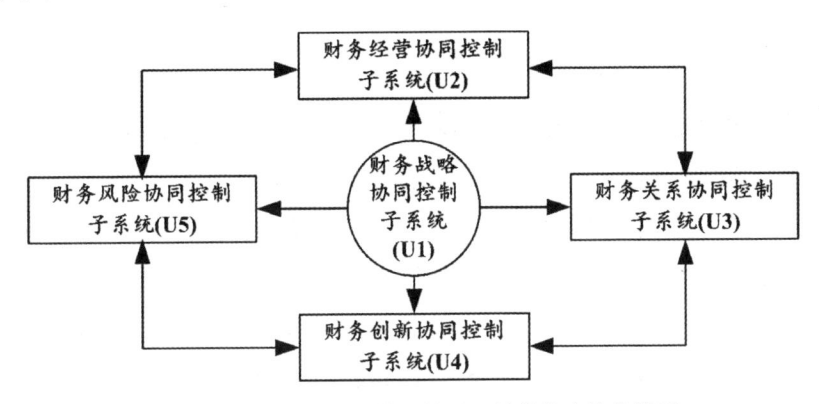

图3-1 企业集团财务协同控制系统的基本结构模型

(二)财务战略协同控制子系统

财务战略是企业集团的重要职能战略,它不仅要为搞好企业集团的筹资、投资、利润分配、营运资金等进行合理的谋划,从而实现企业集团财务战略资源合理应用,更重要的是企业集团要发挥财务战略的协同控制作用,保持整体财务战略与各成员企业财务战略的协同一致性,提高财务战略的控制力和执行力。财务战略协同控制是企业集团为适应复杂多变的竞争环境,采用一定的协同控制技术,对企业集团财务战略资源优化配置,以发挥企业集团的技术优势、资本优势和管理优势,以使企业集团更好地适应环境,持续获得竞争优势,长期为企业集团带来价值。首先,财务战略协同控制必须充分挖掘财务战略资源,保持资源的互补性、协同性和独特性。互补性财务战略资源是财务战略协同控制的基础,协同性财务战略资源是财务战略协同控制的根本保障,独特性财务战略资源是财务协同控制的价值性体现。企业集团必须丰富互补性财务战略资源,推进协同性财务战略资源,打造独特性财务战略资源。其次,财务战略协同控制必须充分发挥财务战略的协同作用。财务战略协同是企业集团战略执行协同控制必须充分发挥财务战略的控制作用。财务战略控制是企业集团战略执行的必要保障,它通过战略引领、偏差矫正和组织治理,保障财务战略协同控制的执行结果。

(三)财务经营协同控制子系统

生产经营是企业集团充分利用经营资源创造价值的基本方式,它主要解决生产经营过程中的原材料等的投入、产品生产、产品销售以及服务等问题,涉及了生产经营定位、生产经营资源管理、生产经营范围划分以及生产经营流程管理等多项内容。企业集团是多法人联合体,其生产经营一方面是各法人主体的自我实现,另一方面各法人主体又通过各自的生产经营活动保障企业集团整体生产经营目标的完成。财务经营协同控制是企业集团为创造经营价值,通过有效的生产经营模式、协同管理方式和生产经营控制手段,创造和利用生产经营资源,实现企业集团的生产经营价值。首先,财务经营协同控制必须优化配置生产经营资源,促进资源的有效利用。生产经营资源具有可获得性、需求性和稀缺性特点,必须通过优化配置资源并与企业集团的价值链充分结合,才能发挥资源优势,保障生产经营的可持续性开展。其次,财务经营协同控制必须有效保障生产经营协同。通过生产经营计划的制订和实施、生产经营资源的匹配性管理,发挥各生产经营主体的协同作用,促进生产经营活动的协同运作。最后,财务经营协同控制必须充分发挥生产经营的控制作用。生产经营控制涉及生产经营目标控制、生产经营资源控制、生产经营成本控制等多方面内容。生产经营目标控制目的在于保障企业集团在生产领域内取得竞争优势,促进产品竞争力的提高。生产经营资源控制是保障生产经营资源的充分和合理利用,提高资源的使用价值。生产经营成本控制是实现生产经营效益的根本保障。

(四)财务关系协同控制子系统

财务关系是指企业在组织财务活动过程中与利益相关者发生的经济利益关系,它既是企业财务活动的本质性体现,又影响和制约企业财务活动的规模和速度。企业集团是一个具有多层财务关系的集合体,复杂的财务关系决定了企业集团的价值取向,构成了企业集团的基本价值体系。一般情况下,企业集团的财务关系包括与国家的财务关系、与股东的财务关系、与员工的财务关系、与供应商的财务关系、与债权人的财务关系、内部战略单元之间的财务关系,等等。企业集团的财务关系反映了利益相关者专用资产的投入与经济利益的索取,体现了专用资产的风险性、价值性和控制性。财务关系协同控制就是为了保障企业集团和利益相关者的共同利益,通过有效的利益实现和分配机制,促进企业集团与利益相关者的价值投入与利益索取期望之间的有效均衡。首先,财务关系协同控制必须努力创造财务关系资源,形成有利的财务关系资源体系。财务关系资源是财务关系协同控制的基础,其系统性、整体性和有效性是发挥财务关系资源价值的重要内容。其次,财务关系协同控制必须全面保障财务关系的协同性。协同一致才能创造合力,才能促进企业集团协同关系价值的实现。同时,财务关系协同控制必须充分发挥财务关系的控制作用。通过互惠互利的信任关系和解决利益冲突机制,通过有效的财务治理机制,通过合理的分配模式,促进价值创造和价值增值,平衡各利益相关者的利益关系。

(五)财务创新协同控制子系统

财务创新是为适应知识经济时代环境的变化,企业做出的区别于传统筹资管理、投资管理、利润分配管理、营运资金管理等方式的变革,强化知识资本对企业经营活动的影响,以知识发现、知识创造和知识共享为核心动力,保障企业经营价值的持续提升。由于知识投入的不断增多,财务创新要求知识成为企业的主体资产,知识资本、物质资本和金融资本一起成为企业的核心资本,重点推进物质资本的利润创造能力、知识资本的价值提升能力和金融资本的经营保障能力。马孟夏(2009)指出:财务创新是企业动态财务能力提升的基础,它是财务管理方式方法和治理模式的改进,能够为企业注入新的财务活力,并由此推动企业的财务管理能力。财务创新协同控制是为保障财务创新的效果而进行的知识资本发掘、物质资本管理以及金融资本匹配,以保障财务创新资源的形成和有效利用,推动企业集团财务管理能力的不断提高。首先,财务创新资源的形成是发挥企业集团持久价值创造能力的基础,企业集团必须通过财务创新协同控制不断丰富和完善财务创新资源。其次,财务创新协同控制必须充分发挥财务创新的协同作用,形成创新合力,提高创新的效率和效果。同时,财务创新协同控制必须全面进行财务创新控制。通过财务创新控制,保障财务创新资源的充分利用,降低财务创新成本,提高财务创新效率,为企业集团的长期竞争优势形成和综合竞争能力提升提供保障。

(六)财务风险协同控制子系统

财务风险是企业处于日益复杂多变的经营环境中,由于财务活动的不确定性,而为企业带来损失的可能性。它蕴含于企业的整个生产经营过程中,具有积聚性、潜伏性、损失性等特征,它的集聚与放大往往是导致企业财务困境,甚至形成财务危机的根源。企业集团是一个具有复杂财务关系的风险聚合体,由于企业集团组织规模的扩大和组织层级的增多,财务风险的集聚与传导给企业集团带来了更大的危害性。企业集团财务风险的危害更具潜在性,往往要经历潜伏期、发展期和危害期等多个阶段,因此,识别与控制财务风险对于企业集团的协同管理具有重要作用。财务风险协同控制是为了有效降低财务风险的危害性而采取的一系列技术方法措施,通过有效利用财务风险管理资源,强化信息对财务风险的消解作用,提升企业集团的财务风险管理能力。首先,财务风险协同控制必须创造和有效利用财务风险管理资源,通过财务风险管理资源的合理利用,发挥财务风险的管理效力。其次,财务风险协同控制必须强化企业集团各子系统的协同性,通过财务协同来降低财务风险的积聚性,通过丰富的协同信息运用,来消除或减少财务活动的不确定性。同时,财务风险协同控制必须加强财务风险的控制。通过运用科学的风险控制模型,建立有效的风险预警系统来强化财务风险管理。通过风险规避技术、风险转移技术、风险消解技术的应用,提高企业集团的财务风险管理能力。

二、企业集团财务协同控制系统的内在关系

(一)路径因果关系

根据系统动力学原理,企业集团财务协同控制系统行为和演化方向是由内因决定的,外因只能起到影响和调节作用。在企业集团财务协同控制系统的价值实现过程中,财务战略资源、财务经营资源、财务关系资源、财务创新资源和财务风险管理资源是其重要的内部影响因素,它们的联合作用是形成财务战略协同控制、财务经营协同控制、财务关系协同控制、财务创新协同控制和财务风险协同控制的基础,是企业集团财务协同控制功能发挥的有效性体现,是企业集团财务协同控制价值实现的重要力量。财务战略定位、财务战略行动和财务战略互补促进了企业集团财务战略资源的形成,影响了资产权益因子、资本增值因子和权益报酬因子,从而推动财务战略的协同控制。独特资源识别、独特资

源获取与配置以及独特资源匹配性评价保证了财务经营资源的质量,并通过自由现金因子、营运资金因子和现金增值因子,推动企业集团财务经营协同控制。财权优化配置、财务利益冲突消解、财务收益合理分配有效保障了财务关系资源的形成,并通过股利分配因子、应收账款因子、应付账款因子推动企业集团价值链关系资源的优化,从而实现企业集团财务关系的协同控制。技术创新物质资本的投入、技术创新人力资本的投入和技术创新金融资本的投入,对于推动财务创新资源的形成具有重要作用,并通过对资产规模增长因子、销售收入增长因子和产品成本降低因子的作用,实现企业集团财务创新协同控制。资本结构优化、资产结构优化和投资环境适应能力有效地保障了财务风险资源的形成,并通过财务杠杆因子、资产获利能力因子和财务弹性因子,推动企业集团的财务风险协同控制。财务战略协同控制、财务经营协同控制、财务关系协同控制、财务创新协同控制和财务风险协同控制能有效提高企业集团的财务战略执行力,从而保障企业集团财务协同控制系统价值的实现,企业集团财务协同控制系统的路径因果关系如图3-2所示。

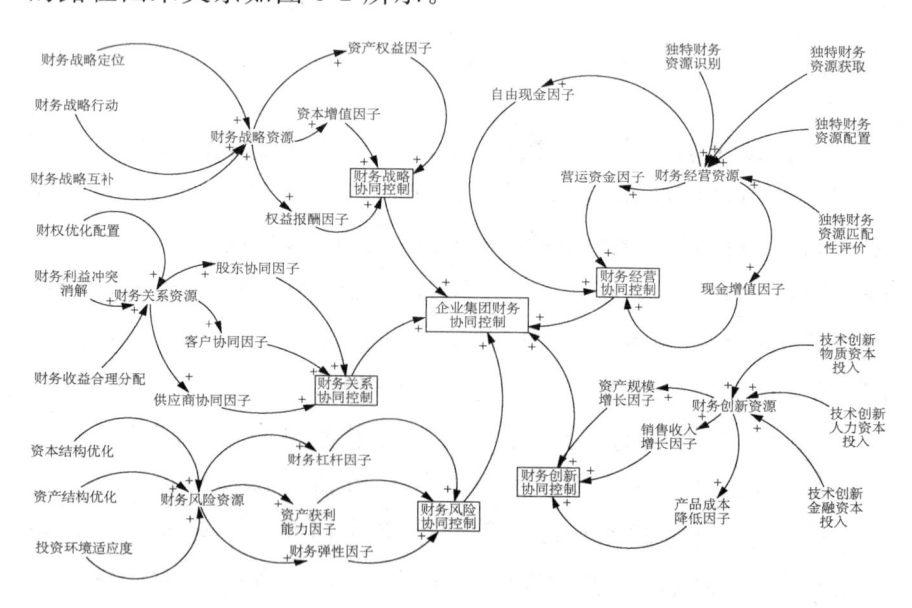

图3-2 企业集团财务协同控制系统的路径因果关系

(二)子系统间的互动关系

企业集团财务协同控制系统由财务战略协同控制子系统、财务经营协同控制子系统、财务关系协同控制子系统、财务创新协同控制子系统和财务风险协同控制子系统五个子系统构成,按照它们之间的层次关系可划分为三个层次,即方向层、能力层和支持层。财务战略协同控制子系统是企业集团财务协同控制系统的方向层,位于系统层次结构的最顶端,它规定了系统的目标和发展方向,是整个系统行为演化的核心,它引导其他子系统按照各自的使命开展工作。财务经营协同控制子系统是企业集团利用稀缺资源创造价值的关键,它是企业集团核心竞争能力的直接体现,反映了企业集团优化配置经营资源创造价值的能力。财务关系协同控制子系统是企业集团有效保障各利益相关者之间的利益平衡和有效利用利益相关者专用性资产的基础,它反映了企业集团在价值创造过程中的关系协调能力。财务经营协同控制子系统和财务关系协同控制子系统位于系统层次结构的中间,它们共同构成了企业集团财务协同控制系统的能力层。财务创新协同控制子系统,是进一步挖掘企业集团知识资本、物质资本和金融资本价值的基础,是企业集团动态财务能力提升的根本保障,反映了企业集团的发展动力。财务风险协同控制子系统是企业集团消除财务活动不确定性提升财务稳定性的基础,反映了企业集团的环境适应能力,是企业集团持续经营的关键所在。财务创新协同控制子系统和财务风险协同控制子系统位于系统的基础端,是企业集团创新财务资源、消解冲突降低风险的支持层。五个子系统以财务战略协同控制子系统为核心,形成良性互动关系,它们之间通过有调节、有目的的"自组织"过程,使企业集团财务协同控制系统形成稳定有序的结构,保障企业集团的价值实现。企业集团财务协同控制系统的互动关系见图3-3,企业集团财务协同控制系统的层次关系见图3-4。

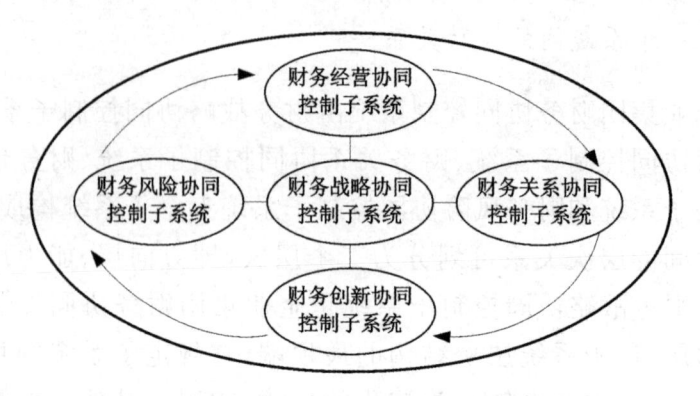

图 3-3　企业集团财务协同控制系统的互动关系

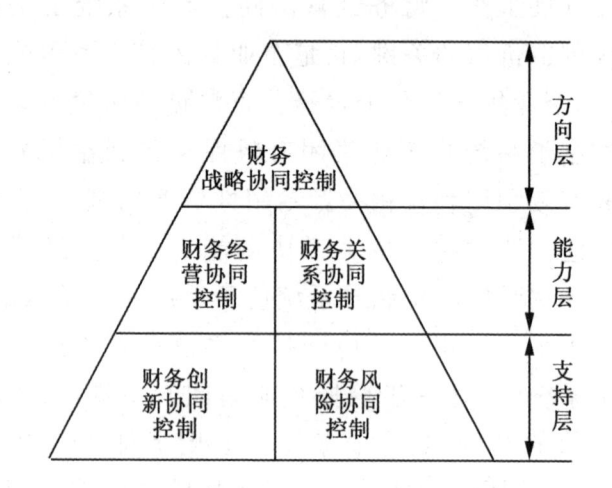

图 3-4　企业集团财务协同控制系统的层次关系

三、企业集团财务协同控制系统的耦合效应

（一）耦合效应测度模型

耦合关系是指两个或两个以上子系统之间通过相互影响、相互作用而形成的复杂关系，它是系统耦合效应的来源。子系统之间的耦合关系越紧密，耦合的联动作用就越大，耦合效应就越明显。当系统之间的耦合关系处于良性互动状态时，系统之间的功能就会相互促进，推动系统整体功能的增强；当系统之间的耦合

关系处于相互制约状态时，系统之间的功能就会相互抵消，导致系统整体功能的衰变。企业集团财务协同控制系统是由五个核心子系统构成，这些子系统之间存在相互影响、相互作用关系，因此，该系统具有复杂耦合系统的特征，各子系统之间通过复杂的耦合关系，保障系统耦合效应的产生。为了有效反映企业集团财务协同控制系统的耦合效应，本研究采用耦合效应指数来建立数学模型进行测度。

假定企业集团财务协同控制系统的耦合效应是由 n 个财务协同控制子系统通过相互影响、相互作用实现，每个财务协同控制子系统的功效指数为 $u_i(i=1,2,\cdots,n)$，分别由 m_j 个指标用来衡量每个财务协同控制子系统的功效指数，指标为 $u_{ij}(j=1,2,\cdots,m)$。则企业集团财务协同控制系统的耦合效应指数可表达为

$$U = \frac{2}{n}\sum_{i=1}^{n}u_i\Big(\prod_{i=1}^{n}u_i\Big)^{\frac{1}{n}} \Big/ \Big(\prod_{i=1,t=1,i\neq t}^{n}(u_i+u_t)\Big)^{\frac{2!(n-2)!}{n!}} \quad (3-1)$$

其中，$U\in[0,100]$ 为企业集团财务协同控制系统的耦合效应指数；$u_i,u_t\in[0,100](i,t=1,2,\cdots,n)$ 为各子系统的功效指数。

当 $n=5$ 时，企业集团财务协同控制系统的耦合效应指数可表达为

$$U = \frac{2}{5}\sum_{i=1}^{5}u_i\Big(\prod_{i=1}^{5}u_i\Big)^{\frac{1}{5}} \Big/ \Big(\prod_{i=1,t=1,i\neq t}^{5}(u_i+u_t)\Big)^{\frac{1}{10}} \quad (3-2)$$

由于量纲的影响和数据计算结果的正负差异，需要对衡量每个财务协同控制子系统功效指数的指标 u_{ij} 的计算结果进行标准化处理，本研究设计的数据标准化映射对应关系如图 3-5 所示。

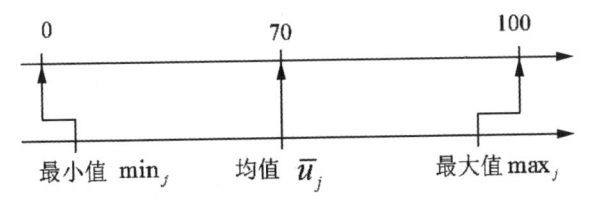

图 3-5 指标数据标准化的映射对应关系

设计的指标数据标准化计算公式为

$$T_{ij}=\begin{cases}70(u_{ij}-\min_j)/(\overline{u}_j-\min_j) & \text{当 }\min_j\leqslant u_{ij}\leqslant\overline{u}_j\text{ 时}\\ 30(u_{ij}-\overline{u}_j)/(\max_j-\overline{u}_j)+70 & \text{当 }\overline{u}_j\leqslant u_{ij}\leqslant\max_j\text{ 时}\end{cases} \quad (3-3)$$

其中,T_{ij} 为指标的标准化值,$T_{ij}\in[0,100]$,u_{ij} 为指标值;$\overline{u}_j$ 为指标的均值;$\max_j$ 为指标的最大值;$\min_j$ 为指标的最小值。

采用层次分析法进行权重计算,将建立的指标体系发给多名财务专家,由他们对相关指标(u_{ij})进行两两比较并打分,根据打分结果建立判断矩阵,以矩阵的各行为基础求出判断矩阵各行的几何平均值 $\overline{W}_t$,然后求出几何平均值占总体的比重,即为相应的权重 W_i。对建立的各判断矩阵相对一致性指标(CR)进行检验,当 CR<0.1 时,判断矩阵具有满意的一致性。指标的判断矩阵和权重计算原理见表 3-1。

表 3-1 指标的判断矩阵和权重计算原理

	u_{i1}	u_{i2}	...	u_{in}	$\overline{W}_t=(w_t^n/\prod_{i=1}^n w_i)^{1/n}$	$W_t=\overline{W}_t/\sum_{i=1}^n \overline{W}_i$
u_{i1}	1	w_1/w_2	...	w_1/w_n	$\overline{W}_1=(w_1^n/\prod_{i=1}^n w_i)^{1/n}$	$W_1=\overline{W}_1/\sum_{i=1}^n \overline{W}_i$
u_{i2}	w_2/w_1	1	...	w_2/w_n	$\overline{W}_2=(w_2^n/\prod_{i=1}^n w_i)^{1/n}$	$W_2=\overline{W}_2/\sum_{i=1}^n \overline{W}_i$
...	...	...	1	...	...	...
u_{in}	w_n/w_1	w_n/w_2	...	1	$\overline{W}_n=(w_n^n/\prod_{i=1}^n w_i)^{1/n}$	$W_n=\overline{W}_n/\sum_{i=1}^n \overline{W}_i$

则第 i 个财务协同控制子系统的功效指数为

$$u_i=\sum_{j=1}^m W_{ij}T_{ij} \quad (3-4)$$

(二)耦合效应测度指标

财务战略协同控制反映了财务战略的执行能力,主要受资产权益因子、资本增值因子和权益报酬因子影响,其功效指数分别由"资产权益率""资本增值率"和"权益报酬率"三个指标测度。这三个指标分别反映了单位资产的权益价值、单位投入资本的EVA价值和单位净资产创造的净利润,是企业集团财务战略执行价值的具体表征。财务经营协同控制反映了财务资源的配置能力,主要受自由现金因子、营运资本因子和现金增值因子影响,其功效指数分别由"自由现金率""营运资金率"和"现金增值率"三个指标测度。这三个指标分别反映了单位投入资本产生的自由现金流量、单位资产拥有的营运资金和单位资产的现金增加值,是企业集团财务经营能力的具体表征。财务关系协同控制反映了财务关系的协调能力,主要受股东协同因子、客户协同因子和供应商协同因子影响,其功效指数分别由"股利分配率""销售收现率"和"购买付现率"三个指标测度。这三个指标分别反映了股东的满意程度、客户的协同度和供应商的协同度,是企业集团财务关系协同能力的具体表征。财务创新协同控制反映了财务创新的保障能力,受销售收入增长因子、产品成本降低因子和资产规模增长因子影响,其功效指数分别由"销售收入增长率""产品成本降低率"和"净资产增长率"三个指标测度。这三个指标分别反映了财务成长性、财务控制能力和财务增值能力,是企业集团财务创新协同控制能力的具体表征。财务风险协同控制反映了财务风险的管理能力,受财务杠杆因子、资产获得能力因子和财务弹性因子影响,其功效指数分别由"债务安全率""总资产报酬率"和"资本购置比率"三个指标测度。这三个指标分别反映了债务风险程度、资产运营风险程度和经营现金风险程度,是企业集团财务风险协同控制能力的具体表征。

建立的耦合效应测度指标如表3-2所示。

表 3-2　企业集团财务协同控制系统的耦合效应测度指标

维度	测度因子	测度指标	变量	计算公式	描述
财务战略协同控制	资产权益因子	资产权益率	u_{11}	$u_{11}=1-$资产负债率	该指标越大,单位资产的权益价值越高,财务战略协同控制功效越大
财务战略协同控制	资本增值因子	资本增值率	u_{12}	$u_{12}=$EVA/投入资本	该指标越大,单位投入资本创造的 EVA 越大,财务战略协同控制功效越大
财务战略协同控制	权益报酬因子	权益报酬率	u_{13}	$u_{13}=$净利润/平均净资产	该指标越大,单位净资产创造的净利润越多,财务战略协同控制功效越大
财务经营协同控制	自由现金因子	自由现金率	u_{21}	$u_{21}=$自由现金流量/投入资本	该指标越大,单位投入资本产生的自由现金流量越多,财务经营协同控制功效越大
财务经营协同控制	营运资金因子	营运资金率	u_{22}	$u_{22}=$营运资金/平均总资产	该指标越大,单位资产拥有的营运资金越多,财务经营协同控制功效越大
财务经营协同控制	现金增值因子	现金增值率	u_{23}	$u_{23}=$现金增加值/平均总资产	该指标越大,单位资产的现金增加值越多,财务经营协同控制功效越大
财务关系协同控制	股东协同因子	股利分配率	u_{31}	$u_{31}=$普通股每股股利/普通股每股收益	该指标越大,股东满意度越高,财务关系协同控制功效越大
财务关系协同控制	客户协同因子	销售收现率	u_{32}	$u_{32}=$销售商品提供劳务收到现金/主营业务收入	该指标越大,与客户的财务关系越协调,财务关系协同控制功效越大
财务关系协同控制	供应商协同因子	购买付现率	u_{33}	$u_{33}=$购买商品接受劳务支付现金/主营业务成本	该指标越小,与供应商的财务关系越协调,财务关系协同控制功效越大

续表

维度	测度因子	测度指标	变量	计算公式	描述
财务创新协同控制	销售收入增长因子	销售收入增长率	u_{41}	$u_{41}=\Delta$销售收入/基期销售收入	该指标越大,财务成长性越好,财务创新协同控制功效越大
	产品成本降低因子	产品成本降低率	u_{42}	$u_{42}=-\Delta$产品成本/基期产品成本	该指标越大,财务控制能力越强,财务创新协同控制功效越大
	资产规模增长因子	净资产增长率	u_{43}	$u_{43}=\Delta$平均净资产/基期平均净资产	该指标越大,财务增值能力越强,财务创新协同控制功效越大
财务风险协同控制	财务杠杆因子	债务安全率	u_{51}		该指标越大,负债程度越低,财务风险协同控制功效越大
	资产获利能力因子	总资产报酬率	u_{52}	$u_{52}=$EBIT/平均总资产	该指标越大,资产的获利能力越大,财务风险协同控制功效越大
	财务弹性因子	资本购置比率	u_{53}	$u_{53}=$经营活动现金净流量/资本支出	该指标越大,经营活动现金净流量对资本支出的保障程度越高,财务风险协同控制功效越大

四、企业集团财务协同控制系统与 MAS 的异同点分析

(一)企业集团财务协同控制系统与 MAS 的差异性分析

企业集团财务协同控制系统与 MAS 具有一定的差异性,主要表现在:系统概念内涵的差异性;系统协同控制应用环境的差异性;系统协同控制方式的差异性;系统协同控制能力的差异性;系统协同控制功能的差异性等多个方面。从概念内涵上分析,企业集团财务协同控制系统是反映经济组织财务协同控制效率和

效果的复杂系统,系统具有多维性、动态性、复杂性等特征,它要求内部各要素的相干性、协同性和控制性,通过各要素之间的复杂协同控制关系,实现整个系统的功能。MAS是一个人工智能系统,它的核心部件是智能体,反映的是多个智能体之间的复杂协同控制关系,通过多智能体的通信、协商和协作,来实现系统的功能。从应用环境上分析,企业集团财务协同控制系统是管理信息系统(Management Information System,MIS)的重要模块,可以在人工环境下展开,也可以在计算机辅助环境下进行,而MAS是人工智能的重要组成部分,只能在计算机环境下进行。从协同控制方式上分析,企业集团财务协同控制系统可以采取多种协同控制方式,如人工协同控制方式、智能化协同控制方式,而MAS只能采用智能化协同控制方式。从协同控制能力上分析,企业集团财务协同控制系统必须具备管理控制能力,而MAS中的智能体需要具备学习能力、自适应能力、沟通能力、协调能力等。从协同控制功能上分析,企业集团财务协同控制系统需要具备财务战略协同控制、财务经营协同控制、财务关系协同控制、财务创新协同控制、财务风险协同控制的各项功能,而MAS可以实现包括这些功能以外的其他功能。

(二)企业集团财务协同控制系统与MAS的一致性分析

虽然企业集团财务协同控制系统与MAS从宏观表现上具有差异性,但二者在微观应用上具有一致性,这些一致性主要包括:具有相同的数据或信息依赖性;具有相同的技术或平台依赖性;具有相同的服务或模式依赖性。从对数据或信息依赖性上分析,二者都离不开数据或信息而独立存在。数据是对客观事物的逻辑归纳和属性描述,它是信息加工的资料。信息是事物的运动状态和过程以及关于这种状态和过程的知识,它是对客观世界中各种事物特征和变化的反映,是对数据加工的结果。信息的作用在于消除观察者在相应认识上的不确定性,它是以消除不确定性的大小或等效地以新增知识的多少来度量的。从技术或平台依赖性上分析,二者都需要协同控制技术支撑和在协同控制平台下运行。协同控制技术包括复杂网络协同控制技术、多主体协同控制技术、分布式协同控制技术等多方面内容,它是企业集团财务协同控制系统应用的基础,也是 MAS 的重要支撑。企业集团财务协同控制系统和 MAS 一样都具有平台依赖性,这些平台包括计算机平台、数据库平台、互联网平台等多项支撑,它们是发挥企业集团财务协同控制系统功能的重要保障,也是 MAS 的重要载体。从服务或模式上分析,二者都具有一定的服务目标,都需要建立一定的应用模式。企业集团财务协同控制系统是为企业集团的协同管理服务,MAS 要为特定的服务主体服务。企业集团财务协同控制系统应用模式要体现系统性、整体性、集成性,MAS 应用模式也同样是一个集成化应用模式。

第二节 基于 MAS 的企业集团财务协同控制的可行性研究

一、企业集团财务协同控制系统模型构建的可行性

在世界经济呈现全球化、网络化和信息化的今天,信息化日益成为推动企业集团持续发展的重要力量,对于经济增长的放大作用日益明显,它是企业集团财务协同控制系统模型构建和应用的基本保障。首先,21 世纪是一个信息化浪潮席卷全球的世纪,快速发展的信息技术同物质资源一样渗透到社会经济的各个领域,成为推动世界经济增长的重要力量,信息化、网络化和全球化已经成为当今世界经济发展的主要趋势。面临工业化和信息化双重任务,随着现代信息技术的迅猛发展,信息技术已经渗透到我国社会经济发展的各个领域,对于企业集团的生存、发展和竞争产生了深远的影响。同时,现代科学技术的迅猛发展为企业集团财务协同控制模型的构建提供了技术支撑,必然对企业集团的组织运行绩效产生深远的影响。而随着协同控制技术的普遍采用,企业集团的组织优越性将会得到更大的体现。现代计算机技

术和网络技术的飞速发展为协同控制的模型应用和实施提供了技术支撑。企业集团可以通过计算机信息系统快速得到协同控制所必需的信息,从而消除因信息的失真、滞后所造成的管理决策失误,提高财务协同控制决策的效率和准确性。企业集团也可以通过信息化协同控制平台,将各分子公司的经营活动统一于集团控制之下,从而在保障集团整体利益的前提下,实现价值创造活动的协同。因此,现代技术的普遍应用为企业集团财务协同控制系统模型的构建和应用提供了技术保障,必然对企业集团价值的创造产生积极影响。

二、MAS 技术引入的可行性

经济组织的协同控制是当前世界学术界普遍关注的焦点问题和整个国际社会关注的研究主题,也必然成为企业管理理论和实务界所重视的重要研究领域。国内外的研究表明,已有的基于还原论的建模方法不能很好地解决复杂系统的协同控制问题。采用基于 Multi-Agent 技术的建模方法,将复杂系统中的交互个体用 Agent 的方式来描述,并对个体之间以及个体与环境之间的交互进行建模,就能够将复杂系统中个体的微观行为与系统的整体属性——宏观"涌现性"有机地结合起来,已被证明是一种有效的建模方式。Agent 是一个能够与外界自主交互并拥有一定知识和推理能力,能够独立完成一定任务的具体社会性的智能实体。在复杂系统协同控制建模中,可以由许多 Agent 按一定规则结合成局部细节模型,并利用 Agent 的局部连接准则构造出复杂系统协同控制的整体模型,最后借助计算机系统实现模型运行。研究表明:Multi-Agent 技术是一种先进计算机技术,特别适合解决模块化、分散化、可变性、复杂性等特征的复杂应用问题。企业集团财务协同控制系统可视为一个开放的复杂巨系统,具有多主体、多因素、多尺度、多变性的特征,包含着丰富而深刻的复杂性科学问题。就机理而言,该系统与多智能体系统(Multi-Agent System)所面临的问题极为相似。首先,企业集团财务协同控制系统包括协同控制的主体、协同控制的过程和协同控制的技术方法,这与多智能体系统具有天然的契合点。其次,企业集团财务协同控制系统具有自适应柔性动态管理和分布式控制特征,易于采用 Agent 的方式进行模拟研究。同时,企业集团财务协同控制系统涉及管理科学、信息科学、工程科学等多学科领域,是典型的跨层次、跨部门和综合性很强的问题,需要不同学科间开拓、交叉、渗透与融合,为解决此类问题的关键技术提供新的思路、理论和方法。

三、Multi-Agent 自适应模块建立的可行性

自适应是指系统的功能性模块在分析和处理问题时,按照被处理对象的基本特征,能够根据系统目标自动选择和调整处理方法,并合理调整系统参数,使处理目标与系统的既定任务相适应,处理过程与系统的技术特征相适应,处理结果与系统的绩效表现相适应。它是一个不断逼近目标的优化过程,需要通过自适应算法和自适应控制来达到自适应效果。自适应算法是根据最优准则设计的优化算法,它通过不断调整系数,以使系统在自适应过程中达到最佳均衡的结果。自适应算法主要包括迫零算法、最陡下降算法、LMS 算法、RLS 算法以及各种盲均衡算法等。自适应控制是一个信息反馈控制系统,它能够根据环境的变化来智能化地调整参数,从而使系统根据既定的工作标准而处于最佳的工作状态。Multi-Agent 自适应模块是具有 Multi-Agent 特性的智能化自适应模块,它的设计要点是既要保持模块的自适应特征,即通过自适应算法和自适应控制来使系统调整到最佳状态,又要体现 Multi-Agent 的人工智能特征,即 Multi-Agent 自适应模块也要具有学习特性,通过 Multi-Agent 对知识的获取和加工,使模块的自适应能力更加强大。随着分布式人工智能的研究深入和理论成果的应用,具有智能化自适应特征的 Multi-Agent 自适应模块开发已具有可行性,并广泛应用于各行各业的自适应系统中。

四、智能控制与决策模块建立的可行性

智能控制是在经典控制理论和现代基本控制理论基础上发展起来的,是指智能机器根据既定的控制目标,通过自主驱动的方式来实现的自动控制技术。最早提出"智能控制"概念的是傅京孙教授,他将智能控制定义为人工智能与控制论的结合。随着智能控制的理论研究和应用研究的不断深入,智能控制已经涵盖了人工智能、模糊集、运筹学、控制论、信息论等多方面内容,已成为多学科交叉性科学,其理论研究成果和应用研究成果已得到了不断的拓展。智能决策是综合应用人工智能、专家系统、决策支持系统、知识管理系统等技术手段,通过多维知识挖掘和数据分析,来达到决策的科学化、智能化和系统化。复杂系统智能决策要突出决策的动态适应性、多目标协同性,它的核心是如何获取支持决策的信息和知识,通过知识发现、知识挖掘和知识评价来提高知识对决策的支持能力。智能控制与决策模块是分布式人工智能系统的重要模块,它要求系统具有环境感知能力、自适应学习能力、自主控制能力和智能决策能力,并具有自适应、自组织、自学习和自协调特性,通过智能化控制和智能化决策,来提高系统的整体功能。随着遗传算法、神经网络、支持向量机等人工智能技术的发展,对复杂系统的智能控制与决策模块的开发和应用已经成为一种必然,基于 Multi-Agent 的智能控制与决策模块能有效解决复杂系统的协同控制问题,从技术开发角度具有可行性。

五、信息沟通与知识库建立的可行性

信息沟通是指交流主体通过信息传递、信息接收所实现的思想、情感、观念等的交互过程,是协同控制主体信息共享的重要渠道。信息沟通依赖于信息沟通主体和客体。信息沟通主体是信息的发出者,信息沟通的客体是信息的接收者,二者通过必要信息的发出和接收,来实现信息的共享,从而通过信息的共享消除

信息不对称,降低系统的运行风险。信息沟通必须有合适的信息编码规则,也必须进行必要的解码,编码和解码过程实质上是一个加密和解密的过程。信息沟通必须通过合适的渠道完成,并具有有效的信息沟通反馈机制。信息沟通离不开知识库。知识库是关于知识的仓库,它是知识工程中被结构化的知识群体集合,主要针对特定领域的知识需求,按照一定的方式存储于计算机的数据库中,通过存储、组织、管理与使用来为知识需求者提供知识资源。财务协同控制的智能体具有智能协同性特征,它需要不断与其他智能体展开交互,因此,智能体之间的信息沟通既是必要的又是必需的。智能体依靠知识库,通过与其他智能体的信息沟通完成对系统任务的理解,获得开展工作的技能,并不断将有效的知识补充于知识库中,实现知识库的扩充,为进一步有效的信息沟通提供丰富的知识资源。随着面向对象的程序开发技术、面向对象的数据库设计技术的日益完善,具有信息沟通的智能体设计和应用已经逐渐深入到各行各业,具有结构化特征的关系型知识库也逐渐被各协同控制系统采用,因此,智能体信息沟通与知识库的建立具有技术可行性。

六、复杂系统协同控制应用平台建立的可行性

复杂系统协同控制应用平台是以信息技术为基础,以"互联网+"为重要推动力量的协同控制应用开发与操作平台,它的主要功能是:保障协同控制系统开发的高效性、完整性和安全性,实现协同控制应用的智能化;以信息化服务为主导,通过资源共享、资源配置,提高复杂系统的综合协同控制能力;强化系统的协同性和控制力,通过协同实现一致性互动,通过控制达到最优的协同效果;提高数据挖掘、信息处理和知识共享能力,保障系统的智能化应用。信息技术是用于管理和处理信息所采用的各种技术的总称,它是以计算机和通信技术为基础,通过信息加工和信息处理来实现高效的信息服务。信息技术的应用包括计算机硬件和软件、网络和通信技术、应用软件开发工具等,已成为当今世界

人类文明进步的重要推动力量,对于复杂系统协同控制应用平台的建设必然起到极大的促进作用。"互联网+"是当今互联网发展的新型业务形态,它以信息时代、知识社会为主体的创新2.0为基础,通过互联网形态和功能的演进,推动经济社会的发展。"互联网+"已成为复杂系统协同控制应用平台建设的重要推动力量,它通过互联网与复杂系统协同控制应用系统的深度融合,必然成为复杂系统协同控制应用平台建设的创新力和生产力。复杂系统协同控制应用平台建设必须加强规划,以信息集成管理为重心,通过标准化、模块化、数据集成化技术应用,推动信息网络中心的建设,实现业务管理一体化、智能决策一体化。

本章小结

企业集团财务协同控制系统是一个复杂耦合系统,它与MAS有天然的契合点,本章在对企业集团财务协同控制系统进行系统化研究的基础上,探讨了企业集团财务协同控制系统与MAS的异同点,研究了基于MAS的企业集团财务协同控制的可行性,为深入挖掘基于MAS的企业集团财务协同控制系统机理和模型建立奠定基础。首先,探讨了企业集团财务协同控制系统的基本结构,并将结构划分了财务战略协同控制子系统、财务经营协同控制子系统、财务关系协同控制子系统、财务创新协同控制子系统和财务风险协同控制子系统。分析了各个子系统及其内在关系,建立了企业集团财务协同控制系统的路径因果关系模型,探讨了企业集团财务协同控制系统的耦合效应,建立了耦合效应测度指标和测度模型,分析了企业集团财务协同控制系统与MAS的差异性和一致性。然后,研究了基于MAS的企业集团财务协同控制的可行性,包括系统模型构建的可行性、MAS技术引入的可行性、Multi-Agent自适应模块建立的可行性、智能控制与决策模块建立的可行性、信息沟通与知识库建立的可行性和复杂系统协同控制应用平台建立的可行性。

第四章　基于 MAS 的企业集团财务协同控制机理

复杂性系统的价值涌现取决于构成系统 Agent 的交互能力和冲突消解能力,研究和探讨促进复杂性系统价值涌现的 Multi-Agent 机理是复杂性系统协同控制功能实现的核心要务和基本要求。本章首先进行了企业集团财务协同控制系统的 Multi-Agent 任务分析、结构分析、职能分析和机能分析；其次进行了企业集团财务协同控制系统的 Multi-Agent 博弈分析；最后探讨了企业集团财务协同控制系统的 Multi-Agent 合作与冲突,在对 Multi-Agent 交互协作和冲突消解机理研究的基础上,建立了基于黑板系统和共享知识库的企业集团财务协同控制系统的 Multi-Agent 协调控制模型。

第一节　企业集团财务协同控制系统的 Multi-Agent 分析

一、企业集团财务协同控制系统的 Multi-Agent 任务分析

企业集团财务协同控制系统是由多个可以交互的 Agent 构成的复杂动态耦合系统,要实现整个系统的运作绩效,就需要将系统中合适的任务分配给相应的 Agent,以提高系统资源的利用效率。由于 Multi-Agent 的任务分配受不确定性环境和任务分配序列决策的影响,企业集团财务协同控制系统的 Multi-Agent 任务分配符合具有动态任务分配的 MDP 模型(Markov Decision Process,MDP),即马尔可夫决策过程模型。Multi-Agent 的马尔可夫决策过程是指 Multi-Agent 根据每个时刻所观察到的任务状

态,从自身可能的行动集中选择行动方案并执行该方案,然后按照任务的下一个状态的转移概率和观测信息,序贯做出相应的行动决策,它是一个以马尔可夫过程理论为基础的随机动态系统最优决策过程。Multi-Agent 的 MDP 模型一般包含五个元素,分别为 Multi-Agent 的任务状态(State,S)、Multi-Agent 行动(Action,A)、转移概率(Transition Probability,P)、Multi-Agent 获得的期望报酬(Reward,R)、衡量策略优劣的准则(Criterion,Cr),它可表达为 M={S,A,P,R,Cr}。

假定 m 个 Agent 的任务分配状态空间 $S=\{S_t\}$,S_t 表示 t 时刻的任务状态,包括 t 时刻 Multi-Agent 的当前负载任务 $L_t=(L_{t1},L_{t2},\cdots,L_{tm})$ 和新到待执行任务 $W_t=(W_{t1},W_{t2},\cdots,W_{tm})$,则 $S_t=\{L_t,W_t\}$。在 Multi-Agent 的行动决策 $A=\{A_i\}$ 中,需要对 Multi-Agent 进行任务分配,假定 t 时刻第 i 个任务分配给第 k 个 Agent,则任务分配行动记作:$A_{itk}=1$;假定 t 时刻第 i 个任务未分配给第 k 个 Agent,则任务分配行动记作:$A_{itk}=0$。如果每个独立任务只能由一个 Agent 完成,则对于任意的 i 和 t,都有 $\sum_{k=1}^{m}A_{itk}=1$。如果用 ξ_k 表示第 k 个 Agent 的缓存容量空间,则 Agent 能接受任务的必要条件是:$W_t \leqslant \sum_{k=1}^{m}(\xi_k-L_{kt})$。在 t 时刻 Multi-Agent 采取行动执行任务后,会使财务协同控制系统的任务状态发生改变,$t+1$ 时刻财务协同控制系统的状态由它的转移概率 $P(S_t,A_t,S_{t+1})$ 决定。$P(S_t,A_t,S_{t+1})$ 是一个联合概率,它是由财务协同控制系统的 Multi-Agent 任务负载状态的转移概率和新到任务状态的转移概率的乘积决定,即

$$P(S_t,A_t,S_{t+1})=P(W_{t+1}) \cdot P(L_{t+1}) \quad (4-1)$$

Multi-Agent 在 t 时刻做出任务决策后,其期望报酬 $R(S_t,A_t)$,它是任务 W_t 的期望回报 $R(W_t)$ 减去任务的处理费用和通信费用的差额。Multi-Agent 任务的预处理费用和通信费用之和 $C(S_t,A_t)$,可表达为:

$$C(S_t,A_t) = \sum_{k=1}^{m}\left[\begin{array}{c} c_k[L_{kt},\sum_{i=1}^{|W_t|}A_{itk}] + \sum_{l=1}^{k-1}\sum_{i=1}^{|W_t|}\sum_{j=1}^{i-1} \\ E_t(i,j) \cdot \omega_{kl} \cdot A_{itk} \cdot A_{jtl} \end{array}\right] \quad (4-2)$$

式中，c_k 是第 k 个 Agent 的任务预期处理费用；ω_{kl} 是第 k 个 Agent 与第 l 个 Agent 的通信费用；$E_t(i,j)$ 表示任务的依赖性，当任务具有依赖性时，$E_t(i,j)=1$，当任务不具有依赖性时，$E_t(i,j)=0$。

衡量 Multi-Agent 策略优劣的常用准则包括折扣指标和平均指标，折扣指标是指长期折扣期望总报酬，平均指标是指单位时间的平均期望报酬。本书的准则采用引入折扣因子的折扣指标，则在无限时刻上具有折扣因子的 Multi-Agent 期望报酬 $R(S_t,A_t)|_{t\to\infty}$ 可表达为

$$R(S_t,A_t)|_{t\to\infty} = \sum_{t=1}^{\infty}\lambda_t R(S_t,A_t) \quad (4-3)$$

企业集团财务协同控制系统的 Multi-Agent 任务分配必须保证 $R(S_t,A_t)|_{t\to\infty}$ 的最大化。

二、企业集团财务协同控制系统的 Multi-Agent 结构分析

企业集团财务协同控制系统的 Multi-Agent 结构关系是指 Multi-Agent 之间的信息控制以及彼此相互协作的分布式应用模式，包括 Multi-Agent 之间的结构控制关系和结构协作关系。Multi-Agent 之间的结构控制关系是指 Agent 在执行任务时是否部分或全部受制于其他 Agent。如果 Multi-Agent 都具有高度的自治性，则这种结构控制关系将不存在，如果部分 Multi-Agent 受制于其他 Agent，则这种结构控制关系可表现为全局控制和局部控制。全局控制是一种中央集权式控制，它由专用的控制模块来管理和解决 Multi-Agent 使用知识源时的冲突，同时，控制模式也可由多个子模块完成，如 Agent 规划控制模块、Agent 调度控制模块、Agent 执行控制模块等，通过任务识别和优先权排序控制、知识源选择控制、任务执行控制，来完成 Multi-Agent 的全局控

制。局部控制是指分组的 Agent，由控制角色的 Agent 负责组内 Multi-Agent 通信控制，以实现 Agent 之间的协作。协作关系是 Multi-Agent 为实现各自的目标和系统总目标，而进行的彼此协调。当 Agent 具有协作关系时，它们可以自由地接受或拒绝所请求的目标、规划或行动。

　　一般情况下，可将企业集团财务协同控制系统的 Multi-Agent 结构划分为三大类，即分层结构、联邦结构和自治结构。分层结构是为了保证 Multi-Agent 系统的稳定性和可靠性，而采用的集中式控制系统。系统的最高层是全局管理 Multi-Agent，它是由知识数据库支撑的中央集权 Agent，具有全局监督、全责控制和推理决策能力。系统的第二层是职能管理 Multi-Agent，它从属于中央集权 Agent，并分别协调其相应的资源 Agent，以完成相应的系统委派任务。系统的第三层是资源 Multi-Agent，它为职能 Agent 提供资源保障。分层结构的 Multi-Agent 可以有多个层次，其典型结构如图 4-1 所示。具有联邦结构的 Multi-Agent 系统，没有共享数据的集中存储，它的数据都存储于分布式 A-gent 的本地数据库中。典型的 Multi-Agent 结构包括 Facilitator 结构（见图 4-2）、中介 Agent 结构（见图 4-3）和匹配 Agent 结构（见图 4-4）。自治结构是由具有自治能力的 Multi-Agent 构成的智能体网络，Multi-Agent 有相应的目标、动机、相互交互能力，并有知识学习和知识共享能力，已广泛应用于智能控制系统中。

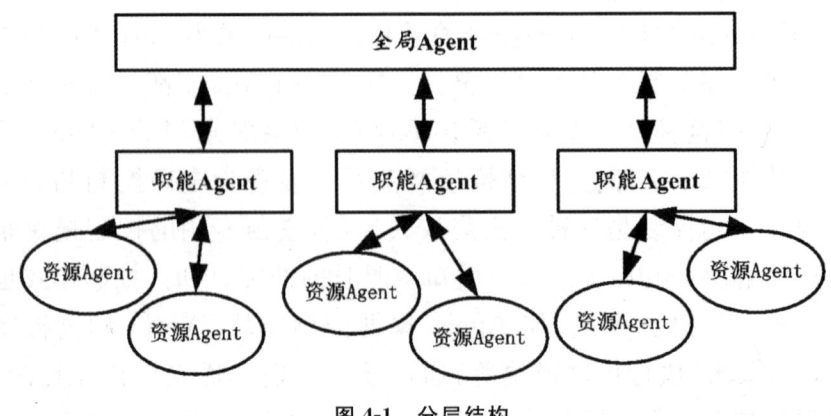

图 4-1　分层结构

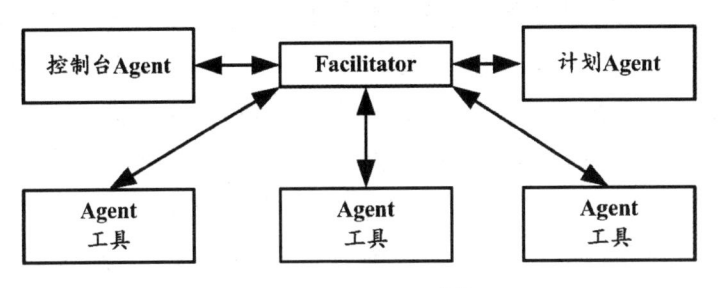

图 4-2 Facilitator 结构

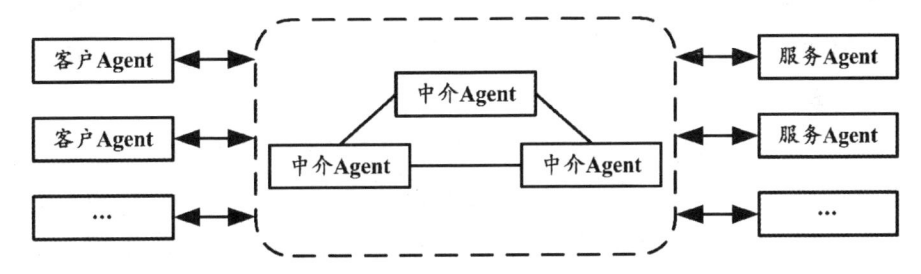

图 4-3 中介 Agent 结构

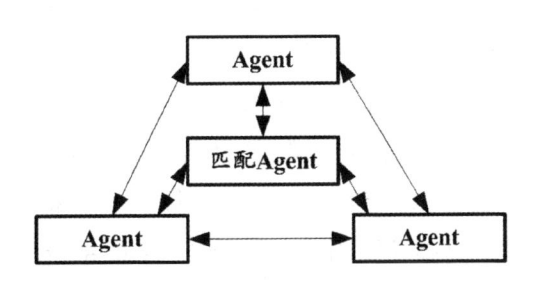

图 4-4 匹配 Agent 结构

三、企业集团财务协同控制系统的 Multi-Agent 职能分析

企业集团财务协同控制系统的 Multi-Agent 职能是指 Multi-Agent 在系统中所具有的功能，它是 Multi-Agent 的知识、技能、行为与态度的组合，包括核心职能、管理职能、专业职能和一般职能等。Agent 是具有自主性、交互性、反应性、主动性的计算实体。具有混合式结构的 Agent 拥有知识推理和对环境刺激反应的特性，包括任务处理程序、行为方法集和内部运行状态集三个

构件,是企业集团财务协同控制系统职能发挥的主要 Agent。任务处理程序是 Multi-Agent 的职能控制系统,它通过任务感知、任务匹配和任务处理等环节,搜寻和获得目标事务状态,并根据任务的状态类型进行任务处理的匹配工作,再通过任务处理器获得任务处理的信息知识,启动相关的任务处理方法。行为方法集是 Agent 为采取行动完成任务处理所采取的途径、步骤和手段等的集合,实际上是 Agent 技术的应用和任务处理能力的体现。内部运行状态集是 Agent 处理任务时所表现的运行状态集合,它反映的 Agent 任务处理时的当前状态和任务处理后的行为状态变化等内容。

企业集团财务协同控制系统的 Multi-Agent 要完成一定的职能,必须具有相应的能力,这些能力包括 Multi-Agent 的自适应能力、Multi-Agent 的代理协作能力、Multi-Agent 的智能决策能力、Multi-Agent 的自主学习能力和 Multi-Agent 的移动求解能力等。Multi-Agent 的自适应能力是指 Multi-Agent 会充分利用自有的资源要素,通过资源识别、资源获取、资源整合和资源运用,在有效处理系统任务的同时,不断提高自身的环境适应能力,使 Multi-Agent 除自身具有系统性、整体性、协调性和动态性特性的基础上,更多体现自组织性、复杂性和耦合性特征。Multi-Agent 的代理协作能力,是指 Multi-Agent 能够体现系统的目标要求,代表经济实体进行模拟资源访问和任务处理,并在 Multi-Agent 工作过程中与其他 Agent 通过协商等方式协同工作。Multi-Agent 的智能决策能力,是指 Multi-Agent 能够进行高技术含量的技术工作,它应具有理解能力、推理能力,并根据任务要求,利用知识资源进行智能化决策。Multi-Agent 的自主学习能力,是指 Multi-Agent 具有观察能力、记忆能力、抽象概括能力等,能够把新知识融入已有的知识之中,从而改变自身的知识结构。Multi-Agent 的移动求解能力,是指 Multi-Agent 在完成任务时能够从一个任务节点转移到另一个任务节点,能够远程访问资源,并具有灵活性、智能性和可扩展性。

四、企业集团财务协同控制系统的 Multi-Agent 机能分析

企业集团财务协同控制系统的 Multi-Agent 机能是指 Multi-Agent 所起的作用或活动能力,它是 Multi-Agent 在企业集团财务协同控制系统中所表现出的活力特性。企业集团财务协同控制系统的 Multi-Agent 机能特性包括推理性机能、适应性机能、反应性机能等。以 BDI 为基础的 Agent 具有信念、愿望和意图等思维状态属性,它通过 Agent 的信念体系、认知结构和意图关系,来表达对任务目标的期待,在 Agent 动态任务执行过程中寻求符合逻辑的决策理性,以发挥 Agent 的智能推理能力、环境适应能力和动态反应能力。信念是 Agent 具有的关于环境、其他 Agent 和自身信息的集合,包括 Agent 拥有的确定性信念和依靠推理拥有的不确定性信念。当不确定性信念转化为确定性信念时,就实现了 Agent 知识的扩充。愿望是 Agent 希望达到或保持的状态,包括实现愿望和维护愿望。实现愿望一般包括维护条件,即 Agent 希望有望实现时还要保持某个愿望条件的成立。维护愿望是指 Agent 希望一直保持的愿望成立条件。Agent 的愿望具有持续性,具有纯实现型愿望的 Agent 希望保持一个愿望,直到不再假设该愿望一定能实现或确信该愿望已实现。意图是承诺的愿望,Agent 会从实现型意图中在不违反意图约束的前提下选择下一个动作,并确信由这个选择可能产生的运作序列能够保证所有意图的满足。BDI 间的约束和激发关系如图 4-5。

图 4-5 BDI 间的约束和激发关系

企业集团财务协同控制系统的 Multi-Agent 机能实现需要 Agent 模块的支持,这些模块包括通信接口模块、感知模块、执行模块、知识管理模块、学习模块、推理决策模块、协调调度模块、冲突消解模块等。通信接口模块是与其他 Agent 信息传递的接口,它通过收发信息来实现相应的机能。感知模块一般由相应的传感器构成,由传感器对感知到的环境变化信息,通过数据融合和数据挖掘技术,将需要的有用信息挖掘出来,并存储于系统缓存之中。执行模块是 Agent 根据环境感知和任务要求,能够进行相应的物理性动作或操作,以完成任务的相应工作。知识管理模块用于对来自系统内外的相关知识进行存储和处理,这些知识包括常识性知识、社会性知识、自有知识和相关领域知识等。学习模块是为提高 Agent 的机能而进行的知识表达、知识凝练、知识更新和知识共享。Agent 具有相应的学习动机,能够依据组织学习理论模拟学习场景,获得学习资源。推理决策模块是 Agent 能够利用拥有的知识资源,对任务执行具有演绎推理的能力,以便于做出更有利的决策。协调调度模块是 Agent 通过协调模型或信息交换协议而进行的 Multi-Agent 协作,并通过调度模型实现目标规划。冲突消解模块是对 Multi-Agent 进行冲突管理,通过冲突消解策略来增强 Multi-Agent 的可靠性和实用性。

第二节　企业集团财务协同控制系统的 Multi-Agent 博弈分析

一、企业集团财务协同控制系统的 Multi-Agent 博弈特征

对于企业集团财务协同控制系统来说,其财务协同控制的价值实现是一个 Agent 动态博弈过程,这一过程决定了财务协同控制系统的价值取向,能够有效保障企业集团的财务战略协同控制能力、财务经营协同控制能力、财务关系协同控制能力、财务创新协同控制能力和财务风险协同控制能力的发挥,是企业集团实现

组织目标的动态自适应过程,是企业集团整体与局部协调功效发挥的前提和基础。冯·诺依曼和摩根斯坦(John Von Neumann, Oskar Morgenastern,1944)的著作《博弈论与经济行为》出版发行标志着博弈论的正式诞生。随后,以合作共赢为目标的正和博弈成为了组织创新的理论基础,而相应的零和博弈或负和博弈则是组织创新中所努力规避的。企业集团财务协同控制系统的 Multi-Agent 博弈是一个动态协同的博弈过程,其目的是为了实现 Multi-Agent 合作的协同价值,保障 Multi-Agent 在博弈过程中能够实现互利共赢的价值期望目标,表现出了动态合作博弈的特征。

假设企业集团财务协同控制系统的 Multi-Agent 在规模经济条件下的价值函数分别为:$Q_1 = f(x_{11}, x_{12}, \cdots, x_{1m})$,$Q_2 = f(x_{21}, x_{22}, \cdots, x_{2m})$,$Q_n = f(x_{n1}, x_{n1}, \cdots, x_{nm})$,企业集团通过财务协同控制实现的系统整体新增价值近似为:$\Delta V = P \cdot \Delta A \cdot f(x_1, x_2, \cdots, x_n) - (\Delta M + \Delta C)$。其中,$x_{ij}$、$x_j$ 为协同控制要素,P 为企业集团财务协同控制输出对象的单位产出价格,ΔA 为财务协同控制技术水平增量,ΔM 为财务协同控制管理成本增量,ΔC 为财务协同控制交易费用增量。一般情况下,$\Delta M > 0$,$\Delta C < 0$,且企业集团通过财务协同控制可实现 $\Delta M + \Delta C \leqslant 0$,即财务协同控制管理成本的增加小于财务协同控制交易费用的节约,同时,企业集团通过优势互补和财务资源的合理配置可以导致财务协同控制技术水平的提高,即 $\Delta A > 0$,由此可以推出 $\Delta V = P \cdot \Delta A \cdot f(x_1, x_2, \cdots, x_n) + |\Delta M + \Delta C|$,从而使企业集团财务协同控制系统产生价值。企业集团财务协同控制系统的价值是通过 Multi-Agent 合作博弈的方式取得的,其基本特征归纳如下。

(一)价值涌现性

规模经济的主要表现是随着企业集团财务协同控制系统规模的扩大,可以充分利用 Multi-Agent 的分工与协作,提高财务协同控制技术水平和财务协同控制效率,节约财务协同控制管理费用,降低成本,从而带来财务协同控制价值的增加。涌现是用以描述复杂系统层级结构间整体宏观动态现象的概念。价值涌现性是指那些高层次具有而还原到低层次就不复存在的价值属性、特征、行为和功能,它是整体有而部分无的价值特性。价值涌现是在企业集团财务协同控制系统中的行为主体,根据 Multi-Agent 各自行为规则进行相互作用所产生的没有事先计划但实际却发生了的一种行为价值模式。对于企业集团财务协同控制系统来说,Multi-Agent 合作导致了企业集团财务协同控制规模的增加,Multi-Agent 博弈促使了企业集团财务协同控制更大价值的实现。在合作博弈的过程中,Multi-Agent 在企业集团财务协同控制总体目标的约束下以提高自身价值为努力方向,最终表现为比单个 Agent 更高的价值产生。

(二)协同竞争性

协同和竞争是自然界的普遍现象,对于企业集团财务协同控制系统的 Multi-Agent 也同样适用。协同竞争是指协同与竞争矛盾的双方相互转化、相互依赖的对立统一过程,它可以使企业集团财务协同控制系统的 Multi-Agent 通过合作、资源共享和优势互补来创造比单个 Agent 独立运作更大的价值。对于复杂系统来说,Multi-Agent 竞争与合作是统一的矛盾整体,协同竞争是 Multi-Agent 竞争观念的创新,是追求互惠互利和多赢的战略意境。协同竞争可以很好地将 Multi-Agent 结合成为一个整体,细化分工,强化 Multi-Agent 财务协同控制的技术进步,使不同 Multi-Agent 之间的资源得以有效、灵活组合,最大限度地降低成本,提高财务协同控制价值。同时,协同竞争源于 Multi-Agent 利益的共享,而共同利益是 Multi-Agent 协同竞争的基础。共同的利益是 Multi-Agent 成功实施财务协同控制合作竞争战略的基本条件。通过合作,Multi-Agent 的资源配置应得以优化,资源及核心能力实现互补,并可以创造出创新的契机。因此,协同竞争的实质可以总结为互补的前提、双赢的结果、市场增量的导向。

(三)动态均衡性

动态均衡是指企业集团财务协同控制系统的 Multi-Agent 在协同竞争的过程中,其均衡状态是随着时间变化、环境条件的改变而变化,从一个均衡状态走向另一个均衡状态。由于内部协同控制要素和外部扰动的影响,企业集团财务协同控制系统的 Multi-Agent 的动态均衡是一个 Multi-Agent 合作博弈的动态实现过程,表现在财务协同控制的动态均衡性和价值效应的动态均衡性两个方面。动态均衡性是指系统本身所具有的不断运动的特性,它是表征系统适应环境的能力属性。企业集团财务协同控制系统的 Multi-Agent 所表现出的动态均衡性在于:协同控制的方式、协同控制的程度和协同控制的技术手段会随着协同控制的 Multi-Agent 主体的协同控制能力、协同控制成本、协同控制环境适应性的变化以及协同控制客体的性质而发生变化;它是一个财务协同控制的 Multi-Agent 价值寻优过程,Multi-Agent 行为结果的理想状态是在动态均衡变化中把握财务协同控制的脉搏,以实现企业集团财务协同控制系统的 Multi-Agent 整体有效性。价值效应的动态均衡性是指 Multi-Agent 价值效应的产生是随着 Multi-Agent 合作博弈的结果而不断变化的过程,是与财务协同控制系统的有效性密切相关的价值实现过程。企业集团财务协同控制系统的目标要求价值效应产生的 Multi-Agent 合作博弈具有动态均衡性。

二、企业集团财务协同控制系统的 Multi-Agent 合作博弈模型

基于 MAS 的企业集团财务协同控制系统是由多个财务协同控制主体组成的利益共同体,这些财务协同控制主体可以用相应的 Multi-Agent 表达,在合作博弈的过程中 Multi-Agent 表现为对自身利益最大化的追求与财务协同控制利益最大化的追求矛盾,这是一个合作竞争的过程,当财务协同控制系统的整体利益大于 Multi-Agent 自身利益时才能表现出正的财务协同控制价值

▶ 基于 MAS 的企业集团财务协同控制研究

效应。基于 MAS 的企业集团财务协同控制主体间的合作竞争既是一个动态过程,也是一个不断选择的过程,在这一过程中存在多种空间状态。结合企业集团财务协同控制系统的特性,给出如下定义:

定义 1:财务协同控制主体($Agent_i$):企业集团财务协同控制系统中的财务协同控制主体可表示为 $Agent_i = (a_t^{Agent_i}, S_t)$,其中 $a_t^{Agent_i}$ 为时刻 t 第 i 个协同控制主体 $Agent_i$ 的属性,S_t 是 t 时刻协同控制主体 Agent 的策略/行动集,$S_t = \{S_1, S_2, \cdots, S_m\}$。

定义 2:企业集团财务协同控制系统:一个企业集团财务协同控制系统是由若干财务协同控制主体 $Agent_i$ 组成的集合,可表示为 $G = \{a_t^G, Agent_i, S_t^G\}$,其中 a_t^G 为企业集团财务协同控制系统 G 在 t 时刻的属性,$Agent_i$ 为企业集团财务协同控制系统中的财务协同控制主体 $i = (1, 2, \cdots, n)$,S_t^G 为企业集团财务协同控制系统 G 在 t 时刻的状态空间,企业集团财务协同控制系统 G 的联合策略空间 $S_t^G = \{S_{t,1} \times S_{t,2} \times \cdots \times S_{t,n}\}$。

为简化分析,现假定企业集团财务协同控制系统 $G = \{a_t^G, Agent_i, S_t^G\}$ 中只有两个财务协同控制主体 $Agent_1 = (a_t^{Agent_1}, S_t)$ 和 $Agent_2 = (a_t^{Agent_2}, S_t)$,它们的博弈行动策略只有"合作"和"不合作"两种状态,即 $S_t = (S_1, S_2)$,S_1 表示"合作",S_2 表示"不合作"。当二者在博弈中选择"合作"时,会给双方带来财务协同控制价值效应收益,收益与投入成正比(设价值效应系数为 $\gamma > 1$);而双方都选择"不合作"时,财务协同控制价值效应的总收益为 0。假定财务协同控制主体 A 在博弈中采取"合作"的概率为 α,建立合作关系时的投入为 C_1;财务协同控制主体 B 在博弈中采取"合作"的概率为 β,建立合作关系时的投入为 C_2。同时假定,二者合作产生的协同控制价值效应收益与投入成正比,并根据各自对合作的贡献进行收益分配。则当财务协同控制主体 $Agent_1$ 和 $Agent_2$ 都选择"合作"时,财务协同控制主体 $Agent_1$ 的得益 $U_{11} = \gamma C_1 - C_1$,财务协同控制主体 $Agent_2$ 的得益 $V_{11} = \gamma C_2 - C_2$;当财务协同控制主体选择"合作"而财务协同控制主体 $Agent_2$ 选择"不合作"时,财务协同控制主体 Agent₁ 的得益 $U_{12}=-C_1$,财务协同控制主体 Agent₂ 的得益 $V_{12}=\gamma C_1$;当财务协同控制主体 Agent₁ 选择"合作"财务协同控制主体选择"不合作"时,财务协同控制主体 Agent₁ 的得益 $U_{21}=\gamma C_2$,财务协同控制主体 Agent₂ 的得益 $V_{21}=-C_2$;当财务协同控制主体 Agent₁ 和 Agent₂ 都选择"不合作"时,因两个财务协同控制主体 Agent 都选择不投入,故财务协同控制主体 Agent₁ 和 Agent₂ 的得益 $U_{22}=V_{22}=0$。可建立如表 4-1 所示的合作博弈得益矩阵。

表 4-1 Multi-Agent 合作博弈得益矩阵

Agent₁ \ Agent₂	合作(β)	不合作($1-\beta$)
合作()	($\gamma C_1-C_1, \gamma C_2-C_2$)	($-C_1, \gamma C_1$)
不合作(1—)	($\gamma C_2, -C_2$)	(0,0)

三、企业集团财务协同控制系统的 Multi-Agent 合作博弈过程

首先,从单阶段静态角度对博弈模型进行分析。当财务协同控制主体 Agent₁ 和 Agent₂ 都选择合作时,总财务协同控制价值效应收益为 $(\gamma-1) \cdot (C_1+C_2)>0$,表示合作能够产生协同价值效应,从而给双方带来额外收益。当一方选择"不合作"时,总财务协同控制价值效应收益为 $(\gamma-1) \cdot C_1 < (\gamma-1) \cdot (C_1+C_2)$ 或 $(\gamma-1) \cdot C_2 < (\gamma-1) \cdot (C_1+C_2)$,说明双方合作创造的总收益最大。当双方都采用"不合作"策略时,总财务协同价值效应收益为 0,说明此时不能产生协同控制价值效应。由于存在 $\frac{C_2}{C_2-C_1}<\gamma<\frac{C_1}{C_1-C_2}$(当 $C_1>C_2$ 时)或 $\frac{C_1}{C_2-C_1}<\gamma<\frac{C_2}{C_2-C_1}$(当 $C_2>C_1$ 时)的可能,故存在 $\gamma C_1 > \gamma C_2-C_2$ 或 $\gamma C_2 > \gamma C_1-C_1$,此时,选择"不合作"的收益大于选择"合作"时的收益,因此,博弈参与者存在"不合作"的动机。在一次静态博弈中,当财务协同控制主体 Agent₁

选择"合作"策略时,则 $\gamma C_1 - C_1 > -C_1$,财务协同控制主体 Agent$_2$ 的策略取决于 $\gamma C_2 - C_2$ 与 γC_1 的比较。当 $\gamma C_2 - C_2 > \gamma C_1$ 时,财务协同控制主体 Agent$_2$ 会选择"合作"策略;当 $\gamma C_2 - C_2 < \gamma C_1$ 时,财务协同控制主体 Agent$_2$ 会选择"不合作"策略。而当财务协同控制主体 Agent$_2$ 选择"不合作"策略时,因 $-C_1 < 0$,会使财务协同控制主体 Agent$_1$ 也选择"不合作"策略。最终导致财务协同控制主体 Agent$_1$ 和 Agent$_2$ 都选择"不合作"策略,从而使财务协同控制价值效应收益变为 0。同理可知,当财务协同控制主体 Agent$_2$ 选择"合作"策略,而财务协同控制主体 Agent$_1$ 选择"不合作"策略时,因 $-C_2 < 0$ 而使财务协同控制主体 Agent$_2$ 改变策略也选择"不合作"策略。因此,博弈的结果是要么双方都选择"合作"策略,要么都选择"不合作"策略。显然,"合作"策略是双方的最优选择。

其次,从多阶段动态角度对博弈模型进行分析。当博弈只有两个阶段,即 $t=2$ 时。如果财务协同控制主体 Agent$_1$ 在第一阶段选择"合作",则它的期望得益为 $\beta(\gamma C_1 - C_1) + (1-\beta)(-C_1) + \beta\gamma C_2\delta$($\delta$ 为贴现因子);如果财务协同控制主体 Agent$_1$ 在第一阶段选择"不合作",则它的期望得益为 $\beta\gamma C_2 + (1-\beta) \cdot 0$。企业 Agent$_1$ 在博弈中选择合作策略的充要条件是:$\beta(\gamma C_1 - C_1) + (1-\beta)(-C_1) + \beta\gamma C_2\delta > \beta\gamma C_2$,可得:$\beta \geqslant \dfrac{C_1}{\gamma(C_1 + C_2\delta - C_2)}$(当 $\delta \geqslant 1$ 时),若 $\delta = 1$,则 $\beta \geqslant \dfrac{1}{\gamma}$。因此,如果 $\delta \geqslant 1$,当效应系数 γ 越大,条件越容易满足,双方合作的可能性就越大,当 $\gamma \to \infty$ 时,$\beta \to 0$,双方的策略只有"合作"。当博弈只有三个阶段,即 $t=3$ 时。假定第一阶段两个财务协同控制主体 Agent 的策略都为"合作",$\beta \geqslant \dfrac{C_1}{\gamma(C_1 + C_2\delta - C_2)}$ 成立。如果博弈进行到第二阶段时,财务协同控制主体 Agent$_1$ 的期望得益为 $(\gamma C_1 - C_1) + [\beta(\gamma C_1 - C_1) + (1-\beta)(-C_1)]\delta + \beta\gamma C_2\delta^2$。在第三阶段,财务协同控制主体 Agent$_1$ 选择"不合作"的期望得益为 γC_2。则财务协同控制主体 E_1 在博弈中总选择"合作"策略的充

要条件是:$\beta(\gamma C_1-C_1)+(1-\beta)(-C_1)+[\beta(\gamma C_1-C_1)+(1-\beta)(-C_1)]\delta+\beta\gamma C_2\delta^2>\beta\gamma C_2$,即 $\beta\geqslant\dfrac{C_1(1+\delta)}{\gamma[(C_1(1+\delta)+C_2(\delta^2-1)]}$,若 $\delta=1$,可得 $\beta\geqslant\dfrac{1}{\gamma}$。由此可以推导,若 $\delta=1$,财务协同控制主体 A-gent$_1$ 在博弈中总选择"合作"策略的充要条件是

$$\beta\geqslant\frac{1}{\gamma} \tag{4-4}$$

同理,可得,若 $\delta=1$,财务协同控制主体 Agent$_2$ 在博弈中总选择"合作"策略的充要条件是

$$\alpha\geqslant\frac{1}{\gamma} \tag{4-5}$$

最后,从企业集团财务协同控制系统的 Multi-Agent 合作博弈的总价值效应分析。由于企业集团财务协同控制系统产生价值效应的前提条件是,Multi-Agent 博弈必须能够持续进行下去,因此,企业集团财务协同控制系统的 Multi-Agent 内部博弈是一个多阶段动态博弈。在每一阶段的博弈过程中,只有当双方都选择"合作"时,企业集团财务协同控制系统的期望的总价值效应 $E(U)$ 才能达到最大,即 $(\gamma-1)\cdot(C_1+C_2)>0$。如果每次博弈,双方均选择"合作"策略,当博弈的次数进行到 n 时,企业集团财务协同控制系统的期望总价值效应为

$$\begin{aligned}E(U)&=(\gamma-1)(C_1+C_2)+(\gamma-1)(C_1+C_2)\delta+\\&\quad(\gamma-1)(C_1+C_2)\delta^2+\cdots+(\gamma-1)(C_1+C_2)\delta^{n-1}\\&=\begin{cases}\dfrac{(\gamma-1)(C_1+C_2)(1-\delta^n)}{1-\delta},\text{当}\delta\neq 1\text{时}\\n(\gamma-1)(C_1+C_2),\text{当}\delta=1\text{时}\end{cases}\end{aligned} \tag{4-6}$$

四、企业集团财务协同控制系统的 Multi-Agent 合作博弈结果

由前面的分析可知,在企业集团财务协同系统中,每个财务协同控制主体 Agent 的博弈参与者都愿意使用它们所获利的知识来显示自己具有合作的行为偏好,以实现合作的长期持续。因此,当有两个财务协同控制主体 Agent 参与博弈时,在信息不完

全的条件下,只要博弈参与方都有 $p>0$ 的概率选择合作,不论 p 多么小,当博弈重复次数不小于 3 时,合作均衡就会出现并能持续下去。按照克瑞普斯、米尔格罗姆、罗伯茨和威乐逊的声誉模型(KMRW 模型)解释,这主要是因为虽然财务协同控制主体 Agent 在选择合作时会冒被其他财务协同控制主体 Agent 欺骗的风险,但如果选择不合作就暴露出自己是非合作型的,从而失去从长期合作中得到未来收益的可能(如果对方是合作型的话)。如果博弈重复的次数足够多,未来收益的损失就超过短期被出卖的损失。所以,在关系建立之初,每个参与博弈的财务协同控制主体 Agent 都愿意保持合作的声誉,而不愿意暴露自己是非合作型的。因此,从博弈论的角度分析,可以得出如下结论:

(1)企业集团财务协同控制系统的财务协同控制主体 Agent 之间密切合作是实现价值效应最大化的前提和基础。只有博弈各方在合作博弈过程中总选择"合作"时,企业集团财务协同控制系统的总价值效应才能达到最大。而实事上,由于多层利益关系的存在和利益均衡机制的不完备,在合作博弈过程中,部分财务协同控制主体 Agent 出于对自身利益最大化目标的追求,存在不合作的动机和行为,这虽然能够给它们带来暂时的高额利益,但对于企业集团财务协同控制系统整体来说则具有弱化价值效应的作用。因此,企业集团财务协同控制系统为了实现价值效应的最大化,必须采取有效的模式对财务协同控制主体 Agent 进行必要的财务协同控制。

(2)提高 α 和 β 值能够增大财务协同控制主体 Agent 之间合作的可能性,从而保障企业集团财务协同控制系统总价值效应的提高。α 和 β 值是反映企业集团财务协同控制主体 Agent 合作的概率,概率越大,财务协同控制主体 Agent 的合作趋同作用越明显,联合价值创造的能动性就越大,企业集团财务协同控制系统总价值效应最大化的目标就越容易实现。α 和 β 值的提高可以通过多种方式取得,主要是通过运行机制的建立来确保企业集团财务协同控制系统内部形成稳定的价值关系,如建立长期有效的利益共享机制、信任机制、冲突消解机制、风险控制机制等,都能从不同角度和不同程度上化解内部矛盾求得利益上的一致性,从而推动企业集团财务协同控制系统价值效应最大化目标的实现,而科学有效的财务协同控制模式构成了这些运行机制的价值基础。

(3)提高效应系数 γ 值,能够最大限度地满足博弈各方总选择"合作"策略的充要条件,也更利于企业集团财务协同控制系统总价值效应的提高。价值效应系数 γ 是企业集团财务协同控制收益与投入的比值,γ 值越大表明企业集团的投入产出率越高,说明企业集团的整体赢利能力就越大。由式(4-4)和式(4-5)可知,当 γ 值越大,则 $1/\gamma$ 越小,$\alpha>1/\gamma$ 和 $\beta>1/\gamma$ 越容易满足,博弈各方的"合作"趋同就越明显,企业集团财务协同控制价值创造的协同效应就更容易取得。由式(4-6)可知,假定博弈各方的投入一定(即 C_1、C_2 一定),则 γ 值越大,当博弈重复到 n 次时,企业集团财务协同控制系统获得的总价值效应就越大。财务协同控制模式是保障企业集团财务协同控制主体 Agent 价值创造的关键,是效应系数提高的基础,因此,建立科学合理的财务协同控制模式是企业集团财务协同控制价值创造的必然要求。

第三节 企业集团财务协同控制系统的 Multi-Agent 合作与冲突

一、企业集团财务协同控制系统的 Multi-Agent 交互协作

(一)Multi-Agent 的交互协作方式

基于 MAS 的企业集团财务协同控制系统的功能是由多个 Agent 共同实现的,由于受资源的有限性约束,使每个 Agent 都拥有完整的资源是不可能的,因此,单个孤立的 Agent 因资源短缺将不具备足够知识和能力来完成系统分配的任务,必须以协作求解的方式来解决问题,建立在 Agent 交互基础上的协作求解是

Multi-Agent 合作的基本方式。一个完整的 Multi-Agent 的交互协作模式包括 Multi-Agent 的思维状态、交互协作求解过程和知识库等部分。对于一个不能独立完成的系统任务，Multi-Agent 必须建立单个 Agent 的思维状态和 Multi-Agent 的思维状态，以表达它们在交互协作过程中的意图，并以此为基础来执行 Multi-Agent 交互协作求解过程，以分解和分配任务，搜寻和丰富已有的知识库，获得 Multi-Agent 的协作求解策略，以实现企业集团财务协同控制系统的战略目标。Multi-Agent 的思维状态是 Multi-Agent 群体意图的延伸，是对系统目标和规划的承诺，需要结合 Multi-Agent 群体意图模型和共享知识库，进行系统功能的整体规划。交互协作求解过程包括 Agent 交互协作的发起和响应两个阶段，它要结合任务的复杂程度，运用相应的技术方法和求解算法，以知识和能力为基础，搜寻和建立最优的协作求解策略。

（二）Multi-Agent 的交互协作进程

Multi-Agent 的交互协作是面向任务的合作承诺问题，假定其任务域包括任务集 T 和 Multi-Agent 集 A，Multi-Agent 在交互协作时的成本函数为 C，效用函数为 U，已有的任务集合为 l，可能的任务集合为 L，L 是 T 的幂集，$l \in L$，U 是 Agent 在交互协作时的收益与成本的差额。显然，Multi-Agent 在交互协作时，成本函数 C 随着任务集的任务量增加而增加，效用函数 U 随着已有的任务集合 l 的任务量的增加而减少。企业集团财务协同控制系统的 Multi-Agent 交互协作具有可持续性，在 Multi-Agent 的每次交互协作中，Multi-Agent 会根据各自的交互协作策略，判断得出未来可能的交互协作策略效用，并与该策略的当前效用累加，得出预期效用，并按照预期效用最大化的原则，对各种可能执行的策略排序，形成 Multi-Agent 的交互协作策略集，Multi-Agent 的最终方案由 Agent 协商得出。因此，Multi-Agent 的交互协作是在预期效用条件下的帕累托最优，最终目标是实现系统的整体最优。对 Multi-Agent 的交互协作结果的影响关键因素是交互协作的累加效用增加值,当这个效用增加值大于零且具有均衡性,Multi-Agent 的交互协作就具有价值性。

为了提高 Multi-Agent 的交互协作效果,就要系统考察 Multi-Agent 的交互协作策略。一般情况下,Multi-Agent 的交互协作策略包括完全协作策略、完全不协作策略、获利协作策略、部分获利协作策略、防欺骗的部分获利协作策略、欺骗的部分获利协作策略。采用完全协作策略的 Agent 会向协作对象发送真实的当前负载信息,并相信协作对象的当前负载信息,并认为协作对象当前的效用增值就是自己未来的效用增值,因此,Multi-Agent 的交互协作满足全局最优条件。采用完全不协作策略的 Agent 会向协作对象发送真实的当前负载信息,并认为自己的未来效用增值为零。采用获利协作策略的 Agent 会向协作对象发送真实的当前负载信息,并相信协作对象的当前负载信息,但协作是按照获利的标准进行的。当获利大于协作对象时就采用完全协作策略;当获利小于协作对象时就采用完全不协作策略。部分获利协作策略会向协作对象发送真实的当前负载信息,并相信协作对象的当前负载信息。当获利大于协作对象时就采用完全协作策略;当获利小于零时就采用完全不协作策略;当获利小于协作对象时,会按照一定的回报率进行估计,只要估计结果满足最低回报率要求,就会采用协作的策略。采用防欺骗的部分获利协作策略的 Agent 会向协作对象发送真实的当前负载信息,但不相信协作对象的当前负载信息,Agent 会按照部分获利协作策略进行交互,并重新估计交互的效用值,然后按照效用增值的加权平均值方式进行策略判断。采用欺骗的部分获利协作策略的 Agent 具有关于协作对象的全部知识,可根据对手模型,预测模拟协商过程,得到使自身效用最大化的当前负载欺骗值,以增加协作对象同自己的合作概率,从而增加自身的合作效用。

二、企业集团财务协同控制系统的 Multi-Agent 冲突及冲突消解

基于 MAS 的企业集团财务协同控制系统在实现相应的功能

时，Multi-Agent 之间存在冲突是必然的，Multi-Agent 解决冲突的基本方式是采用冲突消解技术，其基本过程如图 4-6 所示。为了预防和解决冲突，系统设计时必须构建高效的协同控制结构，建立丰富的冲突消解知识库，建立有效的 Agent 协商机制，在 Multi-Agent 解决冲突时，Multi-Agent 会根据冲突源的类型进行甄别，并将甄别的结果归档，然后通过 Agent 协商的方式进行策略选择，达到冲突消解的目的。

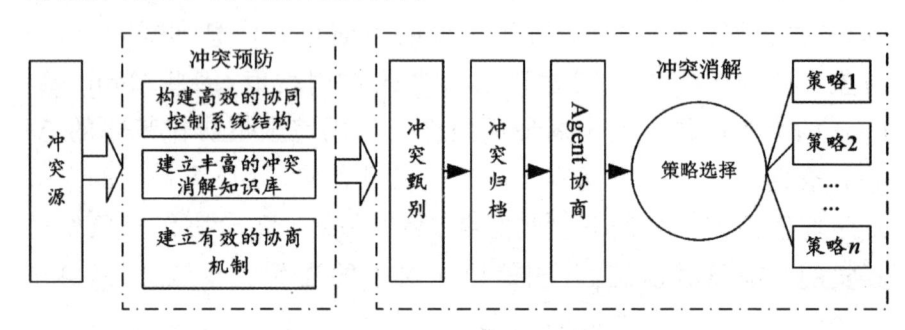

图 4-6 Multi-Agent 的冲突消解过程

假设基于 MAS 的企业集团财务协同控制系统完成相应任务时，需要 n 个 Agent 参加，任意 $Agent_i$ 都有一个协同控制变量的向量空间 $Q_i \in R^{m_i}$，m_i 为 $Agent_i$ 的目标数量，全部协同控制变量的集合为 $X = \bigcup_{i=1}^{n} Q_i$。$Agent_i$ 可旋转的协同控制变量的向量为 $F^i(x) = (f_1^i(x) f_2^i(x) \cdots f_j^i(x))^T$，$F^i(x) \in Q_i$，向量中的每个分量 $f_j^i(x)$ 为任务的特征参数，i 是参加的 Agent 数量，j 是特征参数的数目。每个参与的 Agent 按照属性最优要求，追求自身目标的效用最大化，则对于任意 $Agent_i$，有 $MaxF^i(x) = (f_1^i(x) f_2^i(x) \cdots f_j^i(x))^T x \in X$，它的 Pareto 最优解为 $x^* = \bigcap_{i=1}^{n} x_i^*$。当为空集时，表示多个 Agent 不能同时达到最优，则协同控制发生冲突。

为了有效解决 Multi-Agent 冲突，本书按照财务协同控制系统的相关度，建立关联关系矩阵，使得 Multi-Agent 协商的结果能够很好地满足每个 Agent 的要求，使系统在解决 Multi-Agent 冲突时能够达到整体功能最优。假设冲突消解过程涉及 n 个具有不同知识领域的 Agent，定义系统的特征参数节点函数 $f(x)$ 对于

第四章 基于 MAS 的企业集团财务协同控制机理

Agent$_i$ 的隶属度为 $\mu_{Ak}(f_j(x))$，$i,j=(0,1,2,\cdots,n)$，且 $\sum_{i=1}^{n}|\mu_{Ak}(f_j(x))|=1$。根据系统任务和 Agent 知识领域的关联关系，建立关联度矩阵 μ。

$$\mu=\begin{bmatrix} \mu_{A1}(f_1(x)) & \mu_{A1}(f_2(x)) & \cdots & \mu_{A1}(f_j(x)) \\ \mu_{A2}(f_1(x)) & \mu_{A2}(f_2(x)) & \cdots & \mu_{A2}(f_j(x)) \\ \vdots & \vdots & \vdots & \vdots \\ \mu_{Ak}(f_1(x)) & \mu_{Ak}(f_2(x)) & \cdots & \mu_{Ak}(f_j(x)) \end{bmatrix} \quad (4-7)$$

在 Multi-Agent 为解决冲突而进行的协商过程中，通常由于存在 Agent 的效用目标矛盾而具有竞争性，而冲突的有效解决必须依赖于 Multi-Agent 对协商结果的满意程度。如果函数 $S_i(x)$：$R^1\rightarrow[0,1]$，$i=(0,1,2,\cdots,n)$，满足以下性质：①严格单调递增性，即 $S_i(f_j^i(x))>S_i(f_j^i(x'))\Leftrightarrow f_j(x)>f_j(x')\,x,x'\in X$；②归一性，即 $S_i(f(x_i'))=0$，$S_i(f(x_i^*))=1$（$1\leq k\leq m_i$）。则称 $S_i(f_j^i(x))$ 为 Agent$_i$ 对于目标 $f_j^i(x)$ 的标准协商满意度函数。在 Agent 协商决策时，常用线性函数来近似表达 Agent 的协商满意度。本文建立的线性 Agent 协商满意度函数如下：

$$S_i(f_j^i(x))=\frac{f_j^i(x)-f(x_i')}{f(x_i^*)-f(x_i')} \quad (4-8)$$

式中，$f(x_i^*)$ 是解集 X 的最优解，而 $f(x_i')$ 是解集 X 的最劣解。

可以证明，式(4-8)满足严格单调递增性和归一性，是 Agent$_i$ 对于目标 $f_j^i(x)$ 的标准协商满意度函数。当 $S_i(x)=1$ 时，函数取得最优解 $f(x_i^*)$；当 $S_i(x)=0$ 时，函数取得最劣解 $f(x_i')$。对于任意的 $x\in X$，$S_i(f_k^i(x))$ 反映了 x 对于 Agent$_i$ 在 $f_k^i(x)$ 目标上的标准协商满意度水平，向量 $S_i(F_i(x))=[S_i(f_1^i(x))\cdots S_i(f_{mi}^i(x))]^T$ 反映了 x 对于 Agent$_i$ 在其各自目标上的标准协商满意度水平。由全部 Agent 的标准协商满意度函数构成的空间，就是企业集团财务协同控制系统的 Multi-Agent 标准协商满意度空间，即

$$S = (S_1(F(x)), S_2(F(x)), \cdots, S_n(F(x))) \in [0,1]^q (q = \sum_{i=1}^{n} m_i)$$

基于关联度的企业集团财务协同控制系统的 Multi-Agent 冲突消解,是一种 Multi-Agent 协商寻优机制。在 Multi-Agent 协商开始,每个 Agent 会根据对任务的理解,向系统服务器发送相关信息,负责冲突消解的 Agent 会结合各个 Agent 对任务的理解来计算标准协商满意度,并根据标准协商满意度的大小来驱动任务的完成。对于标准协商满意度较优的 Agent,获得对系统任务的控制权,以此作为任务完成的主导,并作为行动策略选择的标准。协商满意度矩阵可表达为

$$v = \begin{bmatrix} S_1(f_1^1(x)) & S_1(f_2^1(x)) & \cdots & S_1(f_j^1(x)) \\ S_2(f_1^2(x)) & S_2(f_2^2(x)) & \cdots & S_2(f_j^2(x)) \\ \vdots & \vdots & \vdots & \vdots \\ S_i(f_1^i(x)) & S_i(f_2^i(x)) & \cdots & S_i(f_j^i(x)) \end{bmatrix} \qquad (4-9)$$

Multi-Agent 冲突消解的协商决策矩阵可表达为

$$G = \mu v^T \qquad (4-10)$$

三、企业集团财务协同控制系统的 Multi-Agent 协调控制模型

常见的 Multi-Agent 协调控制模型是基于黑板系统、基于博弈论和基于合同网建立的。黑板系统是以黑板知识源、黑板数据结构和黑板状态控制为基础的问题求解模型,包括 Multi-Agent、黑板、知识源等主体结构部分,Agent 通过黑板进行知识共享并实现协调控制。博弈论主要包括 Agent 的效用函数、成交空间、协商策略和协商协议,在协调控制的过程中,很大程度上依赖于 Agent 内部的目标函数,并在效用优化的基础上实现协调控制。合同网是通过系统任务承包的方式进行 Agent 协调控制的,它由系统发出招标通知,通过报价、筛选使符合条件的 Agent 中标并按照协议完成任务。基本以上分析,本文建立了企业集团财务协同控制系统的 Multi-Agent 协调控制模型,如图 4-7 所示。模型中包括知识源、共享知识库、黑板、状态控制模块和 Multi-Agent

等。知识源是一种信息处理系统,它利用专家系统、人工智能系统加工处理数据,凝练信息并形成知识,并将相关知识储存于共享知识库中。共享知识库是存储知识的仓库,它的主要作用是能够实现 Agent 的知识共享。黑板是 Multi-Agent 协调控制的中介桥梁,是 Multi-Agent 的知识共享模块,它按照与系统任务相关的层次来组织知识源中的数据,并将这些数据以一定的层次结构在具体任务中应用。状态控制模块负责对当前 Multi-Agent 任务和共享知识库进行分析,将匹配的共享知识库中的知识传递到黑板上,由 Multi-Agent 获取相关知识,并将反馈的信息再通过黑板传递给共享知识库。Multi-Agent 是协调控制系统的协调控制主体,它们在交互协作时需要从黑板上读取信息或提供信息,以此方式实现彼此的信息交换,获取彼此需要的信息。一般情况下,Multi-Agent 对黑板的使用需要遵循相同的行为规范,每个 Agent 都应具有理解黑板知识的能力,在知识理解上具有相同的方式。另外,具有多知识源的黑板系统更有利于 Multi-Agent 的多任务完成,它能够降低每个知识源所解决问题的复杂性。

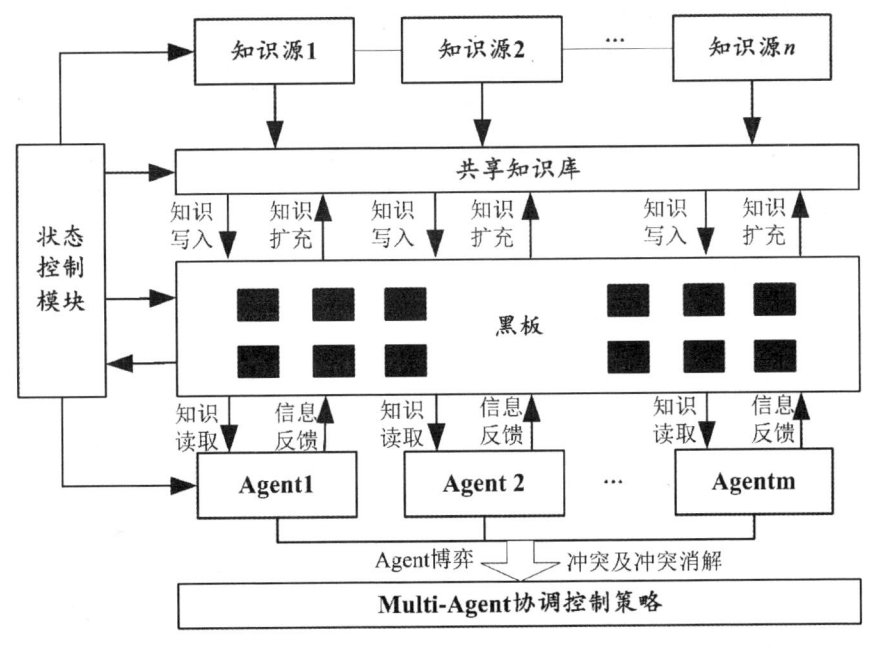

图 4-7 企业集团财务协同控制系统的 Multi-Agent 协调控制模型

本章小结

　　基于 MAS 的企业集团财务协同控制机理是系统模型建立和实现系统功能的重要内容,本章通过研究企业集团财务协同控制系统的基本特性、博弈特性,挖掘企业集团财务协同控制系统的基本特征,并通过对企业集团财务协同控制系统的 Multi-Agent 合作与冲突探讨,厘清基于 MAS 的企业集团财务协同控制的机理,为基于 MAS 的企业集团财务协同控制系统模型的建立奠定了基础。首先,进行了企业集团财务协同控制系统的 Multi-Agent 任务分析、结构分析、职能分析和机能分析,厘清了企业集团财务协同控制系统的 Multi-Agent 的基本特性。其次,进行了企业集团财务协同控制系统的 Multi-Agent 博弈分析,把握了企业集团财务协同控制系统的 Multi-Agent 博弈特征,建立了企业集团财务协同控制系统的 Multi-Agent 合作博弈模型,并进行了博弈分析,结果表明:Multi-Agent 的合作博弈能够改善系统的功能,提高系统的交互协商效果。最后,探讨了企业集团财务协同控制系统的 Multi-Agent 合作与冲突,分析了 Multi-Agent 的交互协作方式和交互协作进程,探讨了企业集团财务协同控制系统的 Multi-Agent 冲突及冲突消解机制,建立了企业集团财务协同控制系统的 Multi-Agent 协调控制模型。

第五章 基于 MAS 的企业集团财务协同控制共享知识库及 Agent 生成与优化

知识共享是提高 Agent 智能决策能力,有效保障基于 MAS 的企业集团财务协同控制效果的重要内容,它能够为 Multi-Agent 提供丰富的知识,促进 Agent 的协同决策,对于推进系统功能的有效发挥具有重要作用,同时,以系统整体最优化为目标的 Multi-Agent 生成与优化是基于 MAS 的企业集团财务协同控制系统模型建立的前提和基础。本章以 Multi-Agent 共享知识库的构建和 Multi-Agent 生成与优化为目标,以 Agent 的环境感知能力和协同执行能力提升为着力点,通过对 Multi-Agent 共享知识库及更新原理探讨,建立 Multi-Agent 共享知识库的基本框架,通过对 Multi-Agent 的生成与优化分析,建立 Multi-Agent 的自适应进化模型,为基于 MAS 的企业集团财务协同控制体系构建奠定基础。

第一节 Multi-Agent 共享知识库的构建基础

一、数据、信息、知识及其处理系统

数据(Data)、信息(Information)和知识(Knowledge)是构成基于 MAS 的企业集团财务协同控制系统的核心知识资源,对于 Multi-Agent 的协同运作具有重要作用。数据是对客观事物的逻辑归纳和属性描述,是用符号、数字、字母等方式对客观事物的性质、形态、结构和特征的反映,它是一种未经加工的原始资料。信息是事物的运动状态和过程以及关于这种运动状态和过程的知

识,它是对客观世界中各种事物特征和变化的反映,是对数据加工的结果。它的作用在于消除观察者在相应认识上的不确定性,它的数值则以消除不确定性的大小或等效地以新增知识的多少来度量。知识是对信息再归纳和总结的结果,是被实践证明的可以用于指导 Agent 行动的成果,包括对客观事实、信息的描述以及在实践中获得的技能等。知识和信息可以离开处理系统而独立存在,也可以离开处理系统的各个组成部分和运行阶段而独立存在。数据、信息和知识的逻辑关系可用图 5-1 表示。

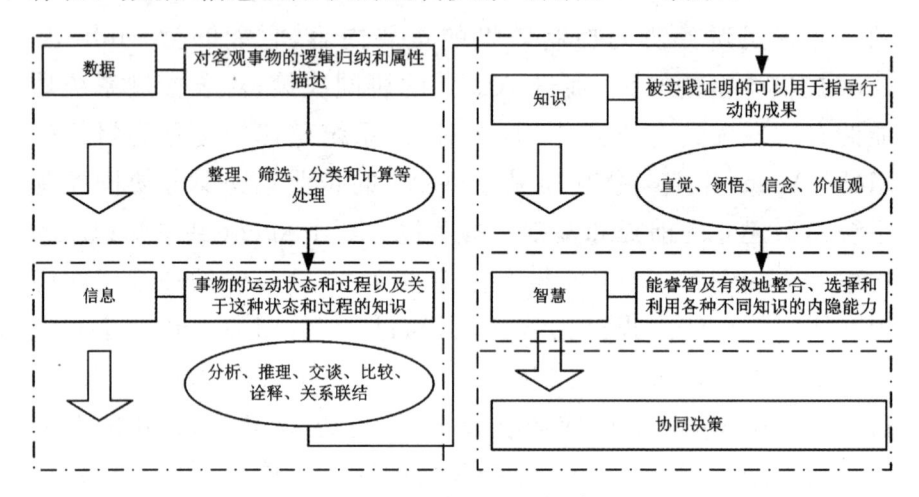

图 5-1 数据、信息和知识的逻辑关系

二、知识库的基本特性

知识库是存储知识的仓库,它将知识工程中结构化、易操作、易利用、全面有组织的知识集群采用一定的知识表达方法存储在计算机中,形成相互联系,便于管理的知识集合,它的基本结构分为物理知识层、概念知识层和逻辑知识层三个层次。物理知识层是知识库的最内层,是实际存储的知识集合。这些知识是 Agent 的决策基础,由一定的知识表达方式形成的知识链组成。概念知识层是知识库的中间层,是知识库的整体逻辑表示。逻辑知识层是 Agent 所看到和使用的知识库,表示了一个或一些特定用户使用的知识集合,即逻辑记录的集合。

知识库的主要特点：①能够实现知识推理和知识共享。知识推理是 Agent 利用现有知识进行思维和求解问题的过程。知识共享包含所有 Agent 可同时存取知识库中的知识，也包括 Agent 可以用各种方式通过接口使用知识库。②减少知识的冗余度。知识库减少了大量重复知识，减少了知识冗余，维护了知识的一致性。③知识的独立性。知识的独立性包括知识库的逻辑结构和应用程序相互独立，也包括知识库物理结构的变化不影响知识的逻辑结构。④知识实现集中控制。利用知识库可对知识进行集中控制和管理，并通过知识模型表示各种知识以及知识间的联系。⑤知识一致性和可维护性，以确保知识的安全性和可靠性。通过安全性控制，可以防止知识丢失、错误更新和越权使用。通过完整性控制，可保证知识的正确性、有效性和相容性。通过并发控制，可使在同一时间周期内，允许 Agent 对知识的多路访问。⑥故障恢复。由知识管理系统提供一套方法，可及时发现故障和修复故障，从而防止知识库被破坏。

第二节　Multi-Agent 知识表达与共享知识库系统

一、Multi-Agent 共享知识库系统的一般模型

基于 MAS 的企业集团财务协同控制系统模型的构建目标是：建立具有智能决策功能的 Multi-Agent 模型，保障企业集团财务协同控制系统的功能，提高企业集团财务协同控制的效率和效果。基于 MAS 的企业集团财务协同控制系统是数据、信息和知识的集合体，而知识是 Multi-Agent 协同决策的重要资源，包括主观性知识和客观性知识两种。建立 Multi-Agent 共享知识库需要解决知识表达、知识利用和知识获取的有效性问题。知识表达的目标是让 Agent 拥有知识，并通过知识库记忆或存储知识，以便 Agent 在执行任务时借助知识来进行推理或思维。知识利用是 Multi-Agent 通过对知识库中的知识利用，可以由知

识推理来得出结论。知识获取是指 Multi-Agent 从知识库中得到知识并丰富知识库的过程。Multi-Agent 共享知识库系统的一般模型如图 5-2 所示，模型包括知识源、知识库管理系统、知识表达、知识获取和利用、结论和任务执行，以及它们之间的相互关系。

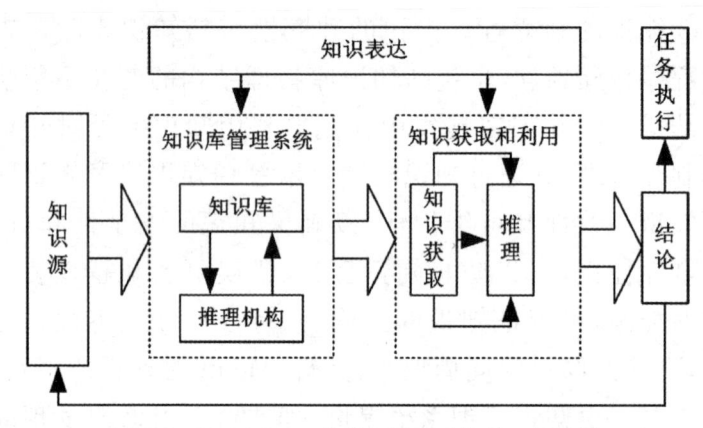

图 5-2　Multi-Agent 共享知识库系统的一般模型

建立 Multi-Agent 共享知识库必须选择或设计一个适合知识表达的模式。知识表达（Knowledge Representation）是对知识的系统性描述，它通过一定的知识结构描述来将知识因子与相关知识联结起来，以便于 Agent 能够识别和理解，它是 Multi-Agent 进行知识获取和知识组织的前提和基础。在 Multi-Agent 系统中，知识表达包括了 Multi-Agent 知识结构和 Multi-Agent 知识的处理机制。Multi-Agent 知识结构反映了不同 Multi-Agent 知识的分类特性和组织特征，是发挥 Multi-Agent 知识的整体性功能和有序性管理的重要保障。Multi-Agent 知识的处理机制是采用一系列的技术手段对知识的处理和利用，包括基于产生式系统的知识处理、基于语义网的知识处理和基于融合型推理的知识处理等。通过知识表达，Multi-Agent 不但可以有效利用知识库中相关知识进行推理和执行任务，而且还可以不断丰富知识库中的知识，以提高 Multi-Agent 的任务执行能力。

二、Multi-Agent 共享知识库的知识表达和共享知识库模型

(一)基于产生式系统的 Multi-Agent 知识表达和共享知识库模型

产生式系统的基本语义可表达为：前因(A)→后果(B)，即 IF A THEN B。它是专家系统的最基本结构，虽然形式简单，但整体上模拟了人类的思维过程。产生式系统由三个重要部分构成，即产生式规则集、知识库和推理机。产生式规则集是由产生式规则组成的相关知识，它是 Multi-Agent 问题求解的知识基础。产生式规则必须能够有效表达领域内的过程性知识，必须能够对知识进行合理的组织和管理，以保证知识的完整性、一致性和准确性。推理机是系统的程序控制执行模块，用来对产生式规则的测试匹配和调度执行，它的主要作用是：按照策略从规则库中选择规则并让它与共享知识库中的已知知识相匹配，如果能够成功匹配的规则不是一个，则按照冲突消解策略选择一条规则来执行，规则执行后将执行结果存入知识库。共享知识库是用来存放知识的综合仓库，它能够存放问题求解的初始条件、原始证据、推理结论等。基于产生式系统的共享知识库模型如图 5-3 所示。

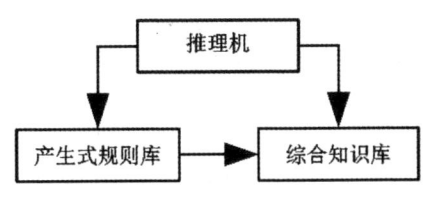

图 5-3 基于产生式系统的共享知识库模型

(二)基于语义网的 Multi-Agent 知识表达和共享知识库模型

从图书馆到互联网再到语义网(The Semantic Web)是人类知识资源集成的三个阶段。现在的互联网上存在大量的信息资源、知识资源，然而由于互联网知识表达更适合于具有自然语言理解能力的人来阅读，Multi-Agent 很难对互联网知识进行理解和处理。采用语义网技术，可以提高 Multi-Agent 知识库的互动

性设计,增强 Multi-Agent 利用知识库进行知识推理和协商交互。蒂姆·伯纳斯提出了语义网的基本体系,包含七层结构,分别是:Unicode 和 URI 层、XML+NS+XML Schema 层、RDF+RDF Schema 层、本体层、逻辑层、证明层和信任层。Unicode 是字符集,URI 是统一资源定位符,用于唯一标识网络上的知识资源。XML 是精简的标准通用标记语言。NS 是由 URI 索引确定的命名空间。XML Schema 是文档类型定义。RDF 是资源描述框架,它是描述 WWW 上的信息资源的语言。RDF Schema 是使用 Multi-Agent 可以理解的体系来定义描述知识的词汇。基于语义网的 Multi-Agent 共享知识库模型如图 5-4 所示。

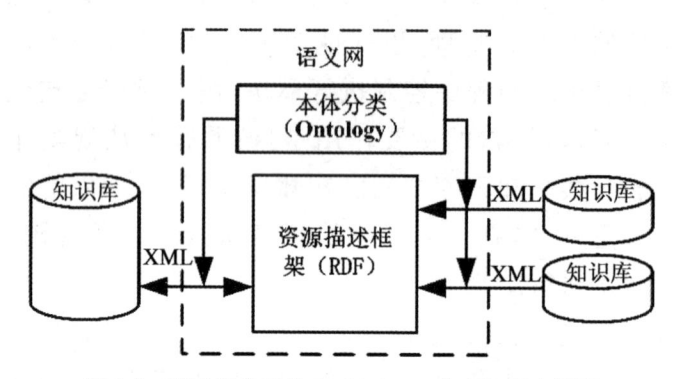

图 5-4 基于语义网的 Multi-Agent 共享知识库模型

(三)基于融合型推理的 Multi-Agent 知识表达和共享知识库模型

知识表达是 MAS 中知识学习与获取、知识记忆与处理的基础。基于融合型推理的 Multi-Agent 知识表达融合了神经网络、模糊逻辑和专家系统的优点,具有知识呈现的直观性、准确性和共享性,知识学习和知识推理的灵活性等特征,它用 5 个结构层次来对 Multi-Agent 知识进行表达,这 5 个层次分别为 Multi-Agent 知识的特征参数、特征参数语义描述、任务征兆层、推理结论层和决策输出层,其知识表达的基本结构如图 5-5 所示。按照该知识表达的基本结构,结合模糊逻辑、神经网络、专家系统,伍奎(2005)等研究建立了融合型推理模型。模型的第一层是输入层,有 $n1$ 个神经元节点;模型的第二层是语言变量描述层,有 $n2$ 个

第五章 基于 MAS 的企业集团财务协同控制共享知识库及 Agent 生成与优化

神经元节点,第一层的输出是其输入层;模型的第三层是事件征兆层,有 $n3$ 个神经元节点,每个神经元节点代表对象状态的某一征兆;模型的第四层是推理结论层,有 $n4$ 个神经元节点,每个事件征兆的输出按知识库的模糊语言规则与推理结论层连接;模型的第五层是模糊决策层,有 n5 个神经元节点,利用知识库中模糊语言规则进行综合决策。基于融合推理的 Multi-Agent 共享知识库模型如图 5-6 所示。

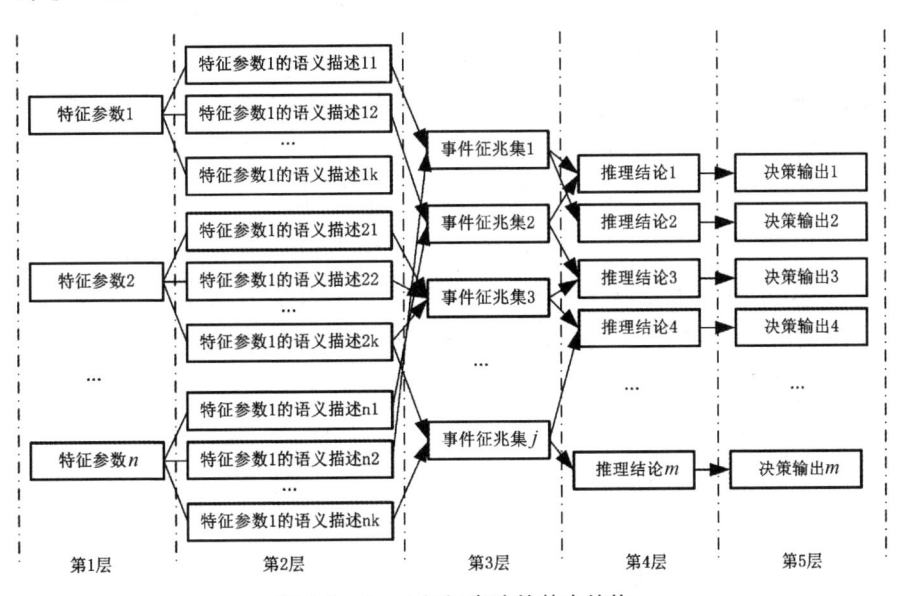

图 5-5　Agent 知识表达的基本结构

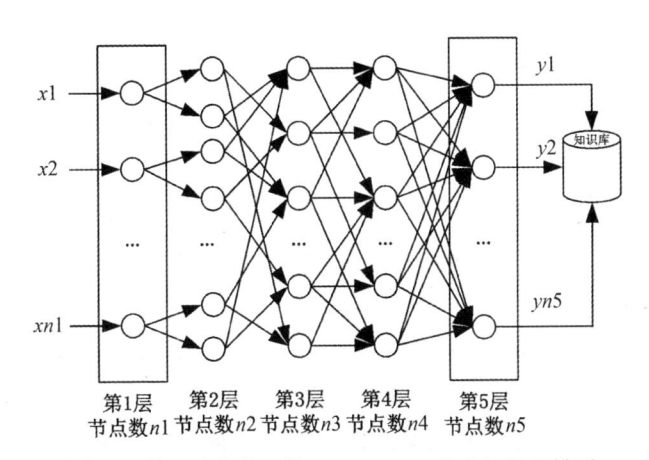

图 5-6　基于融合推理的 Multi-Agent 共享知识库模型

第三节　基于 MAS 的企业集团财务协同控制共享知识库构建与更新

一、基于 MAS 的企业集团财务协同控制共享知识库构建方法

Multi-Agent 共享知识库是基于 MAS 的企业集团财务协同控制系统模型的重要组成部分，是 Multi-Agent 智能决策的基础。共享知识库的不完整将影响财务协同控制的可靠性，减弱企业集团财务协同控制的针对性和有效性。结合基于 MAS 的企业集团财务协同控制系统对知识库的需求，以本体论为基础构建共享知识库。自德国经济学家 Goclenius 在 17 世纪提出本体（Ontology）概念以来，本体论已广泛应用于人工智能领域，在知识共享方面起到了越来越重要的作用。知识本体是共享知识库的重要概念，它是概念化的显性知识范式，通常采用确定性形式来表达领域知识，通过本体语言来定义概念的内涵和关系。本体语言是语义网的基础语言，包括 RDF、RDF-S、OIL、DAML、OWL 等。

RDF 是资源描述架构（Resource Description Framework，RDF），是用来描述知识的使用方法，它主要是在元知识的基础上进行知识的语义化，以增进 Agent 对知识的可理解性，实现基于推理的知识发现。RDF 采用"资源""属性"及"属性值"的表达结构，通过提供框架容器和采用形式化的方法，将复杂的知识关系分解成简单的二元知识关系，以建立模型并表达任意类型的知识，它可以与可扩展标记语言 XML（Extensible Markup Language）形成补充。RDFS 是资源描述架构规范（Resource Description Framework Schema，RDFS），它可以定义元知识的属性元素，表达了类和子属性之间的关系，以及类和实例的关系等。但 RDFS 的语义表达缺少完整性，DAML 吸取了面向对象语言和基于框架的知识表达语言优势，通过对 RDFS 的扩展，形成了新的本体建

模语言 DAML-ONT。但 DAML-ONT 的语义也缺乏充分的规范性，容易导致语义冲突。OIL(Ontology Interchange Language)是一种针对本体的基于互联网的表现和推理层，它是一种通用的语义互联网的标记语言。OWL(Web Ontology Language)是 W3C 提出的用于扩展 RDFS 的网络本体语言，它是在 DAML＋OIL 基础上发展起来的，位于 W3C 本体语言栈的最上层，包括 OWL Lite、OWLDL 和 OWL Full 三类子语言。本体语言之间的关系可用图 5-7 表示。

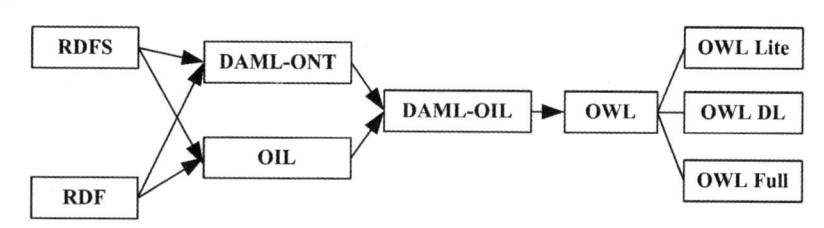

图 5-7　本体语言间的关系

本体模型包括概念、属性、关系、公理、函数、实例等要素，一般情况下，知识本体(Knowledge Ontology，KO)可用四元组进行定义，即

$$KO=(Co,At,Re,Ax) \tag{5-1}$$

其中，Co 是概念(Concept)；At 是属性(Attribute)；Re 是关系(Relation)；Ax 是公理(Axiom)。

由于没有现成的叙词表，基于 MAS 的企业集团财务协同控制共享知识库无法采用自动化或半自动化的方式进行构建，只能采用手工方式来建立。构建知识本体的方法包括七步法、骨架法、企业建模法、循环获取法等，其中七步法的成熟度较高。七步法的步骤是：确定知识本体的领域和范畴；现有知识本体重复使用的可能性；知识本体的表达术语；类和类关系定义；类的属性定义；属性分面定义；实例创建。对于知识本体的手工构建需要采用本体的建模工具，这些工具主要有 Protégé、Webonto、oilEd、OntoEdit 等。

二、基于 MAS 的企业集团财务协同控制共享知识库概念模型

（一）知识本体的要素表达

基于 MAS 的企业集团财务协同控制共享知识库知识本体的概念集可表示为：$Co=\{C_1,C_2,\cdots,C_n\}$，其中 $C_1,C_2,\cdots,C_n$ 是概念的子概念，它们具有相同的知识本体属性。知识本体属性集可表示为：$A|C=\{A_1,A_2,\cdots,A_m\}$，其中 $A_1,A_2,\cdots,A_m$ 是概念的属性。概念 C 的属性取值范围集可表示为：$V|C=\{(A_1,V_1),(A_2,V_2),\cdots,(A_m,V_m)\}$，其中 $V_i=\{v_{i1},v_{i2},\cdots,v_{ik}\}$。知识本体的实例集可表示为：$I|C=\{I_1,I_2,\cdots,I_l\}$。知识本体的分类规则集可表示为：$R|C=\{R_1,R_2,\cdots,R_p\}$，其中，$R:=\hat{L}_1\hat{L}_2\cdots\hat{L}_m\rightarrow C$ 表示了概念 C 的一个分类规则。

（二）知识本体的概念分类

基于 MAS 的企业集团财务协同控制共享知识库知识本体的概念分类如图 5-8 所示，可分为五大类，即财务战略协同控制类（Financial Strategy Cooperative Control，FStCC）、财务经营协同控制类（Financial Operation Cooperative Control，FOpCC）、财务关系协同控制类（Financial Relationship Cooperative Control，FReCC）、财务创新协同控制类（Financial Innovation Cooperative Control，FInCC）和财务风险协同控制类（Financial Risk Cooperative Control，FRiCC）。其中，财务战略协同控制类又分为财务战略资源管理（FStCC1）、财务战略规划和行动方案（FStCC2）、财务战略目标和绩效管理（FStCC3）、财务战略协同控制技术（FStCC4）4 个子类；财务经营协同控制类又分为财务经营资源管理（FOpCC1）、财务经营定位与流程管理（FOpCC2）、财务经营成本及绩效管理（FOpCC3）、财务经营协同控制技术管理（FOpCC4）4 个子类；财务关系协同控制类又分为财务关系资源管理（FReCC1）、财务关系资产及价值链管理（FReCC2）、财务关

第五章 基于 MAS 的企业集团财务协同控制共享知识库及 Agent 生成与优化

系协调成本及绩效管理(FReCC3)、财务关系协同控制技术管理(FReCC4)4 个子类;财务创新协同控制类又分为财务创新资源管理(FInCC1)、财务创新行为和能力管理(FInCC2)、财务创新水平和绩效管理(FInCC3)、财务创新协同控制技术管理(FInCC4)4 个子类;财务风险协同控制类又分为财务风险资源管理(FRiCC1)、财务风险识别与评估(FRiCC2)、财务风险价值及危机管理(FRiCC3)、财务风险协同控制技术管理(FRiCC4)4 个子类。利用 Protégé 软件,采用 OWL 网络本体语言,对基于 MAS 的企业集团财务协同控制共享知识库知识本体进行构建,其共享知识库知识本体类的层次关系如图 5-9 所示。

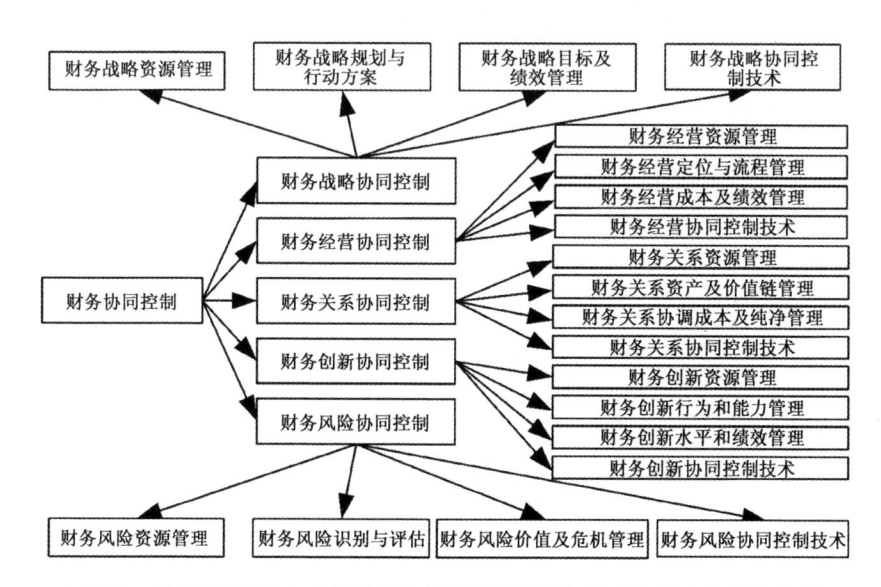

图 5-8　基于 MAS 的企业集团财务协同控制共享知识库知识本体概念分类

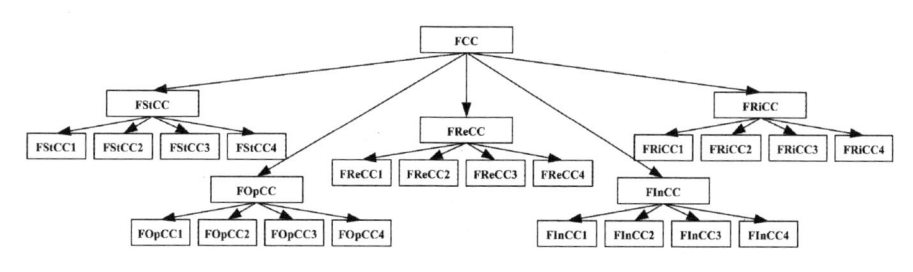

图 5-9　知识本体概念类的层次关系

（三）知识本体类的属性指标和判断规则模型设计

知识本体类的属性反映了知识本体的分类特征，是知识本体的个性化反映，Multi-Agent 可根据这些个性化特征利用规则库进行判断和推理，以高效完成系统任务。鉴于本书研究的知识本体类和子类较多，为了节约时间和精力，仅对每一知识本体类的第一个子类进行基本属性的指标和判断规则进行模型设计。对于财务战略资源管理子类、财务经营资源管理子类、财务关系资源管理子类、财务创新资源管理子类和财务风险资源管理子类，分别建立两个基本的指标属性，这些指标分别是：资本增值率（x_1）和财务战略资源适配度（y_1）、自由现金率（x_2）和财务经营资源适配度（y_2）、现金增值率（x_3）和财务关系资源适配度（y_3）、资产规模增长率（x_4）和财务创新资源适配度（y_4）、财务杠杆降低率（x_5）和财务风险资源适配度（y_5），这些指标由相关指标设计而成，每两个指标构成了二维矩阵对应关系。各子类基本属性表达的相关指标采用表 3-2 的指标。

公式如下：

$$\begin{cases} x_1 = u_{12} \\ y_1 = \dfrac{u_{11} + u_{13}}{2} \end{cases} \quad (5\text{-}2)$$

$$\begin{cases} x_2 = u_{21} \\ y_2 = \dfrac{u_{22} + u_{23}}{2} \end{cases} \quad (5\text{-}3)$$

$$\begin{cases} x_3 = u_{31} \\ y_3 = \dfrac{u_{32} + u_{33}}{2} \end{cases} \quad (5\text{-}4)$$

$$\begin{cases} x_4 = u_{43} \\ y_4 = \dfrac{u_{41} + u_{42}}{2} \end{cases} \quad (5\text{-}5)$$

$$\begin{cases} x_5 = u_{52} \\ y_5 = \dfrac{u_{51} + u_{53}}{2} \end{cases} \quad (5\text{-}6)$$

第五章 基于 MAS 的企业集团财务协同控制共享知识库及 Agent 生成与优化

采用 BCG 的方法建立本研究的 Agent 判定规则的矩阵模型,以资本增值率(x_1)和财务战略资源适配度(y_1)分别为横轴和纵横,建立财务战略资源管理子类的 Agent 判定规则矩阵模型;以自由现金率(x_2)和财务经营资源适配度(y_2)分别为横轴和纵横,建立财务经营资源管理子类的 Agent 判定规则矩阵模型;以现金增值率(x_3)和财务关系资源适配度(y_3)分别为横轴和纵横,建立财务关系资源管理子类的 Agent 判定规则矩阵模型;以资产规模增长率(x_4)和财务创新资源适配度(y_4)分别为横轴和纵横,建立财务创新资源管理子类的 Agent 判定规则矩阵模型;以财务杠杆降低率(x_5)和财务风险资源适配度(y_5)分别为横轴和纵横,建立财务风险资源管理子类的 Agent 判定规则矩阵模型。构建的 Agent 判定规则矩阵模型划分为四个区域,分别用 A 区、B 区、C 区和 D 区,其基本模型如图 5-10 所示。设 5 个矩阵的横轴和纵轴的正向阈值和负向阈值分别为:X_{1+}、X_{1-},Y_{1+}、Y_{1-};X_{2+}、X_{2-},Y_{2+}、Y_{2-};X_{3+}、X_{3-},Y_{3+}、Y_{3-};X_{4+}、X_{4-},Y_{4+}、Y_{4-};X_{5+}、X_{5-},Y_{5+}、Y_{5-}。以横轴和纵轴的阈值线为分界线,对 A 区、B 区、C 区和 D 区进一步划分,分别划分为 A1~A4、B1~B4、C1~C4、D1~D4 区域,形成扩展模型,如图 5-11 所示,每个矩阵不同的区域分别代表了不同的经济含义,它们构成了子类的属性和属性值,分别见表 5-1 和 5-2。

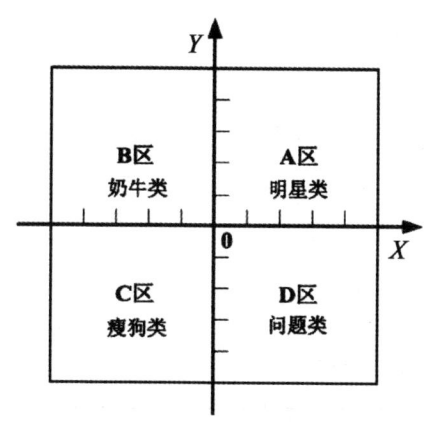

图 5-10 基本 Agent 判定规则矩阵模型

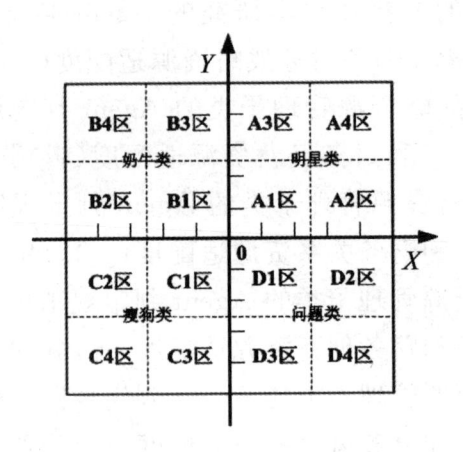

图 5-11　扩展 Agent 判定规则矩阵模型

表 5-1　基本 Agent 判定规则矩阵模型区域的经济含义

区域	FStCC1 X_1	FStCC1 Y_1	FOpCC1 X_2	FOpCC1 Y_2	FReCC1 X_3	FReCC1 Y_3	FInCC1 X_4	FInCC1 Y_4	FRiCC1 X_5	FRiCC1 Y_5	类型
A	创造价值	财务战略资源适配	经营现金充裕	财务经营资源适配	现金盈余	财务关系资源适配	财务增值	财务创新资源适配	财务风险价值	财务风险资源适配	明星
B	损失价值	财务战略资源适配	经营现金短缺	财务经营资源适配	现金损失	财务关系资源适配	财务增值	财务创新资源适配	财务风险损失	财务风险资源适配	奶牛
C	损失价值	财务战略资源不适配	经营现金短缺	财务经营资源不适配	现金损失	财务关系资源不适配	财务减值	财务创新资源不适配	财务风险损失	财务风险资源不适配	瘦狗
D	创造价值	财务战略资源不适配	经营现金充裕	财务经营资源不适配	现金盈余	财务关系资源不适配	财务减值	财务创新资源不适配	财务风险价值	财务风险资源不适配	问题

表 5-2　扩展 Agent 判定规则矩阵模型区域的经济涵义

区域	FStCC1 X_1	FStCC1 Y_1	FOpCC1 X_2	FOpCC1 Y_2	FReCC1 X_3	FReCC1 Y_3	FInCC1 X_4	FInCC1 Y_4	FRiCC1 X_5	FRiCC1 Y_5	类型
A1	低价值创造	低财务战略资源适配	低经营现金充裕	低财务经营资源适配	低现金盈余	低财务关系资源适配	低财务增值	低财务创新资源适配	低财务风险价值	低财务风险资源适配	明星
A2	高价值创造	低财务战略资源适配	高经营现金充裕	低财务经营资源适配	高现金盈余	低财务关系资源适配	高财务增值	低财务创新资源适配	高财务风险价值	低财务风险资源适配	明星
A3	低价值创造	高财务战略资源适配	低经营现金充裕	高财务经营资源适配	低现金盈余	高财务关系资源适配	低财务增值	高财务创新资源适配	低财务风险价值	高财务风险资源适配	明星
A4	高价值创造	高财务战略资源适配	高经营现金充裕	高财务经营资源适配	高现金盈余	高财务关系资源适配	高财务增值	高财务创新资源适配	高财务风险价值	高财务风险资源适配	明星
B1	低价值损失	低财务战略资源适配	低经营现金短缺	低财务战略资源适配	低现金损失	低财务关系资源适配	低财务减值	低财务创新资源适配	低财务风险损失	低财务风险资源适配	奶牛
B2	高价值损失	低财务战略资源适配	高经营现金短缺	低财务经营资源适配	高现金损失	低财务关系资源适配	高财务减值	低财务创新资源适配	高财务风险损失	低财务风险资源适配	奶牛
B3	低价值损失	高财务战略资源适配	低经营现金短缺	高财务经营资源适配	低现金损失	高财务关系资源适配	低财务减值	高财务创新资源适配	低财务风险损失	高财务风险资源适配	奶牛
B4	高价值损失	高财务战略资源适配	高经营现金短缺	高财务经营资源适配	高现金损失	高财务关系资源适配	高财务减值	高财务创新资源适配	高财务风险损失	高财务风险资源适配	奶牛

续表

区域	FStCC1 X_1	FStCC1 Y_1	FOpCC1 X_2	FOpCC1 Y_2	FReCC1 X_3	FReCC1 Y_3	FInCC1 X_4	FInCC1 Y_4	FRiCC1 X_5	FRiCC1 Y_5	类型
C1	低价值损失	低财务战略资源不适配	低经营现金短缺	低财务经营资源不适配	低现金损失	低财务关系资源不适配	低财务减值	低财务关系资源不适配	低财务创新资源损失	低财务风险资源不适配	瘦狗
C2	高价值损失	低财务战略资源不适配	高经营现金短缺	低财务经营资源不适配	高现金损失	低财务关系资源不适配	高财务减值	低财务创新资源损失	高财务风险损失	低财务风险资源不适配	瘦狗
C3	低价值损失	高财务战略资源不适配	低经营现金短缺	高财务经营资源不适配	低现金损失	高财务关系资源不适配	低财务减值	高财务创新资源损失	低财务风险	高财务风险资源不适配	瘦狗
C4	高价值损失	高财务战略资源不适配	高经营现金短缺	高财务经营资源不适配	高现金损失	高财务关系资源不适配	高财务减值	高财务创新资源损失	高财务风险	高财务风险资源不适配	瘦狗
D1	低价值创造	低财务战略资源不适配	低经营现金充裕	低财务经营资源不适配	低现金盈余	低财务关系资源不适配	低财务增值	低财务创新资源不适配	低财务风险价值	低财务风险资源不适配	问题
D2	高价值创造	低财务战略资源不适配	高经营现金充裕	低财务经营资源不适配	高现金盈余	低财务关系资源不适配	高财务增值	低财务创新资源不适配	高财务风险价值	低财务风险资源不适配	问题
D3	低价值创造	高财务战略资源不适配	低经营现金充裕	高财务经营资源不适配	低现金盈余	高财务关系资源不适配	低财务增值	高财务创新资源不适配	低财务风险价值	高财务风险资源不适配	问题
D4	高价值创造	高财务战略资源不适配	高经营现金充裕	高财务经营资源不适配	高现金盈余	高财务关系资源不适配	高财务增值	高财务创新资源不适配	高财务风险价值	高财务风险资源不适配	问题

三、基于 MAS 的企业集团财务协同控制共享知识库框架结构

基于 MAS 的企业集团财务协同控制共享知识库具有三层框架结构(见图 5-12),它们分别是知识资源层、逻辑分析层和应用维护层。知识资源层主要由知识资源库、知识本体库和规则库构成。知识资源库提供数据、信息及知识的相关资源,定义知识与实体之间的语义关系。知识本体库提供本体概念、本体概念之间的语义关系。规则库提供基于本体的 Agent 交互规则,便于 Agent 对抽象知识的语义化理解,并运用规则和根据相关知识进行推理。逻辑分析层包括知识分析组件、知识获取组件和语义标注组件等,这些组件为 Agent 的智能交互提供了知识分析、获取与使用的工具。应用维护层包括知识应用和知识维护,知识应用需要友好的交互界面和接口,知识维护需要相应的知识维护模块。知识资源层、逻辑分析层和应用维护层是相互联系的整体,通过各层的功能实现及层间的双向关系,保障共享知识库的整体功能。

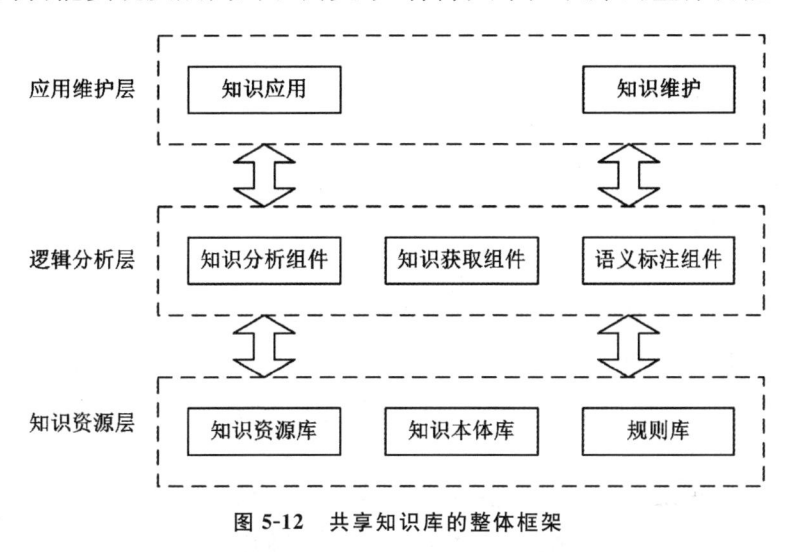

图 5-12 共享知识库的整体框架

四、基于 MAS 的企业集团财务协同控制共享知识库更新

共享知识库是基于 MAS 的企业集团财务协同控制系统 Multi-Agent 交互协商的前提和基础,是实现智能决策支持的重

要资源。知识库中知识的丰富程度和新旧程度都会影响系统的运行效果,因此,共享知识库更新具有重要的作用。共享知识库更新的一个重要主题就是寻找高效的实现方法,这些方法包括基于公式的更新方法、基于模型的更新方法和基于认识牢固度的更新方法等。基于公式的更新方法主要是采用极大协调集公式来对共享知识库进行更新,它通过增加协调语句或删除矛盾语句,保障共享知识库更新后的语义协调性。基于模型的更新方法主要是建立共享知识库更新模型,通过模型的应用实现共享知识库的更新。基于认识牢固度的更新方法主要是按照认识牢固度的大小对共享知识库进行更新,更新认识牢固度低的知识,提高对客观对象的认知能力。

基于 MAS 的企业集团财务协同控制共享知识库更新主要采用两种方式:一是迭代更新;二是完善性更新。迭代是重复反馈过程的活动,其目的通常是为了逼近所需目标或结果。每一次对过程的重复称为一次"迭代",而每一次迭代得到的结果会作为下一次迭代的初始值。共享知识库迭代更新主要遵循 Agent 二次应答原理,当 Agent 第一次交互应答时,会利用初始知识进行逻辑分析和归纳推理,应答的结果会获取新知识,当 Agent 再次进行应答时,这些新知识就成为了新的知识源,而 Agent 经过多次交互应答后,就会迭代出更多的知识,将这些知识进行优化,最优解存入共享知识库,就可实现共享知识库的更新与扩充,从而提高未来的 Multi-Agent 财务协同控制效果。完善性更新是系统管理者根据系统的运行状况和外部环境的变化进行的共享知识库扩充,将外部知识通过知识写入的方式来扩展知识库的内容。

第四节 企业集团财务协同控制系统的 Multi-Agent 交互进化

一、企业集团财务协同控制系统的 Multi-Agent 生成与交互

企业集团财务协同控制系统的 Multi-Agent 生成是建立在合

第五章　基于 MAS 的企业集团财务协同控制共享知识库及 Agent 生成与优化

理的 Agent 方案基础之上的,一个好的 Agent 方案需要经过 Agent 发现、Agent 筛选、Agent 角色确定、Agent 关联建立和属性描述等过程。根据协同控制的理论知识和实践经验,提出基于 MAS 的企业集团财务协同控制系统的 Agent 方案如下:

(1)从任务识别上分析,将基于 MAS 的企业集团财务协同控制系统的 Agent 划分为三个层次,即管理控制层 Agent、核心功能层 Agent 和成员支持层 Agent。管理控制层 Agent 主要完成 Agent 间的协调管理、界面和信息接口管理等。核心功能层 Agent 主要完成系统的核心功能。成员支持层 Agent 主要完成企业集团的成员企业的相关信息管理。

(2)基于 MAS 的企业集团财务协同控制系统需要完成五项关键任务,即财务战略协同控制任务、财务经营协同控制任务、财务关系协同控制任务、财务创新协同控制任务和财务风险协同控制任务,因此,需要生成五个关键 Agent,即财务战略协同控制 Agent、财务经营协同控制 Agent、财务关系协同控制 Agent、财务创新协同控制 Agent 和财务风险协同控制 Agent。这五个关键 Agent 构成了系统的核心层 Agent。

(3)管理控制层 Agent 主要包括界面 Agent、管理 Agent、中介 Agent、接口 Agent 等,通过这些 Agent 实现系统的 Agent 管理和控制。成员支持层 Agent 主要包括成员企业 Agent1、成员企业 Agent2、成员企业 Agent3……多个成员企业的 Agent,用来建立系统与各个成员企业之间的信息联系。

(4)基于 MAS 的企业集团财务协同控制系统的 Multi-Agent 分别扮演多个角色,并根据系统需要能够执行多种任务。Agent 角色具有多重性、顺序性、责任性和权利性,反映了 Agent 的结构、性质、行为和职能特征,能够为冲突解决提供有效途径。通过任务识别、角色识别和风险识别分析,建立核心功能层的各个核心 Agent 的主要角色和主要任务,见表 5-3。

表 5-3　企业集团财务协同控制系统的核心 Agent 角色任务表

核心功能层 Agent	主要角色	主要任务
财务战略协同控制 Agent	财务战略资源管理	对财务战略资源进行优化配置
	财务战略规划与行动方案	实施有效的财务战略规划和行动方案
	财务战略目标及绩效管理	进行财务战略目标管理和绩效分析与评价
	财务战略协同控制技术	有效运用财务战略协同控制技术，提高战略的协同性
财务经营协同控制 Agent	财务经营资源管理	对财务经营资源进行优化配置
	财务经营定位与流程管理	进行有效的经营定位管理的经营流程管理
	财务经营成本及绩效管理	进行有效的成本管理和绩效管理
	财务经营协同控制技术	有效运用财务经营协同控制技术，提高经营的动态均衡性
财务关系协同控制 Agent	财务关系资源管理	对财务关系资源进行优化配置
	财务关系资产及价值链管理	合理运用财务关系资产，有效协调价值链的各个环节
	财务关系协调成本及绩效管理	降低财务关系协调成本，提高财务关系绩效
	财务关系协同控制技术	有效运用财务关系协同控制技术，提高财务关系的协调性
财务创新协同控制 Agent	财务创新资源管理	对财务创新资源进行优化配置
	财务创新能力与行为管理	有效保障财务创新能力，规范财务创新行为
	财务创新水平及绩效管理	提高财务创新水平，保障财务创新绩效
	财务创新协同控制技术	有效运用财务创新协同控制技术，提高财务创新的价值性

第五章　基于 MAS 的企业集团财务协同控制共享知识库及 Agent 生成与优化

续表

核心功能层 Agent	主要角色	主要任务
财务风险协同控制 Agent	财务风险资源管理	对财务风险资源进行优化配置
	财务风险识别与评估	对财务风险进行及时、合理地识别和评估
	财务风险价值及危机管理	提高财务风险的价值,防范财务危机
	财务风险协同控制技术	有效运用财务风险协同控制技术,提高财务风险管理的有效性

　　基于 MAS 的企业集团财务协同控制系统的 Multi-Agent 程序设计可采用面向 Agent 的开发环境来实现,如基于 JAVA 的 Agent 开发环境、面向 Agent 的 JACK 开发环境等。基于 JAVA 的 Agent 开发环境在设计 Agent 程序时需要有较高的 JAVA 编程能力,程序设计相对复杂。面向 Agent 的 JACK 开发环境完全集成了 JAVA 编程语言,它是在 JAVA 开发语言的基础上提供的面向 Agent 的扩展,它的主要构件包括 JACK Agent 语言、JACK Agent 编译器、JACK Agent 内核。JACK Agent 语言包括了 JAVA 的全部语法,并且扩展了 JAVA 的语法和语义,包含了 Agent 类、事件、通信等多项设计功能。JACK Agent 编译器能够对编写的 Agent 程序进行编译,将程序转化成 JAVA 代码,然后再将 JAVA 代码编译成虚拟机代码。JACK Agent 内核通过提供相应的类集来保障 JACK Agent 语言的面向 Agent 功能。在后续的研究中,计划采用面向 Agent 的 JACK 开发环境来对各个 Agent 进行程序设计,以实现相应的管理功能。

　　Multi-Agent 交互是实现 Agent 协作的基础,能够解决单个 Agent 由于能力或知识上的不足而无法解决的问题。企业集团财务协同控制系统的 Multi-Agent 交互可以通过计算机模拟和实战演练的方式进行,并因此可得到多个财务协同控制的 Agent 交互效果。一般情况下,企业集团财务协同控制系统的核心功能层 Multi-Agent 交互是建立在共同目标基础之上的,其目的是为了合作求解问题,实现系统的财务协同控制功能。首先,Multi-Agent 交互过程是一个任务分解和角色分配的过程,在此过程中,企业集团财务协同控制系统的任务目标进行分解,并根据任务的形式对 Multi-Agent 进行角色分配,并由适合的 Agent 以适当的角色承担并执行任务。其次,Multi-Agent 交互过程是一个寻求知识和能力帮助的过程,在此过程中,承担任务的 Agent 会发出请求,应答 Agent 会根据请求情况来进行响应,在保障自身效用的前提下与其他 Agent 协同工作,实现复杂问题的求解。Multi-Agent 交互的动机源于合作的意图,当单个 Agent 没有能力或不适合独立完成系统任务时,Multi-Agent 交互的动机就会被激发。企业集团财务协同控制系统的 Multi-Agent 交互流程如图 5-13 所示。

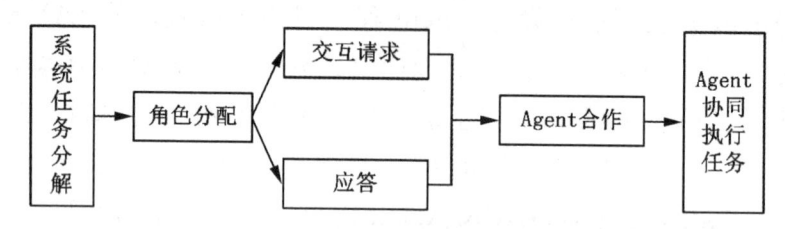

图 5-13 企业集团财务协同控制系统的 Multi-Agent 交互流程

企业集团财务协同控制系统的 Multi-Agent 交互的结果是通过建立合作的 Agent 关系而协同执行任务,Multi-Agent 的交互合作关系是按照 Agent 的适应度来进行排序的。在具有一定角色的 Agent 接受任务并发出交互请求后,应答的 Agent 可能很多,请求 Agent 不一定都与他们建立合作关系,它会依据应答 Agent 对请求任务的适应度来进行排序,并首先与适应度强的 Agent 建立合作关系,以保证在任务执行时能够节约任务执行时间和降低合作成本。对应答 Agent 的交互合作选择需要建立财务协同控制的 Multi-Agent 适应度评价模型,请求 Agent 可以根据适应度评价模型进行判断分析,以建立高效的交互合作团队,提高任务的执行效率和效果。

二、企业集团财务协同控制系统的 Multi-Agent 进化与选择

基于 MAS 的企业集团财务协同控制系统的 Multi-Agent 是一个多目标交互进化系统,具有多目标约束性、交互进化性等特征,在 Multi-Agent 交互进化过程中,通过 Multi-Agent 的适应度评价来提高 Multi-Agent 的交互进化效果。一般情况下,适应度高的财务协同控制 Agent 会得到促进,而适应度低的 Agent 会受到抑制。企业集团财务协同控制系统的 Multi-Agent 交互进化问题可以归结为多目标规划模型,其一般表达式为

$$\begin{cases} \min[f_1(x), f_2(x), \cdots, f_m(x)] \\ s.t. \ g_j(x) \leqslant 0 \quad j=1,2,\cdots,k \end{cases} \quad (5-7)$$

式中,$f_i(x)$ 表示各 Agent 的私有目标和系统的整体目标。

Multi-Agent 通过交互协商,在解决目标冲突的前提下寻求满意解,使私有目标和系统的整体目标达到满意。采用遗传算法(Genetic Algorithm)能够进行 Agent 的启发式搜索,通过交互协商来解决 Multi-Agent 的目标冲突,同时,协调 Agent 可以为系统的 Multi-Agent 提供进化方向指导,并且在 Multi-Agent 的多步交互协商中实现遗传性进化。企业集团财务协同控制系统的 Multi-Agent 进化与选择的主要算法步骤如下:Multi-Agent 在交互协商过程中,每个 Agent 会产生多个可行的初始规划,并通过 Agent 的染色体编码,形成染色体编码集合,然后它们会将这些初始信息传递给协调 Agent。协调 Agent 会按照群体任务情况,提出可行的任务执行方案,计算 Agent 的染色体适应度,并按照 Agent 的染色体适应度和选择概率,进行 Agent 的染色体规划,输出系统的满意解。Multi-Agent 在交互协商中能够有效地选择合适的染色体,并通过交叉、变异方式选择具有进化特性的 Agent 个体,实现系统 Agent 的选择和进化。

假定企业集团财务协同控制系统的 Multi-Agent 染色体的离散程度为 T,用于反映 Multi-Agent 目标空间上所有 Agent 的私有目标与系统目标的平均距离,则 Multi-Agent 染色体的离散程

度 T 的表达式为

$$T = \frac{1}{n}\sum_{k=1}^{n}\sqrt{\frac{1}{m}\sum_{k=1}^{m}(f_k(x_i)-f_k(x_j))^2} \qquad (5\text{-}8)$$

如果给定阈值 η，当 Multi-Agent 染色体的离散程度较大时，即 $T \geqslant \eta$ 时，说明 Multi-Agent 的目标空间具有更大的离散特性。在进行 Agent 交互协商时，每个 Agent 可以只考虑自身适应度而忽视其他 Agent 的适应度的影响，实现整体的 Agent 进化选择，其自适应进化模型可表达为

$$Ad_i = \frac{F_{it}(i)}{\sum_{k=1}^{n}F_{it}(k)} \qquad (5\text{-}9)$$

当 Multi-Agent 染色体的离散程度较小时，即 $T < \eta$ 时，说明 Multi-Agent 的目标空间具有较小的离散特性。在进行 Agent 交互协商时，为了提高适应度高的 Agent 被选择的可能性，实现 Agent 进化选择的多样化，建立如下自适应进化模型：

$$Ad_i = \frac{S_i^a}{\sum_{k=1}^{n}S_k^a}\frac{[F_{it}(i)]^{\beta}}{[\sum_{k=1}^{n}F_{it}(k)]^{\beta}} \qquad (5\text{-}10)$$

式中，$S_i = 1 - \frac{Nf_i}{\max(Nf_i)+1}$；$\alpha$ 和 β 是参数；Nf_i 是 f_i 的邻域聚度。

本章小结

为了有效保障 Multi-Agent 的知识共享能力和智能决策能力，本章以 Multi-Agent 共享知识库的构建和 Multi-Agent 生成与优化为目标，探讨了基于 MAS 的企业集团财务协同控制共享知识库及 Agent 生成与优化。首先，分析了数据、信息、知识及其处理系统，厘清了数据、信息和知识的逻辑关系，分析了知识库的基本特性。其次，在对 Multi-Agent 共享知识库系统的一般模型探讨的基础上，研究了 Multi-Agent 共享知识库的知识表达和共

第五章　基于 MAS 的企业集团财务协同控制共享知识库及 Agent 生成与优化

享知识库模型。再次,阐述了基于 MAS 的企业集团财务协同控制共享知识库构建方法,对基于 MAS 的企业集团财务协同控制共享知识库概念进行了分类,设计了基于 MAS 的企业集团财务协同控制共享知识库知识本体类的属性指标和判断规则模型,建立了共享知识库的整体框架,并进行了基于 MAS 的企业集团财务协同控制共享知识库更新研究。最后,研究了企业集团财务协同控制系统的 Multi-Agent 交互进化规律,提出了基于 MAS 的企业集团财务协同控制系统的 Agent 方案,并运用遗传算法,在探讨企业集团财务协同控制系统的 Multi-Agent 进化与选择的基础上,借鉴建立了企业集团财务协同控制系统的 Multi-Agent 自适应进化模型。

第六章 基于 MAS 的企业集团财务协同控制系统模型构建

基于 MAS 的企业集团财务协同控制系统模型是由具有一定功能的若干 Agent 模块构成的复杂适应系统,它是实现企业集团财务协同控制系统价值效应的基础,也是充分发挥企业集团财务协同管理效力的根本性体现。本章首先运用结构方程模型的方法,分析和验证了基于 MAS 的企业集团财务协同控制系统模型假设,检验了基于 MAS 的企业集团财务协同控制系统的关键路径。接着,设计了基于 MAS 的企业集团财务协同控制系统模型并进行了功能分析。然后进行了模型的适应性分析和评价,为实现基于 MAS 的企业集团财务协同控制系统的功能奠定了基础。

第一节 基于 MAS 的企业集团财务协同控制系统模型假设检验

一、概念模型和基本假设

基于 MAS 的企业集团财务协同控制的目标是充分发挥财务协同控制系统的功能和作用,促进企业集团资源的合理充分利用,提高企业集团协同创造价值的能力,保障财务协同控制系统的价值效应实现。基于 MAS 的企业集团财务协同控制系统是由若干个序参量控制的,它们决定着系统的发展过程和演变方向。这些序参量在系统中一方面要通过 Agent 来发挥各自的作用,另一方面它们之间又具有相互影响、相互作用关系,并共同决定了基于 MAS 的企业集团财务协同控制系统的价值涌现和管理秩序。根据前述研究,本文将基于 MAS 的企业集团财务协同控制系统的序参量概括为五个类型,即基于 Agent 的财务战略协同控制、基于 Agent 的财务经营协同控制、基于 Agent 的财务关系协同控制、基于 Agent 的财务创新协同控制和基于 Agent 的财务风险协同控制。五个序参量涵盖了系统的核心功能,体现了系统的整体价值,有效发挥它们的功能和作用,必然能有效保障企业集团财务协同控制的效果。

在这五个序参量中,基于 Agent 的财务战略协同控制是系统的第一层次核心序参量,它规定着系统的价值目标,决定了系统的综合能力,它是基于 Agent 的财务经营协同控制、基于 Agent 的财务关系协同控制、基于 Agent 的财务创新协同控制和基于 Agent 的财务风险协同控制的前提和基础。基于 Agent 的财务经营协同控制、基于 Agent 的财务关系协同控制、基于 Agent 的财务创新协同控制和基于 Agent 的财务风险协同控制是系统的第二层次核心序参量,它们在基于 Agent 的财务战略协同控制的作用下,推动基于 MAS 的企业集团财务协同控制系统的价值效应实现。根据以上分析,提出如下假设:

假设 H1:基于 Agent 的财务战略协同控制对基于 Agent 的财务经营协同控制有促进作用,基于 Agent 的财务战略协同控制能力越强,基于 Agent 的企业集团财务经营协同控制的效果就越好。

假设 H2:基于 Agent 的财务战略协同控制对基于 Agent 的财务关系协同控制有促进作用,基于 Agent 的财务战略协同控制能力越强,基于 Agent 的企业集团财务关系协同控制的效果就越好。

假设 H3:基于 Agent 的财务战略协同控制对基于 Agent 的财务创新协同控制有促进作用,基于 Agent 的财务战略协同控制能力越强,基于 Agent 的企业集团财务创新协同控制的效果就越好。

假设 H4:基于 Agent 的财务战略协同控制对基于 Agent 的

▶ 基于 MAS 的企业集团财务协同控制研究

财务风险协同控制有促进作用,基于 Agent 的财务战略协同控制能力越强,基于 Agent 的企业集团财务风险协同控制的效果就越好。

假设 H5:基于 Agent 的财务经营协同控制对基于 MAS 的财务协同控制系统价值效应有促进作用,财务经营协同控制能力越强,基于 MAS 的企业集团财务协同控制系统的价值效应就越大。

假设 H6:基于 Agent 的财务关系协同控制对基于 MAS 的财务协同控制系统的价值效应有促进作用,财务关系协同控制能力越强,基于 MAS 的企业集团财务协同控制系统的价值效应就越大。

假设 H7:基于 Agent 的财务创新协同控制对基于 MAS 的财务协同控制价值系统的效应有促进作用,财务创新协同控制能力越强,基于 MAS 企业集团财务协同控制系统的价值效应就越大。

假设 H8:基于 Agent 的财务风险协同控制对基于 MAS 的财务协同控制系统的价值效应有促进作用,财务风险协同控制能力越强,基于 MAS 的企业集团财务协同控制系统的价值效应就越大。

根据以上假设,构建研究的概念模型如图 6-1 所示。构建的概念模型中涉及 5 个序参量和 1 个目标变量,这 5 个序参量可作为研究的外因潜变量,它们是内因潜变量的作用外因。为了研究方便,基于 Agent 的财务战略协同控制外因潜变量用 ξ_1 表示,基于 Agent 的财务经营协同控制外因潜变量用 ξ_2 表示,基于 Agent 的财务关系协同控制外因潜变量用 ξ_3 表示,基于 Agent 的财务创新协同控制外因潜变量用 ξ_4 表示,基于 Agent 的财务风险协同控制外因潜变量用 ξ_5 表示。基于 MAS 的企业集团财务协同控制系统的价值效应可作为研究的内因潜变量,它是 5 个外因潜变量的作用结果,用 η 表示。概念模型中涉及 4 条关键路径,分别为:"基于 Agent 的财务战略协同控制→基于 Agent 的财务经营协同控制→基于 MAS 的企业集团财务协同控制系统的价值效应";"基于 Agent 的财务战略协同控制→基于 Agent 的财务关系协同

第六章　基于 MAS 的企业集团财务协同控制系统模型构建

控制→基于 MAS 的企业集团财务协同控制系统的价值效应";"基于 Agent 的财务战略协同控制→基于 Agent 的财务创新协同控制→基于 MAS 的企业集团财务协同控制价值效应";"基于 Agent 的财务战略协同控制→基于 Agent 的财务风险协同控制→基于 MAS 的企业集团财务协同控制系统的价值效应"。

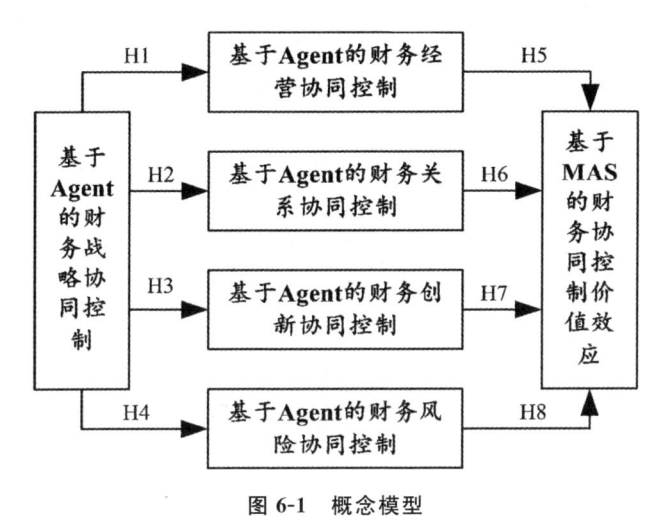

图 6-1　概念模型

二、潜变量测度及数据收集

本研究采用调查问卷的方式来对研究中的潜变量进行量化测度,每个潜变量分别设计 4 个测度项目,每个项目设置 5 个测度题目,每个测度题目采用 5 级李克特量表方式设置相应的选项,通过不同的选项给定相应的分值(1 分、2 分、3 分、4 分和 5 分,分值越大表示重要性越高),测度项目的数据按照每个调查问卷测度题目的平均值求得。潜变量 ξ_1、ξ_2、ξ_3、ξ_4、ξ_5 和 η 的量化测度显变量分别表示为 St1~St4、Op1~Op4、Re1~Re4、In1~In4、Ri1~Ri4 和 Va1~Va4。为了保证调查问卷的可靠性和有效性,在设计调查问卷时主要经历三个阶段:问卷设计的文献调研阶段,主要通过文献来获得问卷设计的资料支撑;实地调查阶段,对初步设计的调查问卷征求意见,保证问卷符合企业实际;问卷测试阶段,对部分调查对象发放测试问卷,并对测试结果进行修改,形成最终调查问卷。研究的潜变量和显变量设计见表 6-1，本研究的调查问卷见附表 A。

表 6-1 研究的潜变量和显变量设计

潜变量		显变量	
名称	变量	测度项目	变量
基于 Agent 的财务战略协同控制	ξ_1	财务战略资源管理	St1
		财务战略规划与行动方案	St2
		财务战略目标及绩效管理	St3
		财务战略协同控制技术	St4
基于 Agent 的财务经营协同控制	ξ_2	财务经营资源管理	Op1
		财务经营定位与流程管理	Op2
		财务经营成本及绩效管理	Op3
		财务经营协同控制技术	Op4
基于 Agent 的财务关系协同控制	ξ_3	财务关系资源管理	Re1
		财务关系资产及价值链管理	Re2
		财务关系协调成本及绩效管理	Re3
		财务关系协同控制技术	Re4
基于 Agent 的财务创新协同控制	ξ_4	财务创新资源管理	In1
		财务创新能力与行为管理	In2
		财务创新水平及绩效管理	In3
		财务创新协同控制技术	In4
基于 Agent 的财务风险协同控制	ξ_5	财务风险资源管理	Ri1
		财务风险识别与评估	Ri2
		财务风险价值及危机管理	Ri3
		财务风险协同控制技术	Ri4
基于 MAS 的企业集团财务协同控制价值效应	η	价值创造能力	Va1
		价值创造水平	Va2
		价值创造动力	Va3
		价值创造协同性	Va4

调查问卷采用现场调查和网络答题的方式进行,调查对象是中大型企业集团的中层以上领导和具有高级职称的技术骨干。从 2014 年 6 月至 2015 年 3 月期间,采用现场调查方式共发放调查问卷 120 份,并全部收回,其中有效问卷 108 份。采用网络答题的方式收到有效问卷 120 份。本研究最后确定 228 份有效问卷,并将这些问卷的数据进行整理,以此作为研究的基础数据。

三、基础数据分析与检验

(一)基础数据的描述性统计分析

为了检查基础数据的变异特性和分布情况,需要对整理出的基础数据进行描述性统计分析,主要观察基础数据的最大值、最小值、方差、标准差等的变化情况,以及数据是否符合正态分布。采用 SPSS 19.0 软件对基础数据进行描述性统计分析,分析结果见表 6-2。从对基础数据的描述性统计分析结果可以看出,研究的基础数据无明显的变异情况,数据分布相对均匀,符合正态分布。

表 6-2 基础数据的描述性统计分析

潜变量	测度项目	N	极小值	极大值	均值	标准差	方差
ξ_1	财务战略资源管理	228	1.75	5.00	3.12	0.724	0.524
	财务战略规划与行动方案	228	2.25	4.75	3.44	0.711	0.506
	财务战略目标及绩效管理	228	2.50	4.75	3.33	0.728	0.530
	财务战略协同控制技术	228	2.50	4.75	2.97	0.769	0.591
ξ_2	财务经营资源管理	228	2.00	5.00	3.21	0.722	0.521
	财务经营定位与流程管理	228	2.75	4.75	3.01	0.699	0.489
	财务经营成本及绩效管理	228	2.50	5.00	2.98	0.742	0.551
	财务经营协同控制技术	228	2.00	5.00	2.99	0.731	0.534

续表

潜变量	测度项目	N	极小值	极大值	均值	标准差	方差
ξ_3	财务关系资源管理	228	2.75	5.00	3.12	0.722	0.521
	财务关系资产及价值链管理	228	2.50	4.75	2.88	0.751	0.564
	财务关系协调成本及绩效管理	228	1.50	5.00	2.93	0.721	0.520
	财务关系协同控制技术	228	2.00	4.75	3.12	0.742	0.551
ξ_4	财务创新资源管理	228	1.75	4.50	2.97	0.722	0.521
	财务创新能力与行为管理	228	2.50	4.75	3.21	0.732	0.536
	财务创新水平及绩效管理	228	2.25	5.00	3.11	0.713	0.508
	财务创新协同控制技术	228	2.25	5.00	3.14	0.744	0.554
ξ_5	财务风险资源管理	228	2.25	4.75	3.01	0.645	0.416
	财务风险识别与评估	228	2.50	4.50	3.22	0.678	0.460
	财务风险价值及危机管理	228	2.75	5.00	3.22	0.733	0.537
	财务风险协同控制技术	228	1.75	4.75	3.11	0.745	0.555
η	价值创造能力	228	1.75	4.70	3.01	0.712	0.507
	价值创造水平	228	2.00	4.50	2.89	0.781	0.610
	价值创造动力	228	2.25	4.75	3.11	0.711	0.506
	价值创造协同性	228	2.25	4.50	2.88	0.701	0.491

（二）基础数据的信度、效度检验

基础数据的信度检验主要是检验数据的可靠程度，它是数据稳定性和一致性的有效反映。数据稳定性反映了测度数据受随机因素的影响情况以及随机误差情况。一致性反映了测度数据之间的内在关联情况，表现为数据的同质化程度。采用统计分析软件进行基础数据的信度检验时，一般采用克朗巴赫 α 系数（Cronbach's α）来反映。当克朗巴赫 α 系数大于0.9时，说明测度基础数据具有"很好"的信度特征；当克朗巴赫 α 系数介于0.8和0.9之间时，说明测度基础数据具有"较好"的信度特征；当克朗巴赫 α 系数介于0.6和0.8之间时，说明测度基础数据具有"一般"

第六章 基于 MAS 的企业集团财务协同控制系统模型构建

的信度特征；当克朗巴赫 α 系数小于 0.6 时，说明测度基础数据的信度较差。运用 SPSS 19.0 软件对研究的基础数据进行信度分析，分析的结果表明：5 个潜变量和综合 Cronbach's α 值均大于 0.8，具有"较好"的数据内部一致性，因此，基础数据能够满足信度要求，信度检验结果见表 6-3。

表 6-3 基础数据的信度检验结果

潜变量名称	变量	Cronbach's α 值	Cronbach's α 值的取值范围	数据的内部一致性
基于 Agent 的财务战略协同控制	ξ_1	0.885	>0.8	较好的内部一致性
基于 Agent 的财务经营协同控制	ξ_2	0.892	>0.8	较好的内部一致性
基于 Agent 的财务关系协同控制	ξ_3	0.912	>0.9	很好的内部一致性
基于 Agent 的财务创新协同控制	ξ_4	0.833	>0.8	较好的内部一致性
基于 Agent 的财务风险协同控制	ξ_5	0.877	>0.8	较好的内部一致性
基于 MAS 的企业集团财务协同控制价值效应	η	0.882	>0.8	较好的内部一致性
综合		0.821	>0.8	较好的内部一致性

效度检验是用来验证基础数据的真实性和准确性，一般包括内容效度、结构效度和准则效度。从测度内容上来说，如果调查问卷的设计符合客观实际，能够概括研究项目的基本内容，则调查问卷具有内容效度。本研究设计的潜变量、测度项目及其测度题目都是在经过反复的分析和研究的基础上提出的，并在实际调研的基础上进行了相应的调整，因此，调查问卷的设计具有内容效度。从测度结构上分析，如果调查问卷能够反映研究的相关结构和特质，则调查问卷具有结构效度。一般用 KMO（Kaiser-

Meyer-Olkin)值和巴特莱特值(Bartlett)的显著性来反映调查问卷的结构效度。如果 KMO 值大于 0.9 且 Bartlett 在 0.01 水平上显著时,则测度数据具有"良好"的结构效度;如果 KMO 值介于 0.8 和之间 0.9 且 Bartlett 在 0.01 水平上显著时,则测度数据具有"较好"的结构效度;如果 KMO 值介于 0.7 和 0.8 之间且 Bartlett 在 0.01 水平上显著时,则测度数据具有"一般"的结构效度;如果 KMO 值在 0.7 以下且 Bartlett 在 0.01 以下水平上显著时,则测度数据具有"较差"的结构效度。运用 SPSS 19.0 软件对基础数据进行分析,得到 KMO 值为 0.91,且 Bartlett 在 0.01 水平上显著(显著性水平 $p=0.00$),因此,基础数据具有"良好"的结构效度。从准则效度上分析,管理学研究中的软性因子很难找到完全符合的判断准则,需要通过实证的方法来验证,本研究在结构方程模拟分析中进行分析。

四、结构方程拟合分析

本书运用结构方程模型来进行基于 MAS 的企业集团财务协同控制系统的因果关系分析,探讨系统的关键影响因素之间的相关性和路径的因果关系。根据前述研究,运用 AMOS 21.0 软件,建立研究的结构方程基本模型如图 6-2 所示。模型中包括 6 个潜变量(ξ_1、ξ_2、ξ_3、ξ_4、ξ_5 和 η)、24 个显变量(St1～St4、Op1～Op4、Re1～Re4、In1～In4、Ri1～Ri4 和 Va1～Va4)、24 个显变量的误差项(e1～e24)和 1 个残差项(e25),模型中有 4 条关键路径($\xi_1 \rightarrow \xi_2 \rightarrow \eta$、$\xi_1 \rightarrow \xi_3 \rightarrow \eta$、$\xi_1 \rightarrow \xi_4 \rightarrow \eta$、$\xi_1 \rightarrow \xi_5 \rightarrow \eta$)。初始模型中需要设定每一个潜变量的第 1 个显变量的路径关系系数为 1,并设定各个误差项和残差项的路径关系系数为 1。采用极大似然估计法对结构方程进行拟合检验,模型经过 12 次迭代后可以收敛,输出相关指标数据,并得到非标准化估计模型(图 6-3)和标准化估计模型(图 6-4)。

第六章 基于 MAS 的企业集团财务协同控制系统模型构建

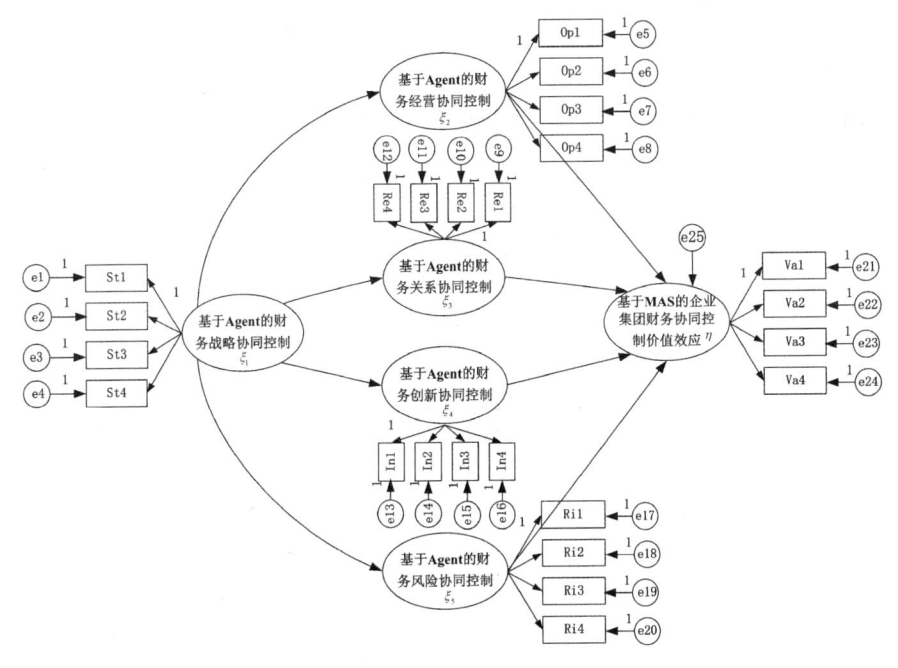

图 6-2 构建的结构方程基本模型

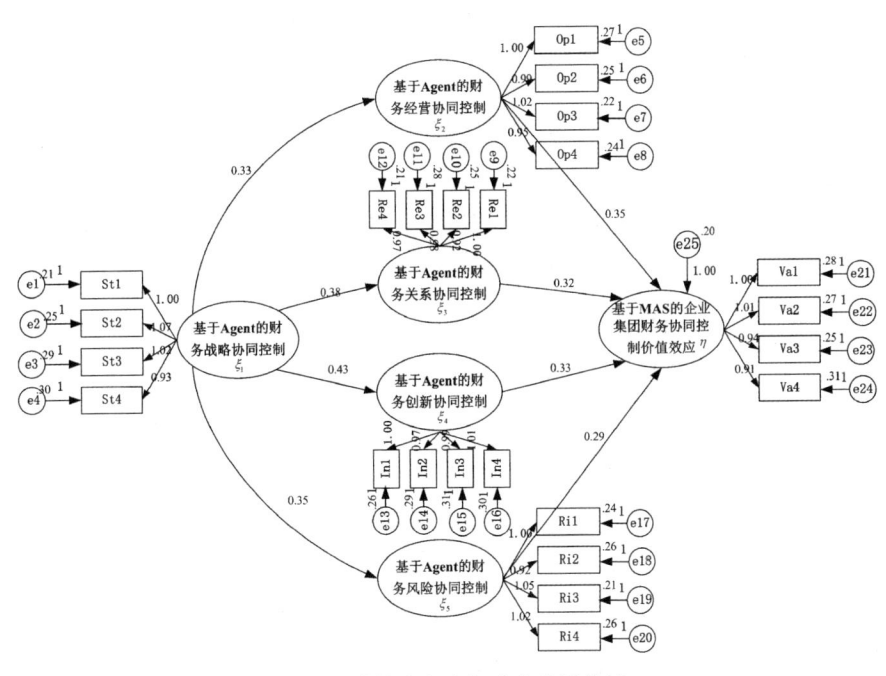

图 6-3 结构方程未标准化估计模型

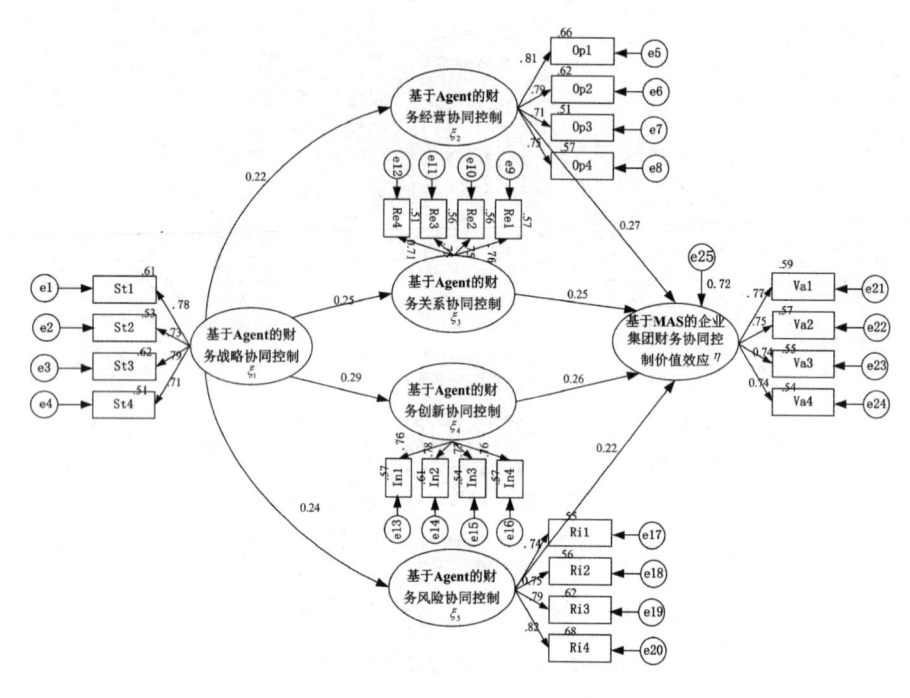

图 6-4 结构方程标准化估计模型

为了分析和检验假设模型与观测数据的契合程度,采用相关指标对假设模型进行基本适配度检验、整体适配度检验和内在结构适配度检验。由于模型拟合后,各个误差项的数值都为正值,且误差较小,同时各个因子载荷都大于 0.5 小于 0.95,说明假设模型的基本适配情况符合要求。采用整体适配度指标来分析模型的适配情况,这些指标包括卡方、卡方自由度比、GFI 和 AGFI、RMR 和 RMSEA、NFI 等。一般要求卡方值要靠近自由度,本研究模型拟合后的卡方为 120.233 靠近自由度 100,卡方自由度比为 1.2 小于 2,满足要求。适配度指数 GFI 和调整后的适配度指数 AGFI,都能够说明假设模型与观测数据的适配情况,通常要求二者的数值都要大于 0.9,本研究的 GFI=0.938,AGFI=0.967,均满足要求。从残差均方和平方根 RMR 和渐进残差均方和平方根 RMSEA 上分析,要求 RMR 小于 0.05,RMSEA 小于 0.05,本研究的 RMR=0.028,RMSEA=0.031,满足要求。另外本研究的规准适配指标 NFI=0.934、相对适配指标 RFI=0.917、增值适配指标 IFI=0.923、非规准适配指标 TLI=0.956 和比较适配指标 CFI=0.967,数值均大于 0.9,满足要求。因此,假设模型的整体适配度良好。内在结构适配度检验需要考察估计参数的显著性水平、指标变量项目的信度、潜变量组合信度、标准化残差,要求关键比率 C.R.>1.96、R^2>0.5、标准化残差小于 2.58,由假设模型的参数估计(见表 6-4)中的数据可知,这些指标均达到了要求,假设模型的内在结构适配度良好。因此,观测指标与对应的潜变量之间有显著的因果关系。

表 6-4 假设模型的参数估计

潜变量	显变量	非标准因子载荷	标准误 S.E.	关键比率 C.R.	显著性 p	标准因子载荷 R	R^2
ξ_1	St1	1.000	—	—		0.782	0.612
	St2	1.068	0.110	9.709	***	0.731	0.534
	St3	1.021	0.093	10.978	***	0.786	0.618
	St4	0.926	0.097	9.546		0.713	0.508
ξ_2	Op1	1.000	—	—		0.812	0.659
	Op2	0.989	0.082	12.061	***	0.789	0.623
	Op3	1.018	0.099	10.283	***	0.713	0.508
	Op4	0.946	0.097	9.753	***	0.754	0.569
ξ_3	Re1	1.000	—	—		0.755	0.570
	Re2	0.918	0.103	8.913	***	0.751	0.564
	Re3	0.978	0.089	10.989	***	0.749	0.561
	Re4	0.972	0.098	9.918		0.712	0.507
ξ_4	In1	1.000	—	—		0.756	0.572
	In2	0.967	0.089	10.865	***	0.778	0.605
	In3	0.987	0.092	10.728	***	0.732	0.536
	In4	1.008	0.097	10.392	***	0.755	0.570

续表

潜变量	显变量	非标准因子载荷	标准误 S.E.	关键比率 C.R.	显著性 p	标准因子载荷 R	R^2
ξ_5	Ri1	1.000	—	—		0.738	0.545
	Ri2	0.918	0.089	10.315	***	0.745	0.555
	Ri3	1.046	0.098	10.673	***	0.789	0.623
	Ri4	1.016	0.088	11.545	***	0.822	0.676
η	Va1	1.000	—	—		0.768	0.590
	Va2	1.009	0.089	11.337	***	0.753	0.567
	Va3	0.938	0.101	9.287	***	0.744	0.554
	Va4	0.914	0.099	9.232	***	0.736	0.542

注：* $p<0.05$；** $p<0.01$；*** $p<0.001$。

采用关键比率C.R.）和显著性水平 P 来对结构方程模型的路径关系进行检验，检验结果见表5-5。结构方程模型路径关系检验的准则是：如果关键比率C.R.）的绝对值大于1.96小于2.58，则结构方程的路径关系达到0.05显著性水平，如果关键比率的绝对值大于2.58小于3.84，则结构方程模型的路径关系达到0.01显著性水平，如果关键比率的绝对值大于3.84，则结构方程模型的路径关系达到0.001显著性水平。由表6-5中数据可知，本研究的结构方程模型路径关系检验结果均有关键比率C.R.）大于3.84，显著性水平均达到了0.001水平。因此，本研究建立的假设模型的路径关系均成立，假设H1~H8均获得了验证并成立。

表6-5 假设模型的路径关系检验

关键路径	估计值	S.E.	C.R.	p	标准估计值	假设情况
ξ_1——>ξ_2	0.329	0.042	7.833	***	0.221	假设H1成立
ξ_1——>ξ_3	0.378	0.039	9.692	***	0.254	假设H2成立
ξ_1——>ξ_4	0.427	0.043	9.930	***	0.287	假设H3成立
0	0.354	0.033	10.727	***	0.238	假设H4成立

续表

关键路径	估计值	S.E.	C.R.	p	标准估计值	假设情况
$\xi2--\!>\eta$	0.351	0.037	9.486	***	0.268	假设 H5 成立
$\xi3--\!>\eta$	0.323	0.036	8.972	***	0.248	假设 H6 成立
$\xi4--\!>\eta$	0.334	0.037	9.027	***	0.259	假设 H7 成立
$\xi5--\!>\eta$	0.292	0.035	8.343	***	0.224	假设 H8 成立

注：* $p<0.05$；** $p<0.01$；*** $p<0.001$。

第二节　基于 MAS 的企业集团财务协同控制系统模型设计与分析

一、面向 Agent 的结构化模型设计方法

面向 Agent 的结构化模型设计方法（Agent Oriented Structure Model Design Method, AOM）是一种把面向 Agent 的思想和结构化方法应用于系统开发过程中，指导系统开发活动的方法，它是建立在"Agent"概念和结构化方法的基础上，以"Agent"为中心，以结构化方法为手段，通过构造具有"交互协商"和"智能决策"功能的 Multi-Agent，来认识、理解、刻画和设计系统模型。面向 Agent 的系统模型设计思想是：复杂系统是由各种各样的要素组成的，这些要素在智能决策支持系统中可以用 Agent 表示，各个 Agent 在系统中都有各自的内部状态和运动规律，不同的 Agent 之间的相互作用和联系构成了各种不同的系统。结构化系统模型设计思想是：将复杂系统自上而下逐层分解，将系统模型划分成若干模块，每个模块具有相应的功能，将这些模块交付给适合的团队开发，然后将这些开发出的模块联机连接，形成系统。运用结构化模型方法设计系统时，需要进行系统的结构化分析、结构化模型设计和结构化程序设计，形成完整的系统开发方案。

面向 Agent 的结构化模型设计方法可以简单解释为：复杂系统都是由若干要素组成的，Agent 是在系统关键要素基础上抽象的结果，它反映了系统的结构特征和功能属性。Agent 由属性和

方法组成。属性反映了 Agent 的信息特征,方法则是用来定义改变 Agent 状态的各种动作。Agent 之间的联系主要是通过传递信息来实现的,传递的方式上通过信息模式和方法所定义的操作过程来完成。Agent 上一个被严格模块化的实体,称之为封装,封装了的 Agent 满足软件工程的一切要求,而且可以直接被面向 Agent 的程序设计语言接受。面向 Agent 的结构化模型设计方法的开发过程包括四个阶段,分别是确定用户需求、面向 Agent 的结构化模型分析、面向 Agent 的结构化模型设计和面向 Agent 的结构化模型实现。确定用户需求是根据系统开发任务,进行系统调查,以确定用户的需求。面向 Agent 的结构化模型分析是从问题的陈述入手,分析和构造所关心问题的模型,并用相应的符号系统来表示,主要包括确定问题域、区分不同类型的 Agent、确定 Multi-Agent 之间的关系和结构、定义 Multi-Agent 的属性、定义 Multi-Agent 服务、确定附加的系统约束。面向 Agent 的结构化模型设计,包括面向 Agent 的分析、设计交互过程和 Agent 接口、设计 Agent 任务管理、设计全局资源、Multi-Agent 设计。面向 Agent 的结构化模型实现主要是使用面向 Agent 结构化程序开发语言来实现系统的软件设计。

二、基于 MAS 的企业集团财务协同控制系统模型及功能分析

基于 MAS 的企业集团财务协同控制系统是一个复杂的动态耦合系统,具有影响因素多、结构关系复杂、状态多维等特点。采用面向 Agent 的结构化模型设计方法确定的系统需求是建立基于 MAS 的企业集团财务协同控制系统模型。根据前述研究,建立如图 6-5 所示的系统模型。模型包括四个层次:管理控制层、核心功能层、知识资源层和成员支持层。管理控制层负责系统的整体运行管理和控制,它由界面 Agent、管理 Agent、中介 Agent、接口 Agent 等多种 Agent 构成,用于完成系统的人机交互、Agent 的综合辅助管理、多 Agent 桥接以及 Agent 的功能扩展等功能。知识资源层包括 Multi-Agent 自有知识库和共享知识库。财务战

第六章 基于 MAS 的企业集团财务协同控制系统模型构建

略协同控制 Agent 模块自有知识库,主要为财务战略协同控制的 Multi-Agent 提供私有知识保障。财务经营协同控制 Agent 模块自有知识库,主要为财务经营协同控制的 Multi-Agent 提供私有知识保障。财务关系协同控制 Agent 模块自有知识库,主要为财务关系协同控制的 Multi-Agent 提供私有知识保障。财务创新协同控制 Agent 模块自有知识库,主要为财务创新协同控制的 Multi-Agent 提供私有知识保障。财务风险协同控制 Agent 模块自有知识库,主要为财务风险协同控制的 Multi-Agent 提供私有知识保障。共享知识库是 Multi-Agent 实现知识共享的重要知识库,它能够为 Multi-Agent 提供丰富的共享知识,并不断通过 Multi-Agent 的交互来对知识库中知识进行丰富和扩充。成员支持层主要涉及企业集团的成员企业,通过设计多成员 Agent 来实现成员企业信息管理系统与基于 MAS 的企业集团财务协同控制系统的联结,以实现系统内部的知识共享。

核心功能层是系统模型的主要功能模块,包括财务战略协同控制 Agent 模块、财务经营协同控制 Agent 模块、财务关系协同控制 Agent 模块、财务创新协同控制 Agent 模块和财务风险协同控制 Agent 模块。其中财务战略协同控制 Agent 模块是核心控制模块,它通过一定的联系方式与财务经营协同控制 Agent 模块、财务关系协同控制 Agent 模块、财务创新协同控制 Agent 模块和财务风险协同控制 Agent 模块来进行联结。从功能上分析,财务战略协同控制 Agent 模块包括财务战略资源管理、财务战略规划与行动方案管理、财务战略目标及绩效管理、财务战略协同控制技术管理等多个角色。通过这些角色可以实现包括财务战略资源管理、财务战略规划与行动方案管理、财务战略目标及绩效管理、财务战略协同控制技术管理在内的多种功能。财务经营协同控制 Agent 模块包括财务经营资源管理、财务经营定位与流程管理、财务经营成本及绩效管理和财务经营协同控制技术管理等多个角色。通过这些角色可以实现包括财务经营资源管理、财务经营定位与流程管理、财务经营成本及绩效管理和财务经营协同控制技术管理在内的多种功能。财务关系协同控制 Agent 模块包括财务关系资源管理、财务关系资产及价值链管理、财务关系协调成本及绩效管理和财务关系协同控制技术管理等多个角色。通过这些角色可以实现包括财务关系资源管理、财务关系资产及价值链管理、财务关系协调成本及绩效管理和财务关系协同控制技术管理在内的多种功能。财务创新协同控制 Agent 模块包括财务创新资源管理、财务创新能力与行为管理、财务创新水平及绩效管理和财务创新协同控制技术管理等多个角色。通过这些角色可以实现包括财务创新资源管理、财务创新能力与行为管理、财务创新水平及绩效管理和财务创新协同控制技术管理在内的多种功能。财务风险协同控制 Agent 模块包括财务风险资源管理、财务风险识别与评估、财务风险价值及危机管理、财务风险协同控制技术等多个角色。通过这些角色可以实现包括财务风险资源管理、财务风险识别与评估管理、财务风险价值及危机管理、财务风险协同控制技术管理在内的多种功能。

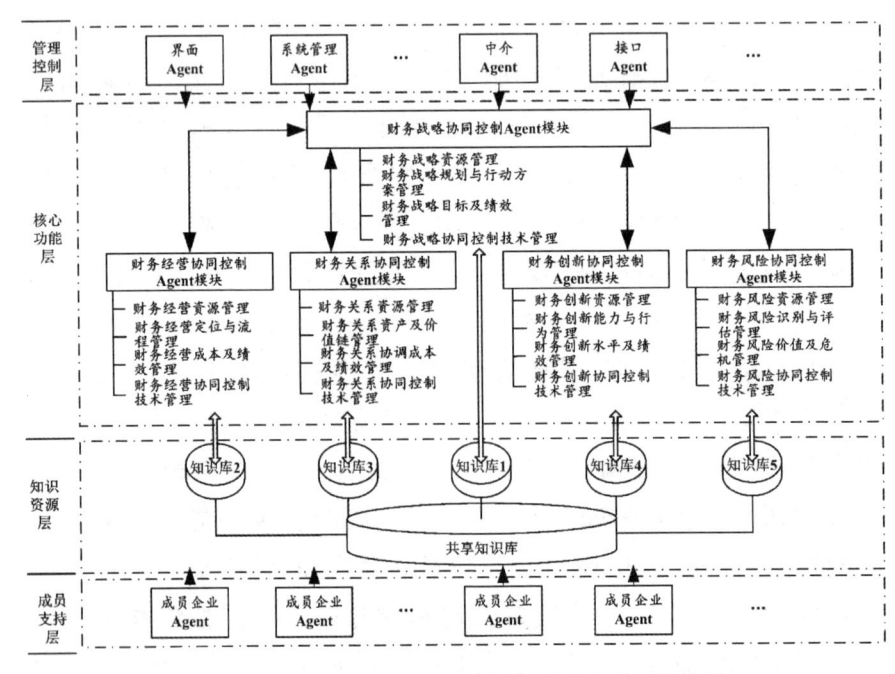

图 6-5 基于 MAS 的企业集团财务协同控制系统模型

第六章 基于 MAS 的企业集团财务协同控制系统模型构建

三、基于 MAS 的企业集团财务协同控制系统模型适应性分析与评价

（一）基于 MAS 的企业集团财务协同控制系统模型适应性分析

基于 MAS 的企业集团财务协同控制系统模型适应性分析是指根据宏微观经济环境的发展现状，结合企业集团的组织特征，分析基于 MAS 的企业集团财务协同控制系统模型与客观情况相适应的程度，以此明确系统模型的优越性和局限性。首先，基于 MAS 的企业集团财务协同控制系统模型与 Multi-Agent 技术发展相适应。国内外的研究表明，已有的基于还原论的建模方法不能很好地解决复杂系统的协同控制问题。采用基于 MAS 的建模方法，将复杂系统中的交互个体用 Agent 的方式来描述，并对个体之间以及个体与环境之间的交互进行建模，能够将复杂系统中个体的微观行为与系统的整体属性——宏观"涌现性"有机地结合起来，已被证明是一种有效的建模方式。Agent 是一个能够与外界自主交互并拥有一定知识和推理能力，能够独立完成一定任务的具体社会性的智能实体。在基于 MAS 的企业集团财务协同控制系统模型中，Multi-Agent 按一定规则结合成局部细节模型，并利用 Agent 的局部连接准则构造出企业集团财务协同控制的整体模型，最后借助计算机系统可以实现系统模型的运行。Multi-Agent 技术是一种先进计算机技术，特别适合解决模块化、分散化、可变性、复杂性等特征的复杂应用问题。基于 MAS 的企业集团财务协同控制系统可视为一个开放的复杂巨系统，具有多主体、多因素、多尺度、多变性的特征，包含着丰富而深刻的复杂性科学问题，它包括协同控制的主体、协同控制的过程和协同控制的技术方法，这与 MAS 具有天然的契合点，建立的基于 MAS 的企业集团财务协同控制系统模型是 Multi-Agent 技术的应用。

其次，基于 MAS 的企业集团财务协同控制系统模型与企业集团的发展相适应。基于 MAS 的企业集团财务协同控制系统模型构建是发挥企业集团整体优势的基本手段，是促使企业集团财

务协同控制系统内部各子系统按照协同控制方式进行整合,从而实现协调一致性和资源互补性,进而支配整个系统发展的决定力量,是协同理论和控制理论在企业集团财务协同控制中的具体运用,同时也是提高企业集团核心竞争力的根本途径。企业集团是伴随着生产力发展到一定阶段所形成的先进组织形式,在规模扩张和协同发展的过程中呈现出鲜明的复杂决策支持需求、智能化风险控制需求和协同控制资源共享需求特征,具有更大程度地参与国际化市场竞争的潜力,并在现代市场经济运行体系中居于核心地位。面对复杂的组织结构和多法人治理形式,基于MAS的企业集团财务协同控制问题已经成为实现企业集团价值创造的核心和关键,它是以协同为目标和以控制为手段的财务管理协同作用方式,是在企业集团整体战略目标的指引下,通过对组织结构、业务流程、资源配置等的调整和优化,在战略经营单元(SBU)间建立起有效的协调控制机制,从组织上、制度上以及技术上来保障企业集团的协同运作,从而降低交易成本、管理成本,实现协同控制的溢出价值效应。基于MAS的企业集团财务协同控制是一个系统动态纠偏过程,是实现组织整体目标的优化技术和手段,必然会对企业集团的发展起到巨大的促进作用。因此,基于MAS的企业集团财务协同控制系统模型是企业集团协同发展的必然要求。

  同时,基于MAS的企业集团财务协同控制系统模型与信息化发展相适应。在世界经济日益呈现全球化、网络化和信息化的今天,管理信息化日益成为推动企业集团持续发展的重要力量,对于经济增长的放大作用日益明显。21世纪是一个信息化浪潮席卷全球的世纪,快速发展的信息技术同物质资源一样渗透到社会经济的各个领域,成为推动世界经济增长的重要力量。信息技术的飞速发展掀起了世界性的信息化浪潮,这股浪潮也同样席卷了我国,并在我国企业的应用越来越广泛。信息化、网络化和全球化已经成为当今世界经济发展的主要趋势。许多国家开始制定信息化发展规划和战略。企业集团作为推动国民经济发展的

第六章　基于 MAS 的企业集团财务协同控制系统模型构建

基础力量,其信息化理应被放在最优先发展的位置。因此,各国纷纷出台各种政策,促进企业集团信息化的发展,力争在全球化竞争中谋求竞争优势。我国作为世界上最大的发展中国家,更要跟上时代的步伐,以信息化带动工业化,以工业化促进信息化,努力开创中国特色新型工业化、信息化发展新局面。同时,我国在建立社会主义市场经济的体制转轨过程中,面临工业化和信息化双重任务,现代信息技术发展迅猛,信息技术已经渗透到我国社会经济发展的各个领域,企业的生存、发展和竞争环境发生了根本变化,企业信息化建设刻不容缓。企业信息化的出现,不仅代表着信息技术在企业管理中的广泛应用,而且意味着一种全新意义的管理模式创新与变革时代的来临。在这个时代中,企业传统的资源概念发生了全新的变化,在保持物质资源关注的同时,企业集团开始了对于数据、信息,特别是以知识为代表的无形资产的关注和管理。这种管理模式最突出的特点是:调变革;提倡企业资源的有效整合;增加企业的持续发展力;以顾客为中心;提高企业的核心竞争能力;注重企业资产的系统化管理。在这个过程中,信息技术为企业集团管理模式提供了强大工具和技术支持,同时这种基于资产的创新管理模式也极大地影响和提升了信息技术的效用和潜能。因此,基于 MAS 的企业集团财务协同控制系统模型是信息化发展的必然要求。

(二)基于 MAS 的企业集团财务协同控制系统模型适应性评价

为了有效评价基于 MAS 的企业集团财务协同控制系统模型的适应性,研究设计了基于 MAS 的企业集团财务协同控制系统模型适应性评价评分表(表 6-6),包括评价项目、评价指标、评价标准和相应的分值。评价项目包括模型的环境适应性和整体适应性。环境适应性包括发展环境适应性、技术环境适应性和管理环境适应性。发展环境适应性反映了模型对企业集团协同发展要求的体现程度,以及对于企业集团的协同发展的影响程度。技术环境适应性反映了模型对现代化智能控制技术的采纳程度,以及对企业集团财务协同控制水平的影响程度。管理环境适应性反映了模型对信息化发展的体现程度,以及对企业集团信息化管理的影响程度。整体适应性包括内容的完整性、结构的合理性、功能的完整性和可实现性、系统的可靠性和可扩展性。内容的完整性是指模型能否系统性地概括财务协同控制的关键内容。结构的合理性是指模型的逻辑结构和物理结构是否体现了效率的要求。功能的完整性和可实现性是指模型的功能是否能体现财务协同控制的要求并能够采用基于 Agent 的结构化设计方法实现。系统的可靠性和可扩展性是指系统必须安全可靠并具有可扩展性。

评价设定评价集{优秀,良好,一般,差},对应的评价分数集合为{90~100分,80~89分,70~79分,<70分}。评价按照专家评分的方式进行。邀请相关领域的专家,将评价表发给专家,由专家根据评价表中项目的重要性程度进行打分。最后,将各个专家的打分进行汇总,得出基于 MAS 的企业集团财务协同控制系统模型适应性评价结果。综合各专家的评价给分,建立的基于 MAS 的企业集团财务协同控制系统模型适应性综合得分为 85.7,达到了良好的层次,说明系统模型的适应性良好,可以按照系统模型进一步开展研究工作。

表 6-6　基于 MAS 的企业集团财务协同控制系统模型适应性评价评分表

序号	评价项目	评价指标	标准	分值
1	系统模型的环境适应性	发展环境适应性	模型是否体现了企业集团的发展要求,对于推动企业集团的价值创造能力和综合竞争能力提升有无重要作用。	10
		技术环境适应性	模型是否采用了先进的智能控制技术,是否体现了协同控制的特点,对于推进企业集团协同控制水平的提高有无重要作用。	15
		管理环境适应性	模型是否体现了信息化发展的要求,是否采用了先进的信息化管理手段,对于推进企业集团管理能力的提高有无重要作用。	15

第六章　基于 MAS 的企业集团财务协同控制系统模型构建

续表

序号	评价项目	评价指标	标准	分值
2	系统模型的整体适应性	内容的完整性	模型设计的模块和 Agent 是否涵盖了企业集团财务协同控制的关键内容,是否能够针对这些关键内容形成完整的体系。	15
		结构的合理性	模型的逻辑结构表达是否清晰、准确,物理结构设计是否体现了系统的时间和空间效率,是否符合企业集团的管理要求。	15
		功能的完整性和可实现性	模型的各个模块功能是否具有系统性和完整性,是否可以采用基于 Agent 的结构化开发方法实现各个模块的功能。	15
		系统的可靠性和可扩展性	系统是否具有安全可靠性,是否能够随着企业集团管理规模的扩大而实现规模的可扩展性。	15

本章小结

在前期研究的基础上,本章采用调查问卷的方式,运用结构方程模型对基于 MAS 的企业集团财务协同控制系统模型进行研究,检验了模型的基本假设和关系路径,建立了基于 MAS 的企业集团财务协同控制系统模型,并进行了模型的适应性评价。首先,提出了基于 MAS 的企业集团财务协同控制系统的概念模型和假设,设计了调查问卷,并进行了调查问卷数据收集和分析,检验了数据的效度和信度,进行了结构方程拟合分析和路径关系检验。其次,在阐述面向 Agent 的结构化模型设计方法的基础上,设计了基于 MAS 的企业集团财务协同控制系统模型,并进行了相应的功能分析和局限性分析。最后,进行了基于 MAS 的企业集团财务协同控制系统模型适应性分析,建立了基于 MAS 的企业集团财务协同控制系统模型适应性评价。

第七章 基于 MAS 的企业集团财务协同控制系统实施及维护

基于 MAS 的企业集团财务协同控制系统实施和维护能够帮助企业集团改善管理水平,优化业务流程,通过信息化手段的改进和管理职能的延伸,高质量、高效率地实现企业集团的管理目标。基于 MAS 的企业集团财务协同控制系统实施和维护是一项复杂的系统工程,不仅需要投入大量的人力、财力和物力等资源,而且受硬件、软件、人才和管理制度等因素的制约,需要制定总体规划,做好坚实的基础工作,完善各种必备的条件。本章主要探讨基于 MAS 的企业集团财务协同控制系统实施原则、环境、步骤以及维护的内容、类型和程序等。

第一节 基于 MAS 的企业集团财务协同控制系统实施

一、基于 MAS 的企业集团财务协同控制系统实施原则

基于 MAS 的企业集团财务协同控制系统实施不是随心所欲的,它必须考虑企业集团的实际情况和工作特点,并遵循有关法律制度,按照一定的原则,才能使基于 MAS 的企业集团财务协同控制系统实施达到最终目标。一般地,基于 MAS 的企业集团财务协同控制系统实施的基本原则包括合法性原则、效益性原则、系统性原则、规范性原则、可靠性和易用性原则。

(1)基于 MAS 的企业集团财务协同控制系统实施必须坚持合法性原则。基于 MAS 的企业集团财务协同控制系统实施的各项工作,都必须以有关法律制度、相关规定为原则。按照合法性

第七章　基于 MAS 的企业集团财务协同控制系统实施及维护

原则要求,基于 MAS 的企业集团财务协同控制系统实施必须做到:第一,实施基于 MAS 的企业集团财务协同控制系统,必须遵循我国的财务制度及有关法律;第二,实施基于 MAS 的企业集团财务协同控制系统,必须遵循各部门的管理制度;第三,实施基于 MAS 的企业集团财务协同控制系统,必须遵循本企业的制度规定,以保证机构设置的合法性,岗位分工和人员职责的合法性,操作使用的合法性,输入、输出及内部处理的合法性,输入数据的合法性及输出信息及格式的合法性。

(2)基于 MAS 的企业集团财务协同控制系统实施必须遵循效益性原则。提高经济效益,是基于 MAS 的企业集团财务协同控制系统实施的根本目的。提高经济效益,也要从两方面考虑,一是直接经济效益,即直接投入直接产出的效益;二是间接经济效益,即由于基于 MAS 的企业集团财务协同控制系统实施而引起企业集团管理的现代化,产生的非直接经济效益。围绕效益性原则,基于 MAS 的企业集团财务协同控制系统实施应做到:第一,在系统实施前,应从经济效益、技术力量、管理水平等约束条件进行全面的可行性分析,以确定是否具备条件实施基于 MAS 的企业集团财务协同控制系统的条件;第二,可行性研究要围绕企业集团的经济效益来开展。一般来说,评价基于 MAS 的企业集团财务协同控制系统实施的经济效益,要从基于 MAS 的企业集团财务协同控制系统实施能否节约企业集团的流动资金占用量,能否准确、及时和全面地提供必需的信息,能否提高企业集团管理工作的效率和质量,以及决策水平等方面着手;第三,在系统设计过程中,也应坚持效益性原则,力求降低设计开发成本,提高基于 MAS 的企业集团财务协同控制系统实施质量。

(3)基于 MAS 的企业集团财务协同控制系统实施必须坚持系统性原则。系统性原则是包括整体观、关联观、发展观、最优观在内的思维模式。围绕系统性原则,基于 MAS 的企业集团财务协同控制系统实施应做到:第一,内部与外部相联系。实施基于 MAS 的企业集团财务协同控制系统时,应考虑包括各职能部门

▶基于 MAS 的企业集团财务协同控制研究

在内的企业集团整体管理工作,把基于 MAS 的企业集团财务协同控制系统作为企业集团管理信息系统中的重要系统,既要分清各系统的界面,又要留好各子系统之间的接口,并在数据结构设计上做到信息共享,减少数据冗余;第二,局部目标与整体目标相结合。基于 MAS 的企业集团财务协同控制系统可分为许多子系统,在实施过程中要分阶段进行,并坚持全局的观点,充分考虑各子系统间的关联性,使逐个实施的子系统全部完工后能组成高质量的基于 MAS 的企业集团财务协同控制系统,而不能只考虑局部的优化,以至影响整个系统的完美组合和质量性能。

(4)基于 MAS 的企业集团财务协同控制系统实施必须坚持规范性原则。规范性原则包括系统设计的规范性、管理制度的规范性、数据信息的规范性等。这些规范性的要求,可以使系统实施避免二义性,避免由于人的主观因素而造成的系统实施的偏差,从而避免基于 MAS 的企业集团财务协同控制系统实施失败的可能性。同时,基于 MAS 的企业集团财务协同控制系统实施必须坚持可靠性和易用性原则。可靠性是基于 MAS 的企业集团财务协同控制系统能否满足实际需要的前提。影响系统可靠性的因素很多,主要考虑以下三个方面:第一,准确性,即输入数据及操作的准确性,在易出现错误和失误的地方,建立尽可能完善的检错和纠错系统,进行重点防护,保证输入数据及操作的准确性;第二,安全性,要求有一套完善的管理制度和技术方法,防止系统被非法使用,数据丢失及非法改动,此外还应有系统破坏后的恢复功能等;第三,易扩充性,即整个系统在运行周期内,由于环境条件的变化,从而要求系统随之进行改变的难易程度,易扩充性要求对系统的修改和扩充能够非常容易地进行。易用性也就是易操作性。基于 MAS 的企业集团财务协同控制系统要具有友好的界面,准确简明的操作提示,简单方便的操作过程。

二、基于 MAS 的企业集团财务协同控制系统实施环境

基于 MAS 的企业集团财务协同控制系统是一个人机交互的

第七章　基于 MAS 的企业集团财务协同控制系统实施及维护

信息管理系统,它的实施必须在一定的环境中,并满足可行的计划方案。基于 MAS 的企业集团财务协同控制系统实施的环境是企业集团实施信息化管理的先决条件,是开展基于 MAS 的企业集团财务协同控制工作的基础平台。

(一)基于 MAS 的企业集团财务协同控制系统实施的基本架构

基于 MAS 的企业集团财务协同控制系统实施的基本架构是指,由计算机硬件系统、软件系统、网络平台和会计信息系统集成后的系统结构,主要包括文件/服务器架构、客户端/服务器架构和浏览器/服务器架构。

1. 文件/服务器架构

文件/服务器架构(File/Server,F/S)是指由计算机网络、文件服务器和计算机工作站共同构成的局域网的多用户应用系统。一般情况下,选择一台或多台处理能力较强的计算机作为服务器,将共享文件存放在该服务器上,应用系统全部存放在工作站上。客户需要访问文件服务器共享文件时,只需从工作站发出请求命令,就可将文件服务器上提取出来的全部文件传送到工作站,并由工作站应用软件进行相应的处理。文件/服务器架构的基本功能是实现多用户共享服务器文件资料,它需要将文件服务器的硬盘或文件夹设置为共享,从文件共享上方便了客户端,但它的主要缺点是存在较大的安全隐患,在访问共享文件的客户多和数据量大时,网速会明显下降,而且在专业编程方面可能会存在数据共享冲突的问题。

文件服务器是一种器件,它的功能就是向服务器提供文件。它加强了存储器的功能,简化了网络数据的管理。它一则改善了系统的性能,提高了数据的可用性,二则减少了管理的复杂程度,降低了运营费用。文件服务器具有分时系统文件管理的全部功能,提供网络用户访问文件、目录的并发控制和安全保密措施的局域网(LAN)服务器。在计算机局域网中,以文件数据共享为目标,需要将供多台计算机共享的文件存放于一台计算机中。这台计算机就被称为文件服务器。文件服务器具有分时系统管理的全部功能,能够对全网统一管理,能够提供网络用户访问文件、目录的并发控制和安全保密措施。搭建文件服务器需要考虑资源访问权限的控制、共享权限的设置和磁盘配额的设置。

2. 客户端/服务器架构

客户端/服务器(Client/Server,C/S)架构又叫主从式架构,简称C/S结构,是一种网络架构,它把客户端(Client)(通常是一个采用图形用户界面的程序)与服务器(Server))区分开来。每一个客户端软件的实例都可以向一个服务器或应用程序服务器发出请求。有很多不同类型的服务器,例如文件服务器、终端服务器和邮件服务器等。虽然它们的存在的目的不一样,但基本构架是一样的。它是软件系统体系结构,在服务器上运行数据库,每个客户机上运行各自的客户软件,通过它可以充分利用两端硬件环境的优势,将任务合理分配到客户机端和服务器端来实现,降低了系统的通讯开销。目前大多数应用软件系统都是这种形式的两层结构,且现在的软件应用系统正在向分布式的Web应用发展,C/S一般在服务器上运行SQL等大型数据库,通过ODBC等方式联接,特点是在数据安全、共享冲突方面容易解决,所以现在用的多。

客户端/服务器架构的优点是能充分发挥客户端PC的处理能力,很多工作可以在客户端处理后再提交给服务器。对应的优点就是客户端响应速度快。具体表现在以下两点:

(1)应用服务器运行数据负荷较轻。最简单的C/S体系结构的数据库应用由两部分组成,即客户应用程序和数据库服务器程序。二者可分别称为前台程序与后台程序。运行数据库服务器程序的机器,也称为应用服务器。一旦服务器程序被启动,就随时等待响应客户程序发来的请求;客户应用程序运行在用户自己的电脑上,对应于数据库服务器,可称为客户电脑,当需要对数据

第七章 基于 MAS 的企业集团财务协同控制系统实施及维护

库中的数据进行任何操作时,客户程序就自动地寻找服务器程序,并向其发出请求,服务器程序根据预定的规则作出应答,送回结果,应用服务器运行数据负荷较轻。

(2)数据的储存管理功能较为透明。在数据库应用中,数据的储存管理功能,是由服务器程序和客户应用程序分别独立进行的,并且通常把那些不同的(不管是已知还是未知的)前台应用所不能违反的规则,在服务器程序中集中实现,例如访问者的权限、编号可以重复、必须有客户才能建立定单这样的规则。所有这些,对于工作在前台程序上的最终用户,是"透明"的,他们无须过问(通常也无法干涉)背后的过程,就可以完成自己的一切工作。在客户服务器架构的应用中,前台程序不是非常"瘦小",麻烦的事情都交给了服务器和网络。在 C/S 体系下,数据库不能真正成为公共、专业化的仓库,它受到独立的专门管理。

客户端/服务器架构的缺点是:适用面窄,通常用于局域网中;用户群固定,由于程序需要安装才可使用,因此不适合面向一些不可知的用户;维护成本高,发生一次升级,则所有客户端的程序都需要改变。随着互联网的飞速发展,移动办公和分布式办公越来越普及,这需要我们的系统具有扩展性。这种方式远程访问需要专门的技术,同时要对系统进行专门的设计来处理分布式的数据。客户端需要安装专用的客户端软件。首先涉及安装的工作量,其次任何一台电脑出问题,如病毒、硬件损坏,都需要进行安装或维护。特别是有很多分部或专卖店的情况,不是工作量的问题,而是路程的问题。还有系统软件升级时,每一台客户机需要重新安装,其维护和升级成本非常高。C/S 架构的劣势是高昂的维护成本且投资大。首先,采用 C/S 架构,要选择适当的数据库平台来实现数据库数据的真正"统一",使分布于两地的数据同步完全交由数据库系统去管理,但逻辑上两地的操作者要直接访问同一个数据库才能有效实现,有这样一些问题,如果需要建立"实时"的数据同步,就必须在两地间建立实时的通讯连接,保持两地的数据库服务器在线运行,网络管理工作人员既要对服务器维护管理，又要对客户端维护和管理，这需要高昂的投资和复杂的技术支持，维护成本很高，维护任务量大。其次，传统的 C/S 结构的软件需要针对不同的操作系统系统开发不同版本的软件，由于产品的更新换代十分快，代价高和低效率已经不适应工作需要。在 JAVA 这样的跨平台语言出现之后，B/S 架构更是猛烈冲击 C/S，并对其形成威胁和挑战。

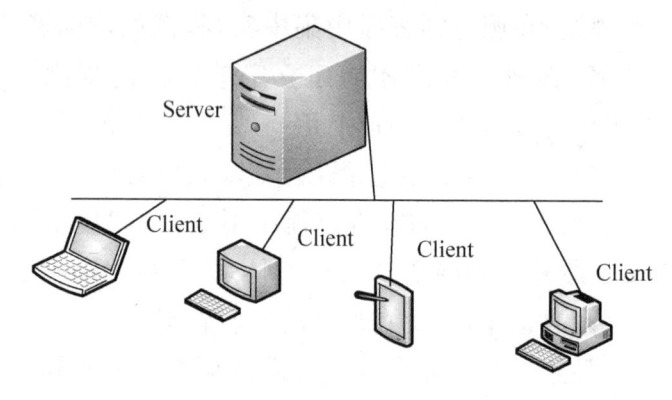

图 7-1 客户端/服务器架构

3. 浏览器/服务器架构

浏览器/服务器（Browser/Server，B/S）架构，B/S 结构即浏览器和服务器结构。它是随着 Internet 技术的兴起，对 C/S 结构的一种变化或者改进的结构。在这种结构下，用户工作界面是通过 WWW 浏览器来实现，极少部分事务逻辑在前端（Browser）实现，但是主要事务逻辑在服务器端（Server）实现，形成所谓三层结构（表达层、功能层和数据层）。B/S 结构是 Web 兴起后的一种网络结构模式，Web 浏览器是客户端最主要的应用软件。这种模式统一了客户端，将系统功能实现的核心部分集中到服务器上，简化了系统的开发、维护和使用。客户机上只要安装一个浏览器（Browser），如 Netscape Navigator 或 Internet Explorer，服务器安装 Oracle、Sybase、Informix 或 SQL Server 等数据库。浏览器通过 Web Server 同数据库进行数据交互。这样就大大简化了客户端电脑载荷，减轻了系统维护与升级的成本和工作量，降低了用户的总体成本。

B/S架构最大的优点就是可以在任何地方进行操作而不用安装任何专门的软件。只要有一台能上网的电脑就能使用,客户端零维护。系统的扩展性非常容易,只要能上网,再由系统管理员分配一个用户名和密码,就可以使用了。甚至可以在线申请,通过公司内部的安全认证(如CA证书)后,不需要人的参与,系统可以自动分配给用户一个账号进入系统。

B/S架构的缺点是在图形的表现能力上以及运行的速度上弱于C/S架构。还有一个致命弱点,就是受程序运行环境限制。由于B/S架构依赖浏览器,而浏览器的版本繁多,很多浏览器核心架构差别也很大,导致对于网页的兼容性有很大影响,尤其是在CSS布局、JAVASCRIPT脚本执行等方面,会有很大影响。

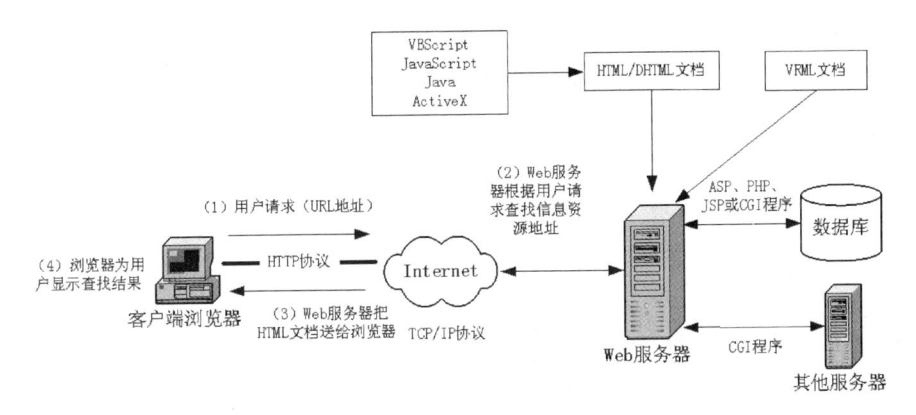

图7-2 浏览器/服务器架构

(二)硬件环境

硬件环境是基于MAS的企业集团财务协同控制系统实施的必要条件,是基于MAS的企业集团财务协同控制系统工作得以顺利进行的物质基础。基于MAS的企业集团财务协同控制系统硬件包括计算机、外围设备、通信设备、计算机机房等。计算机硬件设备的不同组合方式构成了不同的系统结构体系,也决定了不同的基于MAS的企业集团财务协同控制系统工作方式和总体功能。按照工作方式的不同,可将基于 MAS 的企业集团财务协同控制系统分为三种情况:单机环境工作方式、局域网环境工作方式和互联网环境工作方式。

1. 单机环境工作方式

单机环境工作方式是基于 MAS 的企业集团财务协同控制系统中最为简单的一种形式,它是由一台或多台互不连接的计算机设备构成,支持基于 MAS 的企业集团财务协同控制系统软件运行的硬件基础。在这种工作方式下,基于 MAS 的企业集团财务协同控制系统只能完成简单的协同控制工作,数据的共享程度差。采用单机环境工作方式的基于 MAS 的企业集团财务协同控制系统,对硬件环境的要求相对简单,只需要一台或数台配置符合基于 MAS 的企业集团财务协同控制系统软件运行要求的计算机及其相关配套输入输出设备即可。单机环境工作方式的基于 MAS 的企业集团财务协同控制系统仅仅用于规模较小、数据关系简单的经济组织,完成的仅仅是简单的协同控制任务。

2. 局域网环境工作方式

局域网(Local Area Network,LAN)是在一个局部的地理范围内,将各种计算机、外部设备和数据库等互相连接起来组成的计算机通信网。它可以通过数据通信网或专用数据电路,与远方的局域网、数据库或处理中心相连接,构成一个大范围的信息处理系统。借助局域网,企业集团可以将信息组成一个有机的整体,在完成业务数据记录和采集的同时,实现财务数据的同步处理,从而提高数据的处理效率,并实现业务和财务处理的协同。采用局域网环境工作方式的基于 MAS 的企业集团财务协同控制系统,对硬件环境的要求较高,需要性能优良的网络服务器、工作站及相关网络通信设备,基于 MAS 的企业集团财务协同控制系统处理的手段和内容都有很大的改进,企业集团内部信息共享程度大大提高。

3. 互联网环境工作方式

互联网(Internet)是指将两台或两台以上的计算机终端、客户端、服务器端通过计算机信息技术的手段互相联系起来,使人们能与千里之外的朋友相互发送邮件、共同完成一项工作、共同娱乐等。通过互联网,可以实现数据的远程处理、控制和共享。借助互联网,企业集团可以将跨区域的不同组织或同一组织中的跨区域部门联系在一起,基于 MAS 的企业集团财务协同控制系统可以从更大范围内筛选和处理所需要的数据,并将有效信息快速及时地传递给信息管理中心,从而实现数据的远程处理、信息的远程访问和管理的远程决策与控制,从而提高管理的水平。采用互联网环境工作方式的基于 MAS 的企业集团财务协同控制系统,对硬件环境的设备和安全性要求较高。

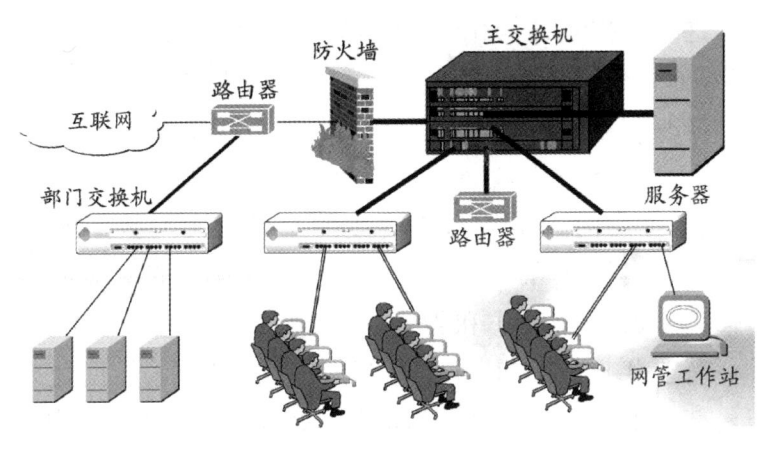

图 7-3 计算机互联网络

(三)软件环境

软件环境是基于 MAS 的企业集团财务协同控制系统实施的核心条件,是开展基于 MAS 的企业集团财务协同控制工作的前提,主要包括操作系统、数据库、应用软件。

1. 操作系统

操作系统（Operating System，OS）是控制其他程序运行，管理系统资源并为用户提供操作界面的系统软件的集合。它是一个庞大的管理控制程序，主要包括5个方面的管理功能：进程与处理机管理、作业管理、存储管理、设备管理和文件管理。常见的操作系统有 DOS、OS/2、UNIX、XENIX、LINUX、Windows、Netware等。根据基于MAS的企业集团财务协同控制系统对操作系统的要求，目前通常采用 Windows XP、Windows 7及以上版本的操作系统。

2. 数据库

数据库（Database）是按照数据结构来组织、存储和管理数据的仓库，这些数据是结构化的，无有害的或不必要的冗余，并为多种应用服务。数据的存储独立于使用它的程序。对数据库插入新数据，修改和检索原有数据均能按一种公用的和可控制的方式进行。基于MAS的企业集团财务协同控制系统使用的数据库正处于小型数据库向大型数据库过渡的阶段。大型数据库存储容量大、数据的容错性和一致性好，能够较好地支持网络化的运行环境，但大型数据库操作和管理难度大、成本高，如 SQL Sever、Sysbase等。相比较而言，小型数据库存储容量小、数据处理能力差，但易于掌握、易于管理，投资成本较小，适合于小型用户，如 Access、Foxpro等。

3. 应用软件

应用软件是基于MAS的企业集团财务协同控制系统实施的基本操作环境，它通过设置相应的基于MAS的企业集团财务协同控制系统应用模块来完成相应的财务协同控制功能。基于MAS的企业集团财务协同控制的核心工作是建立计算机环境下的信息系统。

第七章 基于 MAS 的企业集团财务协同控制系统实施及维护

（四）人员素质环境

人员素质是关系基于 MAS 的企业集团财务协同控制系统实施成败的关键，因为基于 MAS 的企业集团财务协同控制系统实施后，能否按照既定的目标运行主要取决于人员的素质（包括人员的操作水平、专业技能、责任心等）。实施基于 MAS 的企业集团财务协同控制系统后，对相关人员的知识结构的要求发生了根本性的变化，不但要求相关人员精通财会专业知识，而且要求他们熟悉计算机软件、硬件及网络的相关知识。今后的财会人员必须是既熟悉财会知识又能熟练操作电子计算的复合型人才。基于 MAS 的企业集团财务协同控制系统实施对人员素质的要求的变化又必然影响到企业集团相关机构的组织成员，基于 MAS 的企业集团财务协同控制系统实施后相关机构的组织成员主要由计算机专业人员和财会人员共同组成。

（五）制度环境

制度环境是指一系列与基于 MAS 的企业集团财务协同控制系统实施有关的法律、法规和人们在长期交往中自发形成的行为规范，它是通过选择制度安排来限制人们在进行基于 MAS 的企业集团财务协同控制工作中对自身利益的追求。基于 MAS 的企业集团财务协同控制系统实施，是对传统企业管理系统的再造，必然会影响和冲击原有观念和行为方式，原有的管理体制必然也会发生变化，因此，建立和实施与基于 MAS 的企业集团财务协同控制系统相适应的法律、法规和行为规范体系，是加强管理，充分发挥管理职能的需要。通过制度环境的建设，企业集团可以为基于 MAS 的企业集团财务协同控制系统实施提供有效的制度保障。

三、基于 MAS 的企业集团财务协同控制系统实施步骤

基于 MAS 的企业集团财务协同控制系统的实施，是一项复

杂的系统工程,主要包括以下步骤。

(一)确定系统目标

基于 MAS 的企业集团财务协同控制系统的实施是一个较为复杂的系统工程,它是在企业集团战略整体规划目标的指引下,通过分析和整理来确定系统实施的目标和规模。企业集团要根据发展的总目标和管理信息系统的总目标,明确基于 MAS 的企业集团财务协同控制系统实施的总目标。系统在实施前一定要做到目标明确,系统在实施后必须保证达到管理目标的要求,从而根据管理目标确定系统的规模,并且要对实现这一目标的可行性、成本效益做出合理的估算。

(二)编制实施方案

在明确目标和规模的基础上,根据企业集团实际情况确定基于 MAS 的企业集团财务协同控制系统的总体结构,划分各子系统,并确认它们之间的联系;确定基于 MAS 的企业集团财务协同控制系统实施工作目标实现的阶段和步骤,以及建立各子系统的先后顺序;确定基于 MAS 的企业集团财务协同控制系统实施的管理体制及组织机构方案,以及资金来源与预算等内容。

(三)用户需求分析

在基于 MAS 的企业集团财务协同控制系统实施过程中,必须以用户的基本需求为导向,因此,必须进行必要的用户需求分析。用户需求分析是建立在用户业务调查的基础上,可以通过直接走访、实地考察、问卷调查等方式与不同层次的使用者进行交流,了解用户的业务流程,确定用户的基本需求。

(四)重组业务流程

重组业务流程强调以业务流程为改造对象和中心、以关心客户的需求和满意度为目标、对现有的业务流程进行根本的再思考和彻底的再设计。结合用户需求,利用先进的信息技术和现代的管理手段,对原有业务流程进行调整和优化,以实现技术上的功能集成和管理上的职能集成。

(五)用户培训

用户培训包括三个层次:初级培训、中级培训和高级培训。初级培训主要针对操作人员,要求学习和掌握系统的基本操作。中级培训主要以系统维护人员和部门骨干为主,主要学习系统工作原理、数据结构和工作流程,要求掌握系统维护、安全管理、数据库管理、系统规划与控制有关的知识。高层培训以部门经理和高级管理人员为主,主要学习软件的分析与设计。

(六)整理初始数据

初始数据是系统运行的基本资料,主要包括各种参数的设置、编码规则、初始数据;确定数据来源和原始数据的提供者、提供方式;制定具体的核算方法、处理过程;验证初始数据的准确性、完整性,防止实施过程中出现数据遗漏和错误的情况,降低系统实施风险。

(七)系统试运行

系统完成后,可以通过模拟用户的实际环境,输入用户的实际数据,来考察系统的运行状况,看是否达到既定目标和满足用户要求。根据运行情况,有针对性地对制定的方案进行修订和验证。本步骤的主要作用是发现问题和查找问题。

(八)软件安装与调试

按照用户的要求,将开发出来的系统软件安装到用户的计算机内,并进行必要的软件调试,使软件达到可使用状态。在软件安装过程中,要严格按照流程进行,防止意外情况发生。在软件调试过程中,要综合考虑多种情况,保证软件的安装质量。

（九）系统运行与信息反馈

按照系统运行管理与维护要求，用户要严格按照操作手册中规定的流程进行操作，在实际工作中，要进一步验证系统的各项性能，发现问题要及时记录，提出改进方案，并将信息反馈到有关部门。

第二节　基于 MAS 的企业集团财务协同控制系统维护

一、系统维护的内容

基于 MAS 的企业集团财务协同控制系统维护是面向系统中各个构成因素的，按照系统维护对象的不同，系统维护的内容可分为系统应用程序维护、数据维护、代码维护、硬件设备维护、机构和人员的变动。

（一）系统应用程序维护

系统的业务处理过程是通过应用程序的运行而实现的，一旦程序发生问题或业务发生变化，就必然地引起程序的修改和调整，因此系统维护的主要活动是对程序进行维护。

（二）数据维护

业务处理对数据的需求是不断发生变化的，除了系统中主体业务数据的定期正常更新外，还有许多数据需要进行不定期的更新，或随环境或业务的变化而进行调整，以及数据内容的增加、数据结构的调整。此外，数据的备份与恢复等，都是数据维护的工作内容。

（三）代码维护

随着系统应用范围的扩大，应用环境的变化，系统中的各种代码都需要进行一定程度的增加、修改、删除，以及设置新的代码。

第七章 基于 MAS 的企业集团财务协同控制系统实施及维护

(四)硬件设备维护

主要是指对主机及外设的日常维护和管理,如机器部件的清洗、润滑,设备故障的检修,易损部件的更换等,这些工作都应由专人负责,定期进行,以保证系统正常有效地工作。

(五)机构和人员的变动

基于 MAS 的企业集团财务协同控制系统是人机交互系统,人工处理也占有重要地位,人的作用占主导地位。为了使信息系统的流程更加合理,有时涉及机构和人员的变动。这种变化往往也会影响设备和程序的维护工作。

二、系统维护的类型

系统维护的重点是系统应用软件的维护工作,按照软件维护的不同性质划分为 4 种类型:纠错性维护、适应性维护、完善性维护、预防性维护。

(一)纠错性维护

由于系统测试不可能揭露系统存在的所有错误,因此在系统投入运行后频繁的实际应用过程中,就有可能暴露出系统内隐藏的错误。诊断和修正系统中遗留的错误,就是纠错性维护。纠错性维护是在系统运行中发生异常或故障时进行的,这种错误往往是遇到了从未用过的输入数据组合或是在与其他部分接口处产生的,因此只是在某些特定的情况下发生。有些系统运行多年以后才暴露出在系统开发中遗留的问题,这是不足为奇的。

(二)适应性维护

适应性维护是为了使系统适应环境的变化而进行的维护工作。一方面,计算机科学技术迅速发展,硬件的更新周期越来越短,新的操作系统和原来操作系统的新版本不断推出,外部设备和其他系统部件经常有所增加和修改,这就必然要求基于 MAS 的企业集团财务协同控制系统能够适应新的软硬件环境,以提高系统的性能和运行效率;另一方面,基于 MAS 的企业集团财务协同控制系统的使用寿命在延长,超过了最初开发这个系统时应用环境的寿命,即应用对象也在不断发生变化,机构的调整,管理体制的改变、数据与信息需求的变更等都将导致系统不能适应新的应用环境。如代码改变、数据结构变化、数据格式以及输入/输出方式的变化、数据存储介质的变化等,都将直接影响系统的正常工作。因此有必要对系统进行调整,使之适应应用对象的变化,满足用户的需求。

（三）完善性维护

在系统的使用过程中,用户往往要求扩充原有系统的功能,增加一些在软件需求规范书中没有规定的功能与性能特征,以及对处理效率和编写程序的改进。例如,有时可将几个小程序合并成一个单一的运行良好的程序,从而提高处理效率;增加数据输出的图形方式;增加联机在线帮助功能;调整用户界面等。尽管这些要求在原来系统开发的需求规格说明书中并没有,但用户要求在原有系统基础上进一步改善和提高;并且随着用户对系统的使用和熟悉,这种要求可能不断提出。为了满足这些要求而进行的系统维护工作就是完善性维护。

（四）预防性维护

系统维护工作不应总是被动地等待用户提出要求后才进行,应进行主动的预防性维护,即选择那些还有较长使用寿命,目前尚能正常运行,但可能将要发生变化或调整的系统进行维护,目的是通过预防性维护为未来的修改与调整奠定更好的基础。例如,将目前能应用的报表功能改成通用报表生成功能,以应付今后报表内容和格式可能的变化。

三、系统维护的程序

基于 MAS 的企业集团财务协同控制系统维护程序主要包括用户提交维护申请报告、维修要求评价、编制维护报告、管理部门审批制订维护计划、进行系统维护和测试等,如图 7-4 所示。

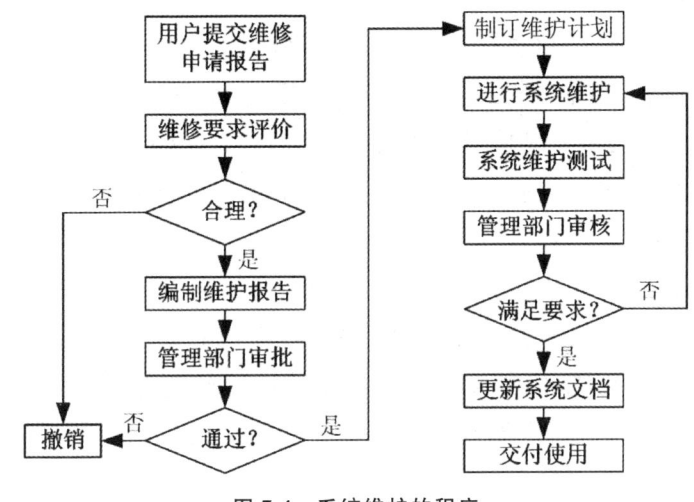

图 7-4 系统维护的程序

本章小结

基于 MAS 的企业集团财务协同控制系统实施和维护是一项复杂的系统工程,不仅需要投入大量的人力、财力和物力等资源,而且受硬件、软件、人才和管理制度等因素的制约,结合基于 MAS 的企业集团财务协同控制系统目标,本章探讨了基于 MAS 的企业集团财务协同控制系统实施及维护。首先,提出了基于 MAS 的企业集团财务协同控制系统实施原则,分析了基于 MAS 的企业集团财务协同控制系统实施环境。其次,论述了基于 MAS 的企业集团财务协同控制系统实施步骤。最后,阐述了基于 MAS 的企业集团财务协同控制系统维护内容、维护类型和维护程序,为基于 MAS 的企业集团财务协同控制系统的应用基础。

第八章 实证分析

基于 MAS 的企业集团财务协同控制实证分析是在前述研究的基础上,结合研究构建的指标、模型等,采用实际样本数据进行计算和分析,以检验指标、模型的应用效果,为基于 MAS 的企业集团财务协同控制系统应用奠定基础。首先,结合第三章中企业集团财务协同控制系统的耦合效应研究,采用 23 家汽车制造企业的样本数据,进行企业集团财务协同控制系统的耦合效应实证分析。然后,结合第五章第三节中知识本体类的属性指标和判断规则模型设计,结合 23 家汽车制造企业的样本数据,进行基于 MAS 的企业集团财务协同控制矩阵模型实证分析。

第一节 企业集团财务协同控制系统的耦合效应实证分析

一、样本选取和指标计算

通过第三章中对企业集团财务协同控制系统的耦合效应研究,本节将结合样本数据进行实证分析。选取我国沪深两市汽车制造行业的 23 家上市公司作为研究样本,采用 2015 年和 2016 年上市公司公布的年报数据(由网易财经财务分析和报表数据直接取得或综合计算得到)进行计算,其中 2016 年数据作为计算期数据,2015 年数据作为基期比较数据参与计算。

Visual FoxPro 是一种面向对象的数据库管理开发系统,是为数据库结构和应用程序开发而设计的功能强大的面向对象的软件开发环境。无论是组织信息、运行查询、创建集成的关系型数据库系统,还是为最终用户编写功能全面的数据管理应用程序,Visual FoxPro 都可以提供管理数据所需要的所有工具。它的主要特点是:具有强大的项目管理和数据库管理能力;快速的应用程序创建能力;真正的面向对象程序设计的能力;灵活的客户端/服务器解决能力。鉴于 Visual FoxPro 的开发能力和特点,限于时间、精力和研究者的软件开发能力的局限,本书采用 Visual FoxPro 6.0 进行实证分析软件开发,软件的主程序见附录 B。

运用该软件系统,计算得到各个测度指标的计算结果(表 8-1)、标准化数据(表 8-2)。采用层次分析法经过专家打分和权重计算,得到各测度维度相关指标的权向量分别为:$\vec{W}_1 =$ (0.3578,0.2779,0.3643)、$\vec{W}_2 =$ (0.2819,0.4101,0.3080)、$\vec{W}_3 =$ (0.3706,0.2998,0.3296)、$\vec{W}_4 =$ (0.3391,0.3380,0.3229)、$\vec{W}_5 =$ (0.2911,0.3244,0.3845)。计算的各维度功效指数和财务协同控制系统耦合效应指数见表 8-3。

二、数据分析

对计算结果采用 SPSS 软件进行描述性统计分析和相关性分析,可知企业集团财务协同控制系统的耦合效应指数(U)与财务战略协同控制功效指数(u_1)、财务经营协同控制功效指数(u_2)、财务关系协同控制功效指数(u_3)、财务创新协同控制功效指数(u_4)、财务风险协同控制功效指数(u_4)在 0.01 的显著性水平或 0.05 显著性水平下显著相关,而财务战略协同控制功效指数(u_1)、财务经营协同控制功效指数(u_2)、财务关系协同控制功效指数(u_3)、财务创新协同控制功效指数(u_4)之间不具有显著相关性,因此计算结果具有相对独立性和可信度,分析结果分别见表 8-4 和表 8-5。

表 8-1 各测度指标的计算结果

序号	样本名称	u_{11}	u_{12}	u_{13}	u_{21}	u_{22}	u_{23}	u_{31}	u_{32}	u_{33}	u_{41}	u_{42}	u_{43}	u_{51}	u_{52}	u_{53}
1	江铃汽车	0.6246	0.2031	0.1880	0.3798	0.3578	0.1142	0.5030	1.1698	0.9478	0.3554	−0.5124	0.1305	0.2303	0.2627	4.0140
2	海马汽车	0.6992	−0.0520	0.0019	−0.0219	0.0150	−0.0093	0.0000	0.9091	0.7445	−0.0138	0.0143	−0.0010	0.0185	0.1850	0.5678
3	长安汽车	0.3337	0.0461	0.0919	0.0366	0.0292	0.0449	0.1768	1.0051	0.9167	0.2619	−0.2431	0.3425	0.5196	0.1870	0.4923
4	一汽轿车	0.4699	−0.2512	−0.1071	0.3603	0.0003	0.0950	0.0000	0.8064	0.6736	−0.2125	0.1096	−0.0070	0.1821	0.2861	0.6607
5	安凯客车	0.3332	−0.0133	0.0743	0.1718	0.0371	0.0867	0.6624	0.7529	0.7465	−0.1682	−0.0292	0.0070	0.1023	0.0848	−13.7519
6	一汽夏利	0.4117	−0.0442	0.0103	−0.2910	−0.2203	0.0467	0.2101	0.7298	0.5355	0.0534	−0.0478	0.0111	0.0503	0.7008	−25.0740
7	中国重汽	0.3068	−0.0367	0.0276	0.1720	0.2820	0.0400	0.4718	1.0519	1.0896	−0.1886	0.1923	0.0451	0.2450	0.1431	−4.7829
8	中通客车	0.2544	−0.0159	0.0832	0.0947	0.4270	0.0455	0.2955	0.9005	0.9665	0.9696	−0.8592	0.9995	0.8401	0.1025	−0.1899
9	比亚迪	0.3514	−0.0488	0.0088	0.1612	−0.1703	0.0652	0.5702	0.8464	0.8515	0.3748	−0.3529	0.2469	0.2290	0.1977	−0.1414
10	东风汽车	0.4039	−0.0614	−0.0066	−0.0474	0.1333	0.0000	0.0000	1.1123	1.0520	−0.0341	0.0520	0.0302	0.0332	0.1457	1.1213
11	宇通客车	0.5126	0.1889	0.2117	0.2160	0.4668	0.0812	0.1389	0.8319	0.8244	0.2131	−0.1946	0.1914	0.6030	0.2256	7.9417
12	上汽集团	0.4571	0.3224	0.2312	0.2205	0.0387	0.0530	0.4470	1.1948	1.1866	0.0553	−0.0632	0.1401	0.6388	0.1338	0.6589
13	福田汽车	0.4547	0.0469	0.0933	−0.0581	−0.1250	0.0145	0.4729	0.6089	0.5381	−0.2420	0.2795	0.2061	0.1129	0.0851	0.1715
14	亚星客车	0.1566	−0.0471	0.0319	−0.1234	0.2069	−0.0139	0.1269	0.4120	0.6390	0.3681	−0.2567	0.1378	0.8868	0.0306	−43.9439
15	曙光股份	0.3328	−0.0087	0.0687	0.0680	−0.1106	0.0155	0.8290	0.8605	0.9831	0.0925	−0.0631	0.0009	0.0563	0.1193	−5.1030
16	江淮汽车	0.3142	−0.0009	0.0821	0.3212	−0.1713	0.1412	0.5265	0.7692	0.7643	−0.0072	0.0186	0.3746	0.1222	0.2232	−0.4374
17	金杯汽车	0.0865	−0.0362	0.1424	0.0525	−0.0155	0.0079	0.2887	1.0497	0.8917	−0.0988	0.1059	0.0656	0.0816	0.0808	0.5017
18	金龙汽车	0.2553	−0.0060	0.1217	0.1003	0.3500	0.0609	0.2200	0.9341	0.9510	0.2522	−0.2022	0.3494	0.8768	−0.0044	−4.8588

续表

序号	样本名称	u_{11}	u_{12}	u_{13}	u_{21}	u_{22}	u_{23}	u_{31}	u_{32}	u_{33}	u_{41}	u_{42}	u_{43}	u_{51}	u_{52}	u_{53}
19	悦达投资	0.4992	0.3525	0.2599	0.1263	−0.1361	0.0861	0.4241	1.1072	0.8173	−0.2272	0.2436	−0.0102	0.1898	0.0835	−4.9219
20	小康股份	0.2570	0.0326	0.1323	0.0321	−0.1193	0.0187	0.2425	0.8117	0.6680	0.1207	0.0184	0.1679	0.4358	0.1405	1.7823
21	广汽集团	0.6482	0.0004	0.0333	0.0498	0.1892	0.0489	0.2086	1.1743	1.0852	0.3147	−0.3037	0.0920	0.7169	0.1198	1.0550
22	长城汽车	0.5084	1.6282	0.2644	0.6874	0.2021	0.0822	0.1810	1.0122	0.9295	0.2135	−0.2557	0.1452	0.6091	0.2220	1.3218
23	力帆股份	0.3631	−0.0158	0.0599	−0.0821	−0.2512	−0.0675	0.9834	0.7890	0.8420	0.0912	−0.0768	0.2707	0.3220	0.0031	−2.5520
	均值	0.3928	0.0949	0.0915	0.1142	0.0616	0.0460	0.3469	0.9061	0.8541	0.1106	−0.1055	0.1711	0.3523	0.1634	−3.7160

表 8-2 各测度指标的标准化数据

序号	样本名称	T_{11}	T_{12}	T_{13}	T_{21}	T_{22}	T_{23}	T_{31}	T_{32}	T_{33}	T_{41}	T_{42}	T_{43}	T_{51}	T_{52}	T_{53}
1	江铃汽车	92.70	72.12	86.74	83.90	91.93	91.49	77.36	97.40	78.45	78.55	32.21	54.31	44.41	75.54	89.89
2	海马汽车	100.00	40.29	38.41	46.49	59.58	35.90	0.00	70.31	45.92	45.30	79.33	3.55	0.00	71.21	81.02
3	长安汽车	56.49	60.13	70.06	56.59	62.76	69.33	35.67	80.29	75.65	75.28	57.22	76.21	79.39	71.32	80.83
4	一汽轿车	77.55	0.00	0.00	82.88	56.29	85.44	0.00	55.88	30.34	5.86	86.76	1.24	34.31	76.85	81.26
5	安凯客车	56.38	48.11	63.93	73.01	64.53	82.83	84.87	48.30	46.36	14.65	75.95	6.64	17.58	37.21	52.54
6	一汽夏利	71.85	41.87	41.37	0.00	6.92	70.23	42.39	45.03	0.00	58.64	74.50	8.22	6.67	100	32.84
7	中国重汽	50.35	43.38	47.47	73.03	86.32	66.31	75.89	85.15	91.25	10.60	93.21	21.35	47.51	61.53	68.14
8	中通客车	38.37	47.59	67.07	66.63	97.05	69.70	59.62	69.21	80.14	100.00	0.00	100.00	97.38	44.59	79.07
9	比亚迪	60.54	40.94	40.85	72.46	18.11	76.05	80.52	61.55	69.43	79.23	47.02	72.74	44.15	71.91	79.20
10	东风汽车	71.09	38.39	35.42	42.08	75.31	41.64	0.00	91.43	87.86	41.27	82.27	15.59	3.10	62.61	82.45

— 181 —

续表

序号	样本名称	T_{11}	T_{12}	T_{13}	T_{21}	T_{22}	T_{23}	T_{31}	T_{32}	T_{33}	T_{41}	T_{42}	T_{43}	T_{51}	T_{52}	T_{53}
11	宇通客车	81.73	71.84	90.85	75.33	100.00	81.10	28.03	59.49	63.47	73.58	61.72	70.73	84.07	73.47	100.00
12	上汽集团	76.30	74.45	94.24	75.56	64.88	72.21	74.72	100.00	100.00	59.02	73.30	58.02	86.08	57.65	81.26
13	福田汽车	76.06	60.29	70.31	40.23	28.25	50.58	75.94	27.90	0.57	0.00	100.00	71.27	19.80	37.34	80.00
14	亚星客车	16.02	41.28	48.99	28.95	80.76	33.06	25.60	0.00	22.74	78.99	55.96	57.13	100	14.60	0.00
15	曙光股份	56.29	49.05	61.96	62.02	31.47	51.20	92.72	63.54	81.64	66.41	73.30	4.28	7.93	51.60	67.59
16	江淮汽车	52.04	50.62	66.68	80.83	17.88	100.00	78.46	50.61	50.27	46.61	79.67	77.37	21.75	73.34	78.44
17	金杯汽车	0.00	43.48	78.83	59.34	52.75	46.51	58.25	84.92	73.39	28.43	86.47	29.26	13.25	35.54	80.85
18	金龙汽车	38.58	49.59	75.24	67.60	91.35	74.70	44.39	72.91	78.74	74.95	61.02	76.46	99.44	0.00	68.01
19	悦达投资	80.42	75.04	99.22	70.63	25.76	82.64	73.64	90.90	61.91	2.94	97.20	0.00	35.93	36.67	67.90
20	小康股份	38.96	57.40	77.08	55.82	29.52	53.17	48.93	56.63	29.11	70.35	79.65	68.75	74.69	60.45	84.15
21	广汽集团	95.01	50.89	49.48	58.87	79.45	70.92	42.09	97.87	90.85	77.13	51.59	39.45	90.47	51.81	82.28
22	长城汽车	81.32	100.00	100.00	100.00	80.40	81.41	36.52	81.03	76.80	73.59	56.05	59.99	84.42	73.27	82.96
23	力帆股份	63.21	47.61	58.85	36.09	0.00	0.00	100.00	53.41	67.34	66.15	72.24	73.61	63.65	3.13	73.00
	权重 W_{ij}	0.3578	0.2779	0.3643	0.2819	0.4101	0.3080	0.3706	0.2998	0.3296	0.3391	0.3380	0.3229	0.2911	0.3244	0.3845

表 8-3 各维度功效指数和财务协同控制系统耦合效应指数

序号	样本名称	u_1	u_2	u_3	u_4	u_5	U	备注
1	江铃汽车	84.81	89.53	83.73	55.06	72.00	76.29	
2	海马汽车	60.97	48.60	36.21	43.32	54.25	48.18	
3	长安汽车	62.45	63.04	62.22	69.48	77.33	66.75	

第八章 实证分析

续表

序号	样本名称	u_1	u_2	u_3	u_4	u_5	U	备注
4	一汽轿车	27.75	72.76	26.75	31.71	66.16	42.49	
5	安凯客车	56.83	72.56	61.21	32.78	37.39	50.70	
6	一汽夏利	52.41	24.47	29.21	47.72	47.01	39.04	
7	中国重汽	47.36	76.41	83.73	41.99	59.99	60.56	
8	中通客车	51.39	80.05	69.26	66.20	73.21	67.55	
9	比亚迪	47.92	51.28	71.18	66.25	66.63	60.18	
10	东风汽车	49.01	55.57	56.37	46.84	52.92	52.06	
11	宇通客车	82.30	87.22	49.14	68.65	86.76	73.73	
12	上汽集团	82.32	70.15	90.63	63.52	75.00	75.96	
13	福田汽车	69.58	38.50	36.70	56.81	48.64	49.17	
14	亚星客车	35.05	51.46	16.98	64.15	33.85	37.89	
15	曙光股份	56.34	46.16	80.32	48.68	45.04	54.53	
16	江淮汽车	56.98	60.92	60.82	67.72	60.28	61.28	
17	金杯汽车	40.80	52.69	71.24	48.32	46.47	51.35	
18	金龙汽车	54.99	79.53	64.26	70.73	55.10	64.51	
19	悦达投资	85.77	55.93	74.95	33.85	48.46	57.85	
20	小康股份	57.97	44.22	44.71	72.98	73.71	57.81	
21	广汽集团	66.16	71.02	74.88	56.33	74.78	68.39	
22	长城汽车	93.32	86.24	63.14	63.27	80.24	76.62	
23	力帆股份	57.29	10.17	75.27	70.62	47.61	44.85	

— 183 —

表 8-4 计算结果的描述性统计分析

统计量		u_1	u_2	u_3	u_4	u_5	U
N 有效		23	23	23	23	23	23
均值		59.9900	60.3687	60.1265	55.9557	60.12	58.1635
均值的标准误		3.49493	4.19932	4.19515	2.74997	3.064	2.4704
中值		56.9800	60.9200	63.1400	56.8100	59.99	57.8480
众数		27.75a	10.17a	83.73	31.71a	34.11a	37.89 a
标准差		16.76107	20.13925	20.11926	13.18840	14.696	11.8478
方差		280.934	405.589	404.784	173.934	215.964	140.369
偏度		0.320	−0.658	−0.625	−0.508	0.025	0.007
偏度的标准误		0.481	0.481	0.481	0.481	0.481	0.481
峰度		−0.251	0.351	−0.483	−1.002	−1.073	−0.950
峰度的标准误		0.935	0.935	0.935	0.935	0.935	0.935
极小值		27.75	10.17	16.98	31.71	33.85	37.89
极大值		93.32	89.53	90.63	72.98	86.76	76.62
和		1379.77	1388.48	1382.91	1286.98	1382.83	1337.76

表 8-5　计算结果的相关性分析

	统计量	u_1	u_2	u_3	u_4	u_5	U
u_1	Pearson 相关性	1	0.304	0.397	0.185	0.457	0.709**
	显著性(双侧)		0.159	0.061	0.397	0.028	0.000
	N	23	23	23	23	23	23
u_2	Pearson 相关性	0.304	1	0.272	−0.025	0.563	0.717**
	显著性(双侧)	0.159		0.209	0.910	0.005	0.000
	N	23	23	23	23	23	23
u_3	Pearson 相关性	0.397	0.272	1	0.081	0.253	0.693**
	显著性(双侧)	0.061	0.209		0.712	0.245	0.019
	N	23	23	23	23	23	23
u_4	Pearson 相关性	0.185	−0.025	0.081	1	0.441*	0.404*
	显著性(双侧)	0.397	0.910	0.712		0.035	0.056
	N	23	23	23	23	23	23
u_5	Pearson 相关性	0.457	0.563	0.253	0.441	1	0.795**
	显著性(双侧)	0.028	0.005	0.245	0.035		0.000
	N	23	23	23	23	23	23
U	Pearson 相关性	0.696**	0.717**	0.633**	0.404*	0.795**	1
	显著性(双侧)	0.000	0.000	0.001	0.056	0.000	
	N	23	23	23	23	23	23

注：* 在 .05 水平(双侧)上显著相关。** 在 .01 水平(双侧)上显著相关。

根据计算结果可知,2016年我国沪深两市汽车制造行业的23家上市公司,企业集团财务协同控制系统的耦合效应指数少部分处于中等以上水平,大部分处于中等以下水平。相对较好的公司有:长城汽车(76.62)、江铃汽车(76.29)、上汽集团(75.96)、宇通客车(73.73);相对较差的公司有:亚星客车(37.89)、一汽夏利(39.04)、一汽轿车(42.49)、力帆股份(44.85)、海马汽车(48.18)、福田汽车(49.17)。财务战略协同控制功效指数最好的是长城汽车(93.32),最差的是一汽轿车(27.75);财务经营协同控制功效指数最好的是江铃汽车(89.53),最差的是力帆股份(10.17);财务关系协同控制功效指数最好的是上汽集团(90.63),最差的是亚星客车(16.98);财务创新协同控制功效指数最好的是小康股份(72.98),最差的是一汽轿车(31.71)。财务风险协同控制功效指数最好的是宇通客车(86.76),最差的是亚星客车(33.85)。行业领先者长城汽车的财务协同控制系统的耦合效应指数为76.62,财务战略协同控制功效指数为93.32,财务经营协同控制功效指数为86.24,财务关系协同控制功效指数为63.14,财务创新协同控制功效指数为63.27,财务风险协同控制功效指数80.24。行业落后者亚星客车的财务协同控制系统的耦合效应指数为37.89,财务战略协同控制功效指数为35.05,财务经营协同控制功效指数为51.46,财务关系协同控制功效指数为16.98,财务创新协同控制功效指数为64.15,财务风险协同控制功效指数为33.85。

沪深两市汽车制造行业的23家上市公司财务协同控制系统的耦合效应指数,以及财务战略协同控制功效指数、财务经营协同控制功效指数、财务关系协同控制功效指数、财务创新协同控制功效指数和财务风险协同控制功效指数可用散点图表示,分别见图8-1～图8-6。

第八章 实证分析

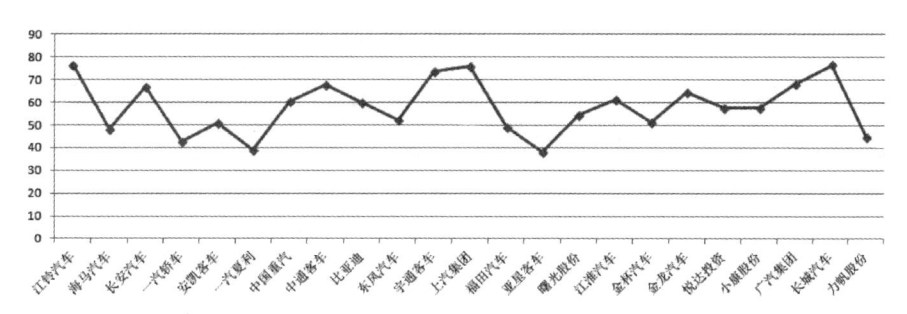

图 8-1 财务协同控制系统的耦合效应指数折线图

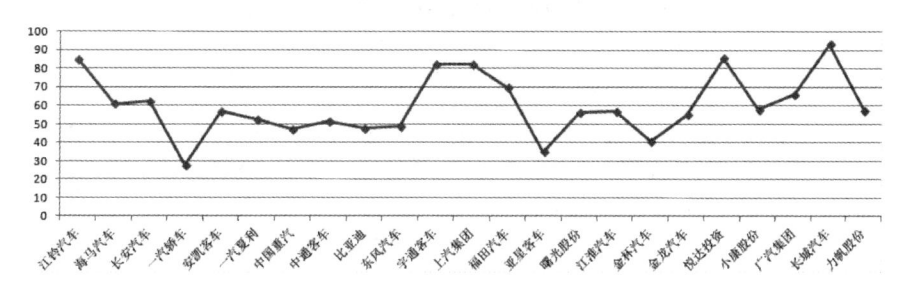

图 8-2 财务战略协同控制功效指数折线图

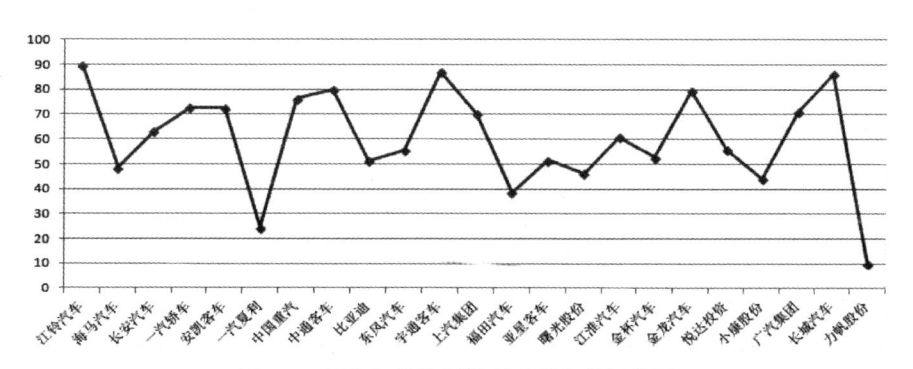

图 8-3 财务经营协同控制功效指数折线图

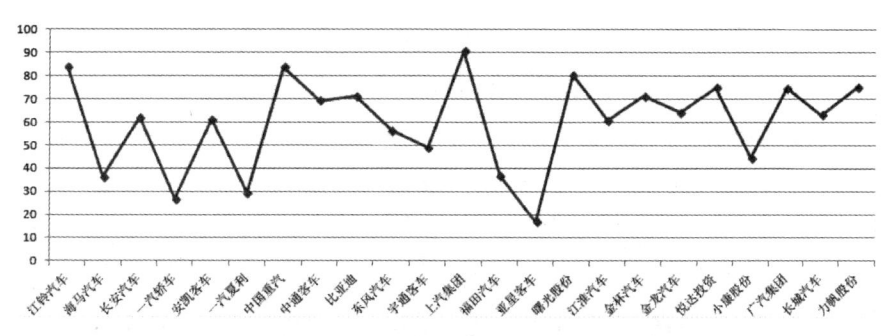

图 8-4 财务关系协同控制功效指数折线图

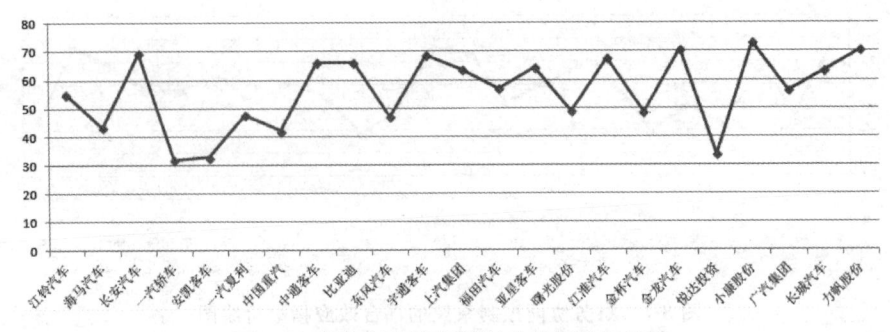

图 8-5　财务创新协同控制功效指数折线图

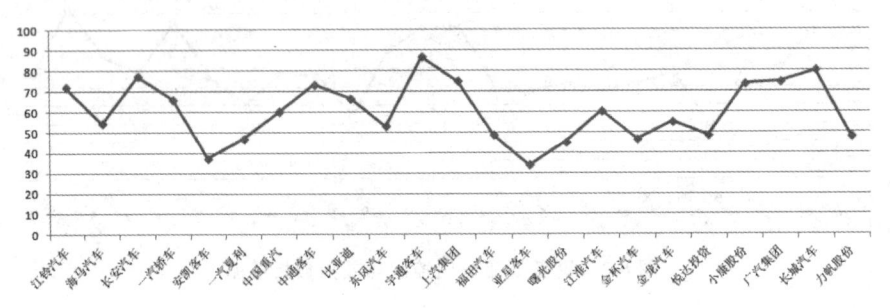

图 8-6　财务风险协同控制功效指数折线图

三、实证结果

企业集团财务协同控制系统的耦合效应反映了财务战略协同控制子系统、财务经营协同控制子系统、财务关系协同控制子系统、财务创新协同控制子系统和财务风险协同控制子系统之间的耦合关系，耦合效应系数越大，则这些子系统之间的紧密程度就越大，它们通过耦合联动作用来增进系统功能的能力就越明显。各个子系统的协同控制功效指数，分别反映了各个子系统在协同控制过程中的价值实现能力，是企业集团财务协同控制系统分别在财务战略、财务经营、财务关系、财务创新和财务风险等方面的价值能力体现。本节结合前面建立的指标体系和模型，采用沪深两市汽车制造行业的 23 家上市公司样本数据，进行了实证分析，通过实证分析可以得出以下结论：

（1）汽车制造行业的 23 家上市公司的财务协同控制系统是由多个财务协同控制子系统在复杂的耦合关系作用下，通过相互影响和相互作用,推动了财务协同控制系统的功能实现。财务战略协同控制子系统、财务经营协同控制子系统、财务关系协同控制子系统、财务创新协同控制子系统和财务风险协同控制子系统构成了汽车制造行业的23家上市公司财务协同控制系统的基本骨架,它们通过彼此功能的发挥和叠加,共同推动了财务协同控制系统的价值实现。

(2)我国汽车制造行业23家上市公司整体的财务协同控制系统的耦合效应指数偏低,主要原因在于财务战略协同控制功效指数、财务经营协同控制功效指数、财务关系协同控制功效指数、财务创新协同控制功效指数和财务风险协同控制功效指数存在较大的差异性且整体均值偏低。企业集团应根据自身的情况,通过有效的财务战略实施,提高资产权益率、资本增值率和权益报酬率,从而提升财务战略协同控制功效指数;通过合理的生产经营,提高自由现金率、营运资金率和现金增值率,从而提升财务经营协同控制功效指数;通过切实的利益关系改善,提高股利分配率、销售收现率和购买付现率,从而提升财务关系协同控制功效指数;通过适时的财务创新措施,提高销售收入增长率、产品成本降低率和净资产增长率,从而提升财务创新协同控制功效指数;通过有效的财务风险控制机制,增进财务弹性,适度财务杠杆,提升资产的获利能力,从而提高财务风险协同控制功效指数。

第二节 基于MAS的企业集团财务协同控制矩阵模型实证分析

一、样本选择与计算

根据第五章第三节中知识本体类的属性指标和判断规则模型设计,结合样本数据进行实证分析。样本仍然选取我国沪深两市汽车制造行业的23家上市公司,数据仍然采用2015年和2016年上市公司公布的年报数据,其中2016年数据作为计算期数据,2015年数据作为基期比较数据参与计算。将表8-1中的计算结果作为基础指标数据参与计算。在对基础数据标准化的基础上,采用式(5-2)～式(5-6)进行矩阵的横轴和纵轴指标计算。设第 i 个子类的第 j 个指标的正向阈值和负向阈值分别为 U_{ij+} 和 U_{ij-}。

二、阈值的计算方法和数据的标准化

如果计算得到各子类的基础数据矩阵分别为

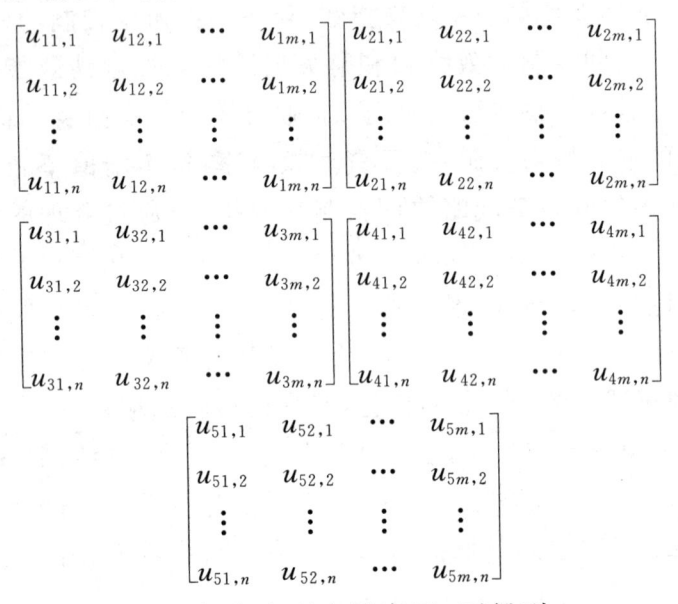

$$\begin{bmatrix} u_{11,1} & u_{12,1} & \cdots & u_{1m,1} \\ u_{11,2} & u_{12,2} & \cdots & u_{1m,2} \\ \vdots & \vdots & \vdots & \vdots \\ u_{11,n} & u_{12,n} & \cdots & u_{1m,n} \end{bmatrix} \begin{bmatrix} u_{21,1} & u_{22,1} & \cdots & u_{2m,1} \\ u_{21,2} & u_{22,2} & \cdots & u_{2m,2} \\ \vdots & \vdots & \vdots & \vdots \\ u_{21,n} & u_{22,n} & \cdots & u_{2m,n} \end{bmatrix}$$

$$\begin{bmatrix} u_{31,1} & u_{32,1} & \cdots & u_{3m,1} \\ u_{31,2} & u_{32,2} & \cdots & u_{3m,2} \\ \vdots & \vdots & \vdots & \vdots \\ u_{31,n} & u_{32,n} & \cdots & u_{3m,n} \end{bmatrix} \begin{bmatrix} u_{41,1} & u_{42,1} & \cdots & u_{4m,1} \\ u_{41,2} & u_{42,2} & \cdots & u_{4m,2} \\ \vdots & \vdots & \vdots & \vdots \\ u_{41,n} & u_{42,n} & \cdots & u_{4m,n} \end{bmatrix}$$

$$\begin{bmatrix} u_{51,1} & u_{52,1} & \cdots & u_{5m,1} \\ u_{51,2} & u_{52,2} & \cdots & u_{5m,2} \\ \vdots & \vdots & \vdots & \vdots \\ u_{51,n} & u_{52,n} & \cdots & u_{5m,n} \end{bmatrix}$$

矩阵按照每行进行由小到大排序后,可得到

$$\begin{bmatrix} U_{11,1} & U_{12,1} & \cdots & U_{1m,1} \\ U_{11,2} & U_{12,2} & \cdots & U_{1m,2} \\ \vdots & \vdots & \vdots & \vdots \\ U_{11,n} & U_{12,n} & \cdots & U_{1m,n} \end{bmatrix} \begin{bmatrix} U_{21,1} & U_{22,1} & \cdots & U_{2m,1} \\ U_{21,2} & U_{22,2} & \cdots & U_{2m,2} \\ \vdots & \vdots & \vdots & \vdots \\ U_{21,n} & U_{22,n} & \cdots & U_{2m,n} \end{bmatrix}$$

$$\begin{bmatrix} U_{31,1} & U_{32,1} & \cdots & U_{3m,1} \\ U_{31,2} & U_{32,2} & \cdots & U_{3m,2} \\ \vdots & \vdots & \vdots & \vdots \\ U_{31,n} & U_{32,n} & \cdots & U_{3m,n} \end{bmatrix} \begin{bmatrix} U_{41,1} & U_{42,1} & \cdots & U_{4m,1} \\ U_{41,2} & U_{42,2} & \cdots & U_{4m,2} \\ \vdots & \vdots & \vdots & \vdots \\ U_{41,n} & U_{42,n} & \cdots & U_{4m,n} \end{bmatrix}$$

第八章 实证分析

$$\begin{bmatrix} U_{51,1} & U_{52,1} & \cdots & U_{5m,1} \\ U_{51,2} & U_{52,2} & \cdots & U_{5m,2} \\ \vdots & \vdots & \vdots & \vdots \\ U_{51,n} & U_{52,n} & \cdots & U_{5m,n} \end{bmatrix}$$

则各矩阵 X 坐标轴和 Y 坐标轴的正向和负向阈值确定采用如下公式：

$$\begin{cases} U_{i-} = \dfrac{1}{k}\sum_{j=1}^{k} U_{ij} & \text{当 } U_{ij} < 0 \text{ 时} \\ U_{i+} = \dfrac{1}{n-k}\sum_{j=k+1}^{n} U_{ij} & \text{当 } U_{ij} \geqslant 0 \text{ 时} \end{cases} \tag{8-1}$$

式中，k 表示每一列的负值样本个数；$n-k$ 表示每列的正值样本个数；n 为样本总数。

这样，矩阵中每列数据都有 5 个阈值控制，分别为 $U_{\min}$（最小值）、U_{i-}、0、U_{i+} 和 $U_{\max}$（最大值）。为了对计算得到的基础数据进行标准化，设数列 $u_{i1}, u_{i2}, \cdots, u_{in}$ 的控制阈值分别为 $\min_j$（最小值）、t_{1j}、0、t_{2j} 和 $\max_j$（最大值），建立如图 8-1 所示的映射关系，将标准化后的数据压缩到 $[-1,1]$ 的范围内，其中 t_{1j} 为数列的负向均值，t_{2j} 为数列的正向均值。则矩阵基础数据进行标准化的计算公式可表达为

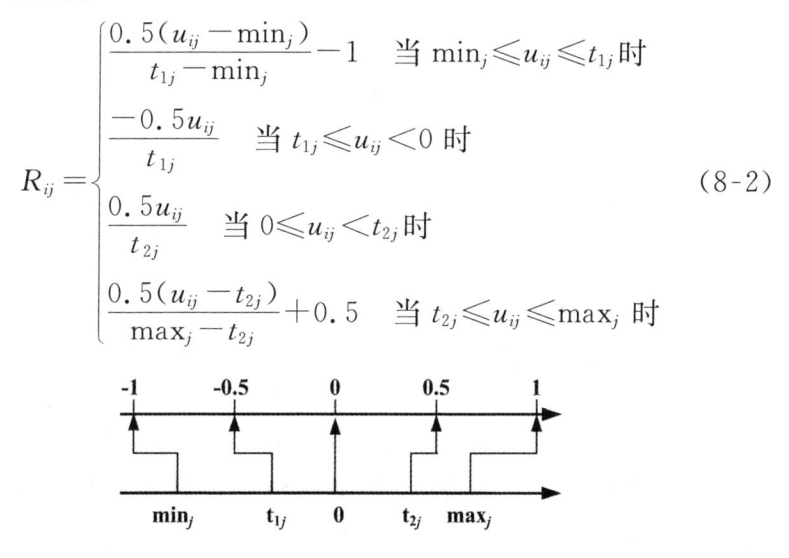

$$R_{ij} = \begin{cases} \dfrac{0.5(u_{ij}-\min_j)}{t_{1j}-\min_j} - 1 & \text{当 } \min_j \leqslant u_{ij} \leqslant t_{1j} \text{ 时} \\ \dfrac{-0.5 u_{ij}}{t_{1j}} & \text{当 } t_{1j} \leqslant u_{ij} < 0 \text{ 时} \\ \dfrac{0.5 u_{ij}}{t_{2j}} & \text{当 } 0 \leqslant u_{ij} < t_{2j} \text{ 时} \\ \dfrac{0.5(u_{ij}-t_{2j})}{\max_j - t_{2j}} + 0.5 & \text{当 } t_{2j} \leqslant u_{ij} \leqslant \max_j \text{ 时} \end{cases} \tag{8-2}$$

图 8-7 数据标准化映射关系

三、数据计算

将表 8-1 中计算得到的基础数据按列由小到大进行排序,按照阈值的计算方法进行计算,可得到各列基础数据的正向阈值和负向阈值,分别为:$U_{11+}=0.392804, U_{11-}=0; U_{12+}=0.313456, U_{12-}=-0.04559; U_{13+}=0.191206, U_{13-}=-0.10398; U_{21+}=0.121906, U_{21-}=-0.10398; U_{22+}=0.195386, U_{22-}=-0.14662; U_{23+}=0.057415, U_{23-}=-0.03023; U_{31+}=0.346926, U_{31-}=0; U_{32+}=0.906074, U_{32-}=0; U_{33+}=0.854104, U_{33-}=0; U_{41+}=0.266886, U_{41-}=-0.13249; U_{42+}=0.114911, U_{42-}=-0.24719; U_{43+}=0.197725, U_{43-}=-0.00607; U_{51+}=0.352278, U_{51-}=0; U_{52+}=0.171032, U_{52-}=-0.0044; U_{53+}=1.69075, U_{53-}=-9.61428$。采用式(8-2)对基础数据进行标准化,可得到相应的标准化数据(表 8-6),对标准化数据采用式(5-2)~式(5-6)计算得到各矩阵的 X 坐标轴和 Y 坐标轴数据(表 8-7)。

四、结果分析

按照数据计算结果,根据设定的阈值和矩阵划分标准,可以得到样本企业集团各维度的评价类型(表 8-7)。对样本企业集团矩阵评价结果的统计分析可知,财务战略协同控制系统功效指数类型为 A 的占 39%,为 B 的占 52%,为 C 的占 9%,为 D 的占 0%;财务经营协同控制系统功效指数类型为 A 的占 61%,为 B 的占 9%,为 C 的占 17%,为 D 的占 13%;财务关系协同控制系统功效指数为 A 的占 100%,B、C、D 分别都占 0%;财务创新协同控制系统功效指数类型为 A 的占 52%,为 B 的占 4%,为 C 的占 9%,为 D 的占 35%;财务风险协同控制系统功效指数类型为 A 的占 83%,为 B 的占 13%,为 C 的占 0%,为 D 的占 4%。各样本企业集团财务协同控制各子系统功效指数类型比例饼状图如图 8-8~8-12 所示。

第八章 实证分析

表 8-6 标准化数据

序号	样本名称	u_{11}	u_{12}	u_{13}	u_{21}	u_{22}	u_{23}	u_{31}	u_{32}	u_{33}	u_{41}	u_{42}	u_{43}	u_{51}	u_{52}	u_{53}
1	江铃汽车	0.8783	0.3240	0.6900	0.6900	0.7992	0.8389	0.6226	0.9567	0.6409	0.5630	−0.7167	0.3300	0.3269	0.5865	0.6858
2	海马汽车	1.0000	−0.5156	−0.1053	−0.1053	0.0384	−0.1538	0.0000	0.5052	0.4358	−0.0521	0.0622	−0.0824	0.0263	0.5132	0.1679
3	长安汽车	0.4248	0.0735	0.0957	0.0957	0.0747	0.3910	0.2548	0.6715	0.5941	0.4907	−0.4917	0.5903	0.6565	0.5151	0.1456
4	一汽轿车	0.6258	−1.0000	0.6704	0.6704	0.0008	0.7243	0.0000	0.4450	0.3943	−0.8653	0.4769	−0.6129	0.2585	0.6086	0.1954
5	安凯客车	0.4241	−0.1459	0.4493	0.4493	0.0949	0.6748	0.7478	0.4155	0.4370	−0.6630	−0.0591	0.0177	0.1452	0.2479	−0.5603
6	一汽夏利	0.5308	−0.4966	−1.0000	−1.0000	−0.8523	0.4067	0.3028	0.4027	0.3135	0.1000	−0.0967	0.0281	0.0714	1.0000	−0.7252
7	中国重汽	0.3905	−0.4025	0.4498	0.4498	0.6596	0.3483	0.5981	0.7525	0.8541	−0.7562	0.7351	0.1140	0.3477	0.4183	−0.2487
8	中通客车	0.3238	−0.1744	0.2476	0.2476	0.9267	0.3962	0.4259	0.4969	0.6690	1.0000	−1.0000	1.0000	0.9563	0.2997	−0.0099
9	比亚迪	0.4473	−0.5078	0.4215	0.4215	−0.5807	0.5465	0.6754	0.4671	0.4985	0.5768	−0.5864	0.5307	0.3250	0.5252	−0.0074
10	东风汽车	0.5181	−0.5385	−0.2279	−0.2279	0.3411	0.0000	0.0000	0.8571	0.7976	−0.1287	0.2263	0.0764	0.0471	0.4259	0.3316
11	宇通客车	0.6955	0.3013	0.5250	0.5250	1.0000	0.6419	0.2002	0.4591	0.4826	0.3992	−0.3936	0.4840	0.7345	0.5515	1.0000
12	上汽集团	0.6049	0.5034	0.5295	0.5295	0.0990	0.4616	0.5786	1.0000	1.0000	0.1036	−0.1278	0.3543	0.7680	0.3912	0.1949
13	福田汽车	0.6010	0.0748	−0.2794	−0.2794	−0.4263	0.1263	0.5990	0.3360	0.3150	−1.0000	1.0000	0.5052	0.1602	0.2488	0.0507
14	亚星客车	0.1993	−0.5037	−0.9162	−0.5519	0.5212	−0.2299	0.1829	0.2274	0.3741	0.5720	−0.5078	0.3485	1.0000	0.0895	−1.0000
15	曙光股份	0.4236	−0.0954	0.1778	0.1778	−0.3772	0.1350	0.8787	0.4749	0.6940	0.1733	−0.1276	0.0023	0.0799	0.3488	−0.2654
16	江淮汽车	0.3999	−0.0099	0.6310	0.6310	−0.5842	1.0000	0.6411	0.4245	0.4474	−0.0272	0.0809	0.6103	0.1734	0.5492	−0.0227

续表

序号	样本名称	u_{11}	u_{12}	u_{13}	u_{21}	u_{22}	u_{23}	u_{31}	u_{32}	u_{33}	u_{41}	u_{42}	u_{43}	u_{51}	u_{52}	u_{53}
17	金杯汽车	0.1101	−0.3971	0.1373	0.1373	−0.0529	0.0688	0.4161	0.7487	0.5565	−0.3729	0.4608	0.1659	0.1158	0.2362	0.1484
18	金龙汽车	0.3250	−0.0658	0.2623	0.2623	0.7848	0.5208	0.3171	0.5485	0.6457	0.4725	−0.4090	0.5946	0.9906	−0.5000	−0.2527
19	悦达投资	0.6736	0.5148	0.3303	0.3303	−0.4641	0.6712	0.5606	0.8483	0.4785	−0.9324	0.8909	−1.0000	0.2694	0.2441	−0.2560
20	小康股份	0.3271	0.0520	0.0839	0.0839	−0.4068	0.1628	0.3495	0.4479	0.3911	0.2261	0.0801	0.4246	0.5781	0.4107	0.5073
21	广汽集团	0.9168	0.0006	0.1302	0.1302	0.4842	0.4258	0.3006	0.9645	0.8475	0.5340	−0.5462	0.2326	0.8411	0.3502	0.3120
22	长城汽车	0.6886	1.0000	1.0000	1.0000	0.5124	0.6479	0.2609	0.6838	0.6134	0.4000	−0.5070	0.3672	0.7402	0.5481	0.3909
23	力帆股份	0.4622	−0.1733	−0.3948	−0.3948	−1.0000	−1.0000	1.0000	0.4354	0.4929	0.1709	−0.1553	0.5455	0.4570	0.0091	−0.1327

表 8-7 矩阵的 X 坐标轴和 Y 坐标轴计算数据

序号	样本名称	X_1	X_2	X_3	X_4	X_5	Y_1	Y_2	Y_3	Y_4	Y_5	样本类型
1	江铃汽车	0.3240	0.6900	0.6226	0.3300	0.5865	0.78415	0.81905	0.7988	−0.07685	0.50635	A3A4A4D1A4
2	海马汽车	−0.5156	−0.1053	0.0000	−0.0824	0.5132	0.44735	−0.0577	0.4705	0.00505	0.0971	B2C1A1B1A2
3	长安汽车	0.0735	0.0957	0.2548	0.5903	0.5151	0.26025	0.23285	0.6328	−0.0005	0.40105	A1A1A3D2A2
4	一汽轿车	−1.0000	0.6704	0.0000	−0.6129	0.6086	0.6481	0.36255	0.41965	−0.1942	0.22695	B4A2A1C2A2
5	安凯客车	−0.1459	0.4493	0.7478	0.0177	0.2479	0.4367	0.38485	0.42625	−0.36105	−0.20755	B1A1A2D1D1
6	一汽夏利	−0.4966	−1.0000	0.3028	0.0281	1.0000	−0.2346	−0.2228	0.3581	0.00165	−0.3269	C1C2A1A1D2

续表

序号	样本名称	X_1	Y_1	X_2	Y_2	X_3	Y_3	X_4	Y_4	X_5	Y_5	样本类型
7	中国重汽	−0.4025	0.42015	0.4498	0.50395	0.5981	0.8033	0.1140	−0.01055	0.4183	0.0495	B1A3A4D1A1
8	中通客车	−0.1744	0.2857	0.2476	0.66145	0.4259	0.58295	1.0000	0	0.2997	0.4732	B1A3A3A1A1
9	比亚迪	−0.5078	0.4344	0.4215	−0.0171	0.6754	0.4828	0.5307	−0.0048	0.5252	0.1588	B2D1A2D2A2
10	东风汽车	−0.5385	0.1451	−0.2279	0.17055	0.0000	0.82735	0.0764	0.0488	0.4259	0.18935	B2B1A3A1A1
11	宇通客车	0.3013	0.61025	0.5250	0.82095	0.2002	0.47085	0.4840	0.0028	0.5515	0.86725	A3A4A1A1A4
12	上汽集团	0.5034	0.5672	0.5295	0.2803	0.5786	1	0.3543	−0.0121	0.3912	0.48145	A4A2A4D1A1
13	福田汽车	0.0748	0.1608	−0.2794	−0.15	0.5990	0.3255	0.5052	0	0.2488	0.10545	A1C1A2A2A1
14	亚星客车	−0.5037	−0.35845	−0.5519	0.14565	0.1829	0.30075	0.3485	0.0321	0.0895	0	C2B2A1A1A1
15	曙光股份	−0.0954	0.3007	0.1778	−0.1211	0.8787	0.58445	0.0023	0.02285	0.3488	−0.09275	B1D1A4A1D1
16	江淮汽车	−0.0099	0.51545	0.6310	0.2079	0.6411	0.43595	0.6103	0.02685	0.5492	0.07535	B4A2A2A2A2
17	金杯汽车	−0.3971	0.1237	0.1373	0.00795	0.4161	0.6526	0.1659	0.04395	0.2362	0.1321	B1A1A3A1A1
18	金龙汽车	−0.0658	0.29365	0.2623	0.6528	0.3171	0.5971	0.5946	0.03175	−0.5000	0.36895	B1A3A3A2B2
19	悦达投资	0.5148	0.50195	0.3303	0.10355	0.5606	0.6634	−1.0000	−0.02075	0.2441	0.0067	A4A1A4C2A1
20	小康股份	0.0520	0.2055	0.0839	−0.122	0.3495	0.4195	0.4246	0.1531	0.4107	0.5427	A1D1A1A1A3
21	广汽集团	0.0006	0.5235	0.1302	0.455	0.3006	0.906	0.2326	−0.0061	0.3502	0.57655	A3A1A3D1A3
22	长城汽车	1.0000	0.8443	1.0000	0.58015	0.2609	0.6486	0.3672	−0.0535	0.5481	0.56555	A4A4A2D1A4
23	力帆股份	−0.1733	0.0337	−0.3948	−1	1.0000	0.46415	0.5455	0.0078	0.0091	0.16215	B1C3A2A2A1

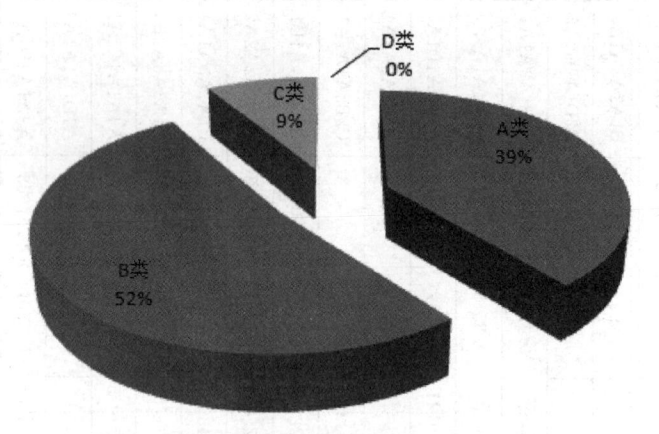

▶ 基于 MAS 的企业集团财务协同控制研究

图 8-8　财务战略协同控制系统功效指数饼形图

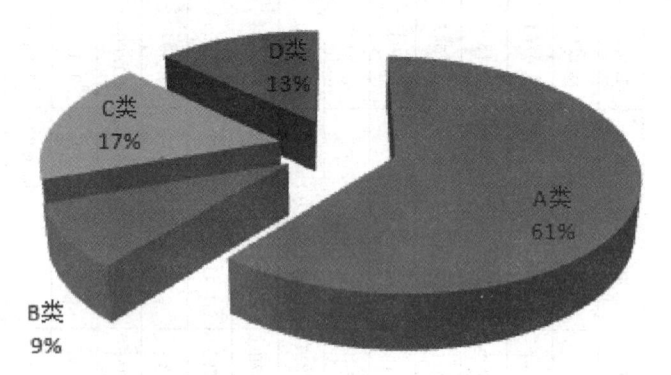

图 8-9　财务经营协同控制系统功效指数饼形图

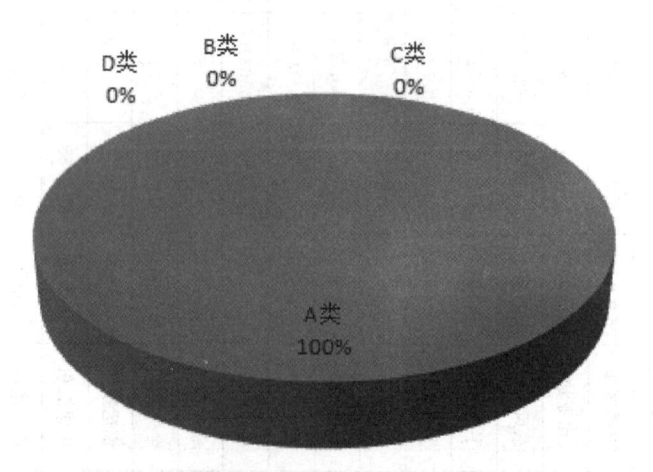

图 8-10　财务关系协同控制系统功效指数饼形图

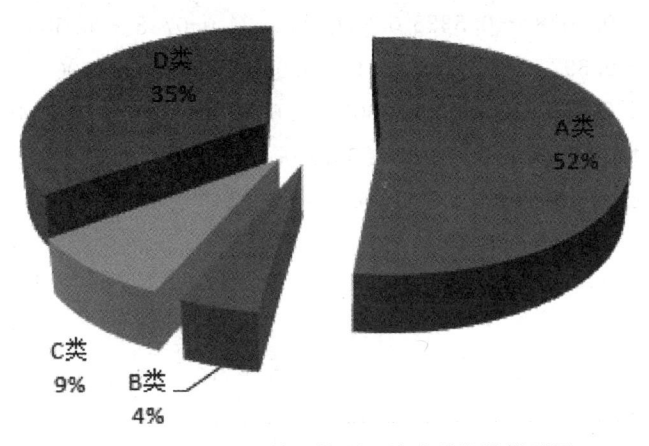

图 8-11 财务创新协同控制系统功效指数饼形图

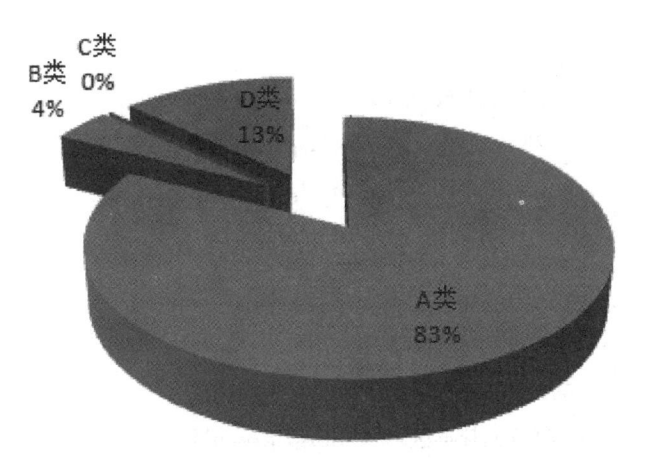

图 8-12 财务风险协同控制系统功效指数饼形图

采用 Matlab 编程处理,将计算结果直接用矩阵图显示,可得到财务战略资源管理矩阵显示图、财务经营资源管理矩阵显示图、财务关系资源管理矩阵显示图、财务创新资源管理矩阵显示图和财务风险资源管理矩阵显示图。图中的星号符号表示样本数据在矩阵中的位置,星号符号一侧的数字表示样本的序号。这样,每个样本在不同的矩阵中对应一种类型,五个矩阵类型决定了样本的综合类型(见表 8-7)。

财务战略资源管理矩阵显示图见图 8-13,Matlab 程序代码如下：

x=[0.3240 −0.5156 0.0735 −1.0000 −0.1459 −0.4966 −0.4025

−0.1744 −0.5078 −0.5385 0.3013 0.5034 0.0748 −0.5037 −0.0954 −0.0099 −0.3971 −0.0658 0.5148 0.0520 0.0006 1.0000 −0.1733]

y = [0.78415 0.44735 0.26025 0.6481 0.4367 −0.2346 0.42015 0.2857 0.4344 0.1451 0.61025 0.5672 0.1608 −0.35845 0.3007 0.51545 0.1237 0.29365 0.50195 0.2055 0.5235 0.8443 0.0337]

```
box on
hold on
grid off
for i = 1:23
    plot(x(i),y(i),'r*','LineWidth',1)
    text(x(i)+0.02,y(i)+0.02,int2str(i))
end

text(0.25,0.25,'A1 区 ','Color','green')
text(0.75,0.25,'A2 区 ','Color','green')
text(0.25,0.75,'A3 区 ','Color','green')
text(0.75,0.75,'A4 区 ','Color','green')

text(−0.25,0.25,'B1 区 ','Color','green')
text(−0.75,0.25,'B2 区 ','Color','green')
text(−0.25,0.75,'B3 区 ','Color','green')
text(−0.75,0.75,'B4 区 ','Color','green')

text(−0.25,−0.25,'C1 区 ','Color','green')
text(−0.75,−0.25,'C2 区 ','Color','green')
text(−0.25,−0.75,'C3 区 ','Color','green')
text(−0.75,−0.75,'C4 区 ','Color','green')

text(0.25,−0.22,'D1 区 ','Color','green')
text(0.75,−0.22,'D2 区 ','Color','green')
text(0.25,−0.72,'D3 区 ','Color','green')
text(0.75,−0.72,'D4 区 ','Color','green')

line([0.5,0.5],[−1,1],'Color','black','LineWidth',1,'LineStyle','－－')
```

line([-0.5,-0.5],[-1,1],'Color','black','LineWidth',1,'LineStyle','--')

line([-1,1],[0.5,0.5],'Color','black','LineWidth',1,'LineStyle','--')

line([-1,1],[-0.5,-0.5],'Color','black','LineWidth',1,'LineStyle','--')

annotation('arrow',[0.13,0.915],[0.516,0.516],'LineWidth',2)

annotation('arrow',[0.518,0.518],[0.11,0.935],'LineWidth',2)

hold off
xlabel('资本增值率','fontsize',10,'fontweight','b')
ylabel('财务战略资源适配度','fontsize',10,'fontweight','b')

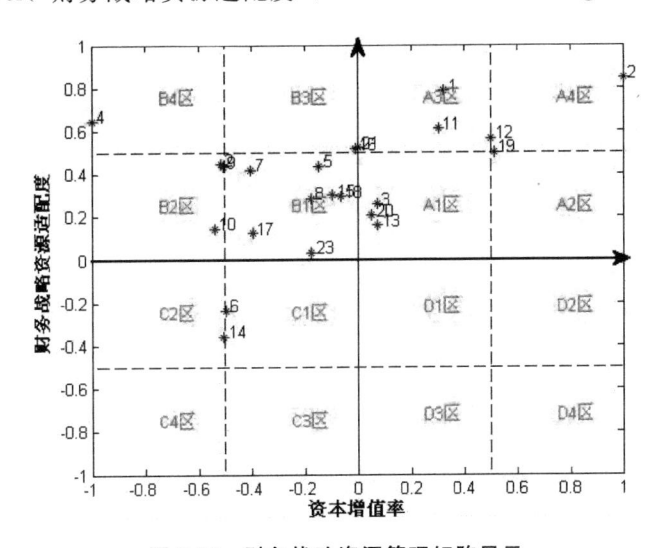

图 8-13 财务战略资源管理矩阵显示

财务经营资源管理矩阵显示图见图 8-14，Matlab 程序代码如下：

x = [0.6900 -0.1053 0.0957 0.6704 0.4493 -1.0000 0.4498 0.2476 0.4215 -0.2279 0.5250 0.5295 -0.2794 -0.5519 0.1778 0.6310 0.1373 0.2623 0.3303 0.0839 0.1302 1.0000 -0.3948]

y = [0.81905 -0.0577 0.23285 0.36255 0.38485 -0.2228 0.50395 0.66145 -0.0171 0.17055 0.82095 0.2803 -0.15 0.14565 -0.1211 0.2079 0.00795 0.6528 0.10355 -0.122 0.455 0.58015 -1]

```
box on
hold on
grid off
for i=1:23
    plot(x(i),y(i),'r*','LineWidth',1)
    text(x(i)+0.02,y(i)+0.02,int2str(i))
end

text(0.25,0.25,'A1区','Color','green')
text(0.75,0.25,'A2区','Color','green')
text(0.25,0.75,'A3区','Color','green')
text(0.75,0.75,'A4区','Color','green')

text(-0.25,0.25,'B1区','Color','green')
text(-0.75,0.25,'B2区','Color','green')
text(-0.25,0.75,'B3区','Color','green')
text(-0.75,0.75,'B4区','Color','green')

text(-0.25,-0.25,'C1区','Color','green')
text(-0.75,-0.25,'C2区','Color','green')
text(-0.25,-0.75,'C3区','Color','green')
text(-0.75,-0.75,'C4区','Color','green')

text(0.25,-0.22,'D1区','Color','green')
text(0.75,-0.22,'D2区','Color','green')
text(0.25,-0.72,'D3区','Color','green')
text(0.75,-0.72,'D4区','Color','green')

line([0.5,0.5],[-1,1],'Color','black','LineWidth',1,'LineStyle','--')
line([-0.5,-0.5],[-1,1],'Color','black','LineWidth',1,'LineStyle','--')
line([-1,1],[0.5,0.5],'Color','black','LineWidth',1,'LineStyle','--')
line([-1,1],[-0.5,-0.5],'Color','black','LineWidth',1,
```

'LineStyle','——')
　　annotation('arrow',[0.13,0.915],[0.516,0.516],'LineWidth',2)
　　annotation('arrow',[0.518,0.518],[0.11,0.935],'LineWidth',2)

hold off
xlabel('自由现金率','fontsize',10,'fontweight','b')
ylabel('财务经营资源适配度','fontsize',10,'fontweight','b')

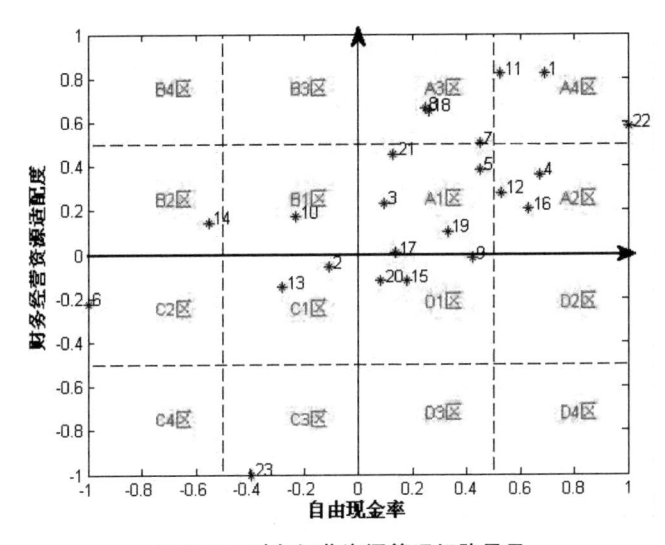

图 8-14　财务经营资源管理矩阵显示

财务关系资源管理矩阵显示图见图 8-15，Matlab 程序代码如下：

　　x＝[0.6226　0.0000　0.2548　0.0000　0.7478　0.3028　0.5981　0.4259　0.6754　0.0000　0.2002　0.5786　0.5990　0.1829　0.8787　0.6411　0.4161　0.3171　0.5606　0.3495　0.3006　0.2609　1.0000］

　　y＝[0.7988　0.4705　0.6328　0.41965　0.42625　0.3581　0.8033　0.58295　0.4828　0.82735　0.47085　1　0.3255　0.30075　0.58445　0.43595　0.6526　0.5971　0.6634　0.4195　0.906　0.6486　0.46415]

box on
hold on
grid off
for i＝1:23
　　plot(x(i),y(i),'r*','LineWidth',1)

```
        text(x(i)+0.02,y(i)+0.02,int2str(i))
end

    text(0.25,0.25,'A1区','Color','green')
    text(0.75,0.25,'A2区','Color','green')
    text(0.25,0.75,'A3区','Color','green')
    text(0.75,0.75,'A4区','Color','green')

    text(-0.25,0.25,'B1区','Color','green')
    text(-0.75,0.25,'B2区','Color','green')
    text(-0.25,0.75,'B3区','Color','green')
    text(-0.75,0.75,'B4区','Color','green')

    text(-0.25,-0.25,'C1区','Color','green')
    text(-0.75,-0.25,'C2区','Color','green')
    text(-0.25,-0.75,'C3区','Color','green')
    text(-0.75,-0.75,'C4区','Color','green')

    text(0.25,-0.22,'D1区','Color','green')
    text(0.75,-0.22,'D2区','Color','green')
    text(0.25,-0.72,'D3区','Color','green')
    text(0.75,-0.72,'D4区','Color','green')

    line([0.5,0.5],[-1,1],'Color','black','LineWidth',1,'LineStyle','--')
    line([-0.5,-0.5],[-1,1],'Color','black','LineWidth',1,'LineStyle','--')
    line([-1,1],[0.5,0.5],'Color','black','LineWidth',1,'LineStyle','--')
    line([-1,1],[-0.5,-0.5],'Color','black','LineWidth',1,'LineStyle','--')
    annotation('arrow',[0.13,0.915],[0.516,0.516],'LineWidth',2)
    annotation('arrow',[0.518,0.518],[0.11,0.935],'LineWidth',2)

hold off
```

xlabel('现金增值率','fontsize',10,'fontweight','b')
ylabel('财务关系资源适配度','fontsize',10,'fontweight','b')

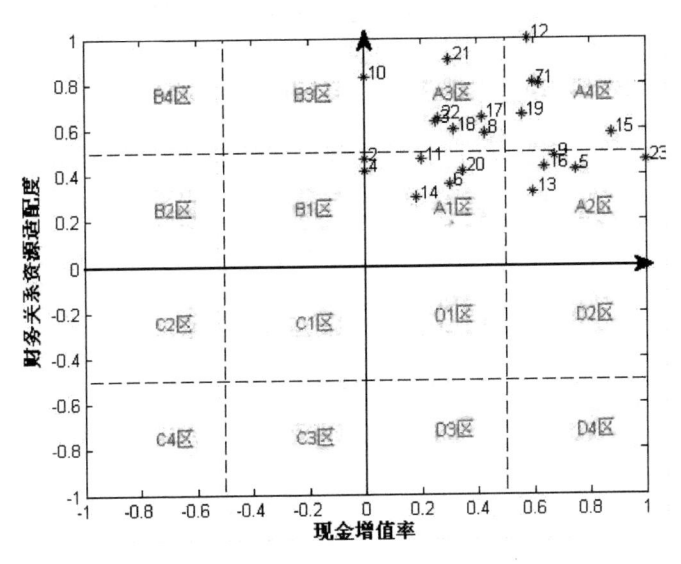

图 8-15　财务关系资源管理矩阵显示

财务创新资源管理矩阵显示图见图 8-16,Matlab 程序代码如下：

x=[0.3300 -0.0824 0.5903 -0.6129 0.0177 0.0281 0.1140 1.0000 0.5307 0.0764 0.4840 0.3543 0.5052 0.3485 0.0023 0.6103 0.1659 0.5946 -1.0000 0.4246 0.2326 0.3672 0.5455]

y=[-0.07685 0.00505 -0.0005 -0.1942 -0.36105 0.00165 -0.01055 0 -0.0048 0.0488 0.0028 -0.0121 0 0.0321 0.02285 0.02685 0.04395 0.03175 -0.02075 0.1531 -0.0061 -0.0535 0.0078]

box on
hold on
grid off
for i=1:23
　　plot(x(i),y(i),'r*','LineWidth',1)
　　text(x(i)+0.02,y(i)+0.02,int2str(i))
end

```
text(0.25,0.25,'A1区','Color','green')
text(0.75,0.25,'A2区','Color','green')
text(0.25,0.75,'A3区','Color','green')
text(0.75,0.75,'A4区','Color','green')

text(-0.25,0.25,'B1区','Color','green')
text(-0.75,0.25,'B2区','Color','green')
text(-0.25,0.75,'B3区','Color','green')
text(-0.75,0.75,'B4区','Color','green')

text(-0.25,-0.25,'C1区','Color','green')
text(-0.75,-0.25,'C2区','Color','green')
text(-0.25,-0.75,'C3区','Color','green')
text(-0.75,-0.75,'C4区','Color','green')

text(0.25,-0.22,'D1区','Color','green')
text(0.75,-0.22,'D2区','Color','green')
text(0.25,-0.72,'D3区','Color','green')
text(0.75,-0.72,'D4区','Color','green')

line([0.5,0.5],[-1,1],'Color','black','LineWidth',1,'LineStyle','--')
    line([-0.5,-0.5],[-1,1],'Color','black','LineWidth',1,'LineStyle','--')
    line([-1,1],[0.5,0.5],'Color','black','LineWidth',1,'LineStyle','--')
    line([-1,1],[-0.5,-0.5],'Color','black','LineWidth',1,'LineStyle','--')
    annotation('arrow',[0.13,0.915],[0.516,0.516],'LineWidth',2)
    annotation('arrow',[0.518,0.518],[0.11,0.935],'LineWidth',2)

hold off
xlabel('资产规模增长率','fontsize',10,'fontweight','b')
ylabel('财务创新资源适配度','fontsize',10,'fontweight','b')
```

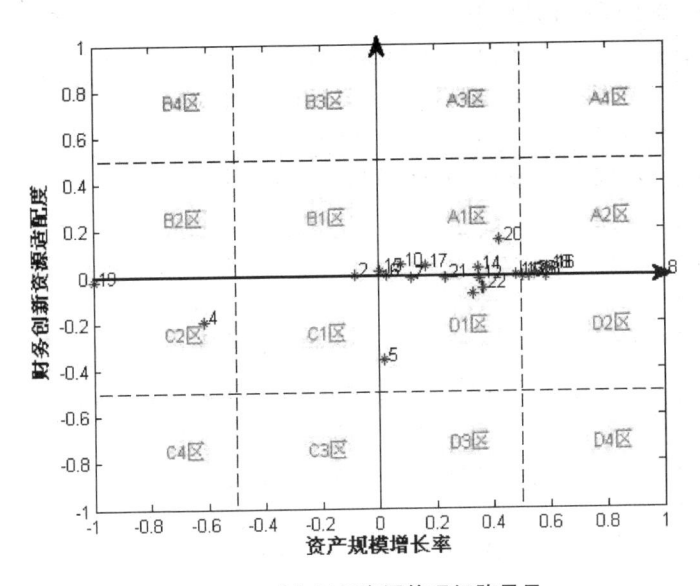

图 8-16 财务创新资源管理矩阵显示

财务风险资源管理矩阵显示图见图 8-17,Matlab 程序代码如下:

x=[0.5865 0.5132 0.5151 0.6086 0.2479 1.0000 0.4183 0.2997 0.5252 0.4259 0.5515 0.3912 0.2488 0.0895 0.3488 0.5492 0.2362 −0.5000 0.2441 0.4107 0.3502 0.5481 0.0091]

y=[0.50635 0.0971 0.40105 0.22695 −0.20755 −0.3269 0.0495 0.4732 0.1588 0.18935 0.86725 0.48145 0.10545 0 −0.09275 0.07535 0.1321 0.36895 0.0067 0.5427 0.57655 0.56555 0.16215]

box on

hold on

grid off

for i=1:23

　　plot(x(i),y(i),'r*','LineWidth',1)

　　text(x(i)+0.02,y(i)+0.02,int2str(i))

end

text(0.25,0.25,'A1 区 ','Color','green')

text(0.75,0.25,'A2 区 ','Color','green')

text(0.25,0.75,'A3 区 ','Color','green')
text(0.75,0.75,'A4 区 ','Color','green')

text(-0.25,0.25,'B1 区 ','Color','green')
text(-0.75,0.25,'B2 区 ','Color','green')
text(-0.25,0.75,'B3 区 ','Color','green')
text(-0.75,0.75,'B4 区 ','Color','green')

text(-0.25,-0.25,'C1 区 ','Color','green')
text(-0.75,-0.25,'C2 区 ','Color','green')
text(-0.25,-0.75,'C3 区 ','Color','green')
text(-0.75,-0.75,'C4 区 ','Color','green')

text(0.25,-0.22,'D1 区 ','Color','green')
text(0.75,-0.22,'D2 区 ','Color','green')
text(0.25,-0.72,'D3 区 ','Color','green')
text(0.75,-0.72,'D4 区 ','Color','green')

line([0.5,0.5],[-1,1],'Color','black','LineWidth',1,'LineStyle','--')
line([-0.5,-0.5],[-1,1],'Color','black','LineWidth',1,'LineStyle','--')
line([-1,1],[0.5,0.5],'Color','black','LineWidth',1,'LineStyle','--')
line([-1,1],[-0.5,-0.5],'Color','black','LineWidth',1,'LineStyle','--')
annotation('arrow',[0.13,0.915],[0.516,0.516],'LineWidth',2)
annotation('arrow',[0.518,0.518],[0.11,0.935],'LineWidth',2)

hold off
xlabel(' 财务杠杆降低率 ','fontsize',10,'fontweight','b')
ylabel(' 财务风险资源适配度 ','fontsize',10,'fontweight','b')

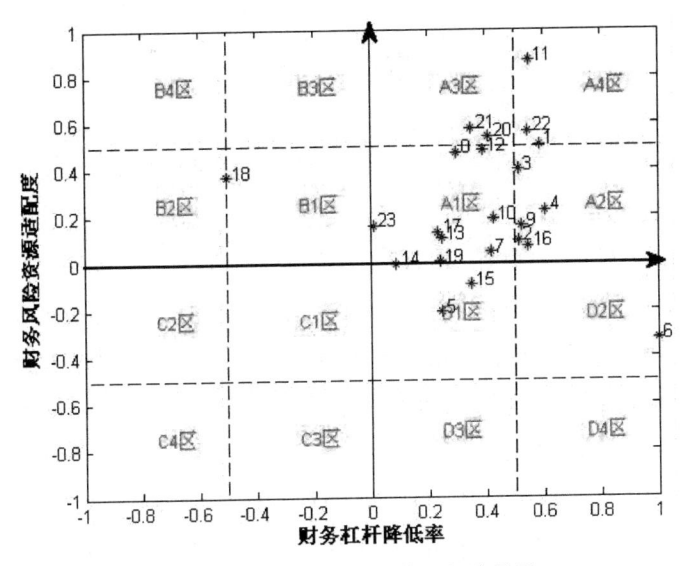

图 8-17　财务风险资源管理矩阵显示

　　从各个矩阵显示图和对应的样本类型上可以看出,各样本在财务战略资源管理、财务经营资源管理、财务关系资源管理、财务创新资源管理和财务风险资源管理方面具有差异性,根据样本类型可进行相应的经济解释。如江铃汽车的综合类型为[A3A4A4D1A4],说明江铃汽车在财务战略资源管理方面属于"低价值创造、高财务战略资源适配",在财务经营资源管理方面属于"高经营现金充裕、高财务经营资源适配",在财务关系资源管理方面属于"高现金盈余、高财务关系资源适配",在财务创新资源管理方面属于"低财务增值、低财务创新资源不适配",在财务风险资源管理方面属于"高财务风险价值、高财务风险资源适配"。因此,公司在战略执行过程中能够提供足够的战略资源保障,但创造的 EVA 价值较低;公司的经营资源能与公司的生产经营相适应,并能够有足够的现金流;公司能为利益相关者带来较多的利益回报,财务利益关系处于协调状态;公司的财务增值能力较差,创新资源投入不足;公司的风险资源管理合理,能够有效控制财务风险。因此,公司应着重改善整体价值创造能力,多投入创新性资源,提高公司的财务创新能力,从而为公司带来更多的价值。

本章小结

建立的基于 MAS 的企业集团财务协同控制相关指标和模型,需要通过实证分析的方式来进行检验,以分析其应用效果。本章主要针对第三章中企业集团财务协同控制系统的耦合效应研究和第五章中知识本体类的属性指标和判断规则模型设计,采用 23 家汽车制造行业上市公司的样本数据进行实证分析。研究结果表明:(1)汽车制造行业的 23 家上市公司的财务协同控制系统是由多个财务协同控制子系统在复杂的耦合关系作用下,通过相互影响和相互作用,推动功能的改进和价值效应的实现;(2)我国汽车制造行业 23 家上市公司整体的财务协同控制系统的耦合效应指数偏低,企业集团应根据自身的实际情况,强化财务战略协同控制、财务经营协同控制、财务关系协同控制、财务创新协同控制和财务风险协同控制,以提高相应的协同控制功效指数;(3)我国汽车制造行业 23 家上市公司的财务战略资源管理、财务经营资源管理、财务关系资源管理、财务创新资源管理和财务风险资源管理结果具有差异性,各企业对应于矩阵中的不同类型,并反映了它们的不同经济内涵,汽车制造行业 23 家上市公司可根据实证的类型,采取措施进行改进。

第九章 总结与展望

第一节 研究总结

现代企业集团是具有显著的财务协同控制特色、管理复杂性和动态耦合特征的先进组织形式,是伴随着生产力发展,在适应外部环境和内部条件变化的前提下进行的组织自我完善和创新。由于财务协同控制能力对企业集团的价值创造具有显著的影响作用,采用基于MAS的方法结合企业集团财务协同控制进行研究,能够提高研究的理论性和实践性,对于推进企业集团的财务协同控制能力具有重要作用。通过本书研究的深入开展,把握了企业集团财务协同控制的系统特征,厘清了基于MAS的企业集团财务协同控制机理,建立了基于MAS的企业集团财务协同控制模型,现总结如下:

(1)在对企业集团及其在国民经济中的地位和作用分析的基础上,探讨了企业集团财务协同控制能力的脆弱性,研究了企业集团财务协同控制能力提升的必要性,分析了基于MAS的企业集团财务协同控制研究目的和研究的理论价值与应用价值。归纳总结了基于价值效应的企业集团协同控制研究、基于战略风险管理的企业集团协同控制研究、基于复杂动态网络的企业集团协同控制研究,建立了研究的内容框架。

(2)在对协同认识的基础上,归纳总结了协同认识的四个阶段:"和谐一致"阶段、"分工协作"阶段、"协调控制"阶段和"协同控制"阶段,总结分析了四种基本协同控制观:"古典协同控制观""静态协同控制观""动态协同控制观"和"耦合协同控制观",建立了企业集团财务协同控制观,并分析了 MAS 的基本方法和基于 Agent 的智能决策支持系统模型。归纳分析了基于 MAS 的企业集团相关理论,构建了基于 MAS 的企业集团财务协同控制研究的理论框架。

(3)探讨了企业集团财务协同控制系统的基本结构,分析了各个子系统及其内在关系,探讨了企业集团财务协同控制系统的耦合效应,分析了企业集团财务协同控制系统与 MAS 的差异性和一致性。研究了基于 MAS 的企业集团财务协同控制的系统模型构建的可行性、MAS 技术引入的可行性、Multi-Agent 自适应模块建立的可行性、智能控制与决策模块建立的可行性、信息沟通与知识库建立的可行性和复杂系统协同控制应用平台建立的可行性。

(4)进行了企业集团财务协同控制系统的 Multi-Agent 任务分析、结构分析、职能分析和机能分析,厘清了企业集团财务协同控制系统的 Multi-Agent 的基本特性。进行了企业集团财务协同控制系统的 Multi-Agent 博弈分析,把握了企业集团财务协同控制系统的 Multi-Agent 博弈特征,进行了博弈分析。探讨了企业集团财务协同控制系统的 Multi-Agent 合作与冲突,分析了 Multi-Agent 的交互协作方式和交互协作进程,探讨了企业集团财务协同控制系统的 Multi-Agent 冲突及冲突消解机制。

(5)分析了数据、信息、知识及其处理系统,研究了 Multi-Agent 共享知识库的知识表达和共享知识库模型。阐述了基于 MAS 的企业集团财务协同控制共享知识库构建方法,对基于 MAS 的企业集团财务协同控制共享知识库概念进行了分类,探讨了基于 MAS 的企业集团财务协同控制共享知识库知识本体类的属性指标和判断规则模型,进行了基于 MAS 的企业集团财务协同控制共享知识库更新研究。研究了企业集团财务协同控制系统的 Multi-Agent 交互进化规律,探讨了企业集团财务协同控制系统的 Multi-Agent 进化与选择。

(6)提出了基于 MAS 的企业集团财务协同控制系统的概念

模型和假设,设计了调查问卷,并进行了调查问卷数据收集和分析,检验了数据的效度和信度,进行了结构方程拟合分析和路径关系检验。设计了基于 MAS 的企业集团财务协同控制系统模型,并进行了相应的功能分析和局限性分析。进行了基于 MAS 的企业集团财务协同控制系统模型适应性分析,并进行了模型适应性评价。

(7)提出了基于 MAS 的企业集团财务协同控制系统实施原则,分析了基于 MAS 的企业集团财务协同控制系统实施环境。论述了基于 MAS 的企业集团财务协同控制系统实施步骤。阐述了基于 MAS 的企业集团财务协同控制系统维护内容、维护类型和维护程序。

(8)对企业集团财务协同控制系统的耦合效应研究和知识本体类的属性指标和判断规则模型设计,采用 23 家汽车制造行业上市公司的样本数据进行实证分析。

第二节 主要创新点

本书的研究主要创新点如下:

(1)系统梳理了基于 MAS 的企业集团财务协同控制基本理念、基本理论,建立了基于 MAS 的企业集团财务协同控制研究的理念支撑和理论框架。

(2)系统分析了企业集团财务协同控制系统的基本结构、耦合效应,探讨了企业集团财务协同控制系统与 MAS 的异同点和引入 MAS 技术的可行性,实现了 MAS 与企业集团财务协同控制系统的有效结合。

(3)有效把握了基于 MAS 的企业集团财务协同控制的任务、结构、职能、机能以及 Multi-Agent 的博弈特征,探讨了 Multi-Agent 的合作与冲突规律,理清了基于 MAS 的企业集团财务协同控制机理。

(4)建立了共享知识库概念模型,设计了财务协同控制共享知识库知识本体类的属性指标和判断规则模型,厘清了 Agent 的生成与优化规律。

(5)提出了基于 MAS 的企业集团财务协同控制系统的 Agent 方案,建立了基于 MAS 的企业集团财务协同控制系统模型。

第三节 研究展望

基于 MAS 的企业集团财务协同控制系统是一个复杂的系统工程,涉及的内容较多,包括 Agent 技术、控制技术、计算机技术、数据库技术等。本研究虽然从多个层面探讨了基于 MAS 的企业集团财务协同控制问题,构建了基于 MAS 的企业集团财务协同控制系统的理念支撑、理论框架,把握了基于 MAS 的企业集团财务协同控制系统特征,厘清了基于 MAS 的企业集团财务协同控制系统的机理,探讨了共享知识库、Agent 交互等内容,建立一些模型并进行了实证分析,但由于研究的复杂性,本研究仍然存在很多不足之处或不全面的地方,需要在今后的研究中进一步深化。

结合本书的研究领域、研究成果和未来技术的发展趋势,基于 MAS 的企业集团财务协同控制问题需要结合以下内容进行深入研究和探讨。

(1)Multi-Agent 技术对于解决企业集团财务协同控制问题具有重要的作用,但该项技术涉及的内容较多,研究中建立的指标、模型都需要在实际应用中进行验证,并根据检验结果进行调整。

(2)基于 MAS 的企业集团财务协同控制需要多 Agent 的交互,应用仿真研究对于多 Agent 的交互过程、交互能力、交互结果都有检验和分析作用,因此,需要进一步采用仿真应用平台进行仿真研究。

(3)随着人工智能技术的进一步发展和在各个领域内的广泛应用,进一步研究并建立适合于企业集团财务协同控制的管理体系,对于推进企业集团财务管理具有重要作用,因此,需要结合新技术进一步探索企业集团财务协同控制系统的价值实现途径。

附录 A 调查问卷

《基于 MAS 的企业集团财务协同控制研究》调查问卷

尊敬的各位领导、专家,先生们、女士们:

《基于 MAS 的企业集团财务协同控制研究》(12YJA630030)是教育部人文社科规划基金项目,该项研究对于促进企业集团的协同管理具有重要作用。为了搞好该项研究工作,需要各位领导、专家,先生们和女士们帮助完成以下问卷,问卷设置的题目均为单项选择题,希望您能抽出有限的时间根据本企业的实际情况完成本调查问卷。本次问卷调查纯属学术活动,衷心感谢您的支持和帮助,欢迎多提宝贵意见!

联系地址:郑州市金水东路龙子湖高校园区 1 号华北水利水电大学管理与经济学院

联系电话:15936285029   E-mail:709190116@qq.com

■ 基本情况调查

1. 贵公司的登记注册类型:
○国有控股　　○民营企业　　○有限责任公司
○股份有限公司　　○其他

2. 贵公司的资产规模:
○特大型企业　　○大型企业　　○中型企业
○小微企业　　○其他

3. 贵公司是否为上市公司:
○是　　○否

4. 您在贵公司的职位是:
○公司高层领导　　○公司中层领导　　○公司基层管理
○公司技术骨干　　○其他

■ 研究项目调查（请根据重要性程度选择相应的分值，越重要的分值越高）

➢ "财务战略资源管理"项目

1. 您认为财务战略资源管理在贵公司战略管理中的地位和重要性如何。

○1分　○2分　○3分　○4分　○5分

2. 贵公司的财务战略资源能否为公司战略目标的实现提供足够的资源保障。

○1分　○2分　○3分　○4分　○5分

3. 您认为贵公司的财务战略资源通过有效配置和合理利用是否充分发挥了作用。

○1分　○2分　○3分　○4分　○5分

4. 您认为贵公司拥有的财务战略资源相对于竞争对手来说是否更具价值性、稀缺性和难模仿性。

○1分　○2分　○3分　○4分　○5分

➢ "财务战略规划与行动方案"项目

1. 您认为贵公司的财务战略规划是否具有前瞻性和预见性。

○1分　○2分　○3分　○4分　○5分

2. 您认为贵公司的财务战略定位是否准确合理，是否能有效促进公司的战略管理。

○1分　○2分　○3分　○4分　○5分

3. 您认为贵公司的战略行动是否具有协同一致性，是否能够产生互补效应。

○1分　○2分　○3分　○4分　○5分

4. 您认为贵公司的战略行动方案是否完整、科学，能否反映公司的战略目标。

○1分　○2分　○3分　○4分　○5分

➢ "财务战略目标及绩效管理"项目

1. 您认为贵公司的财务战略目标是否清晰、明确，是否能有效指导公司的战略行动。

○1分　○2分　○3分　○4分　○5分

2. 您认为贵公司的财务战略目标设定是否充分反映了公司的使命,是否具有挑战性。

○1分　○2分　○3分　○4分　○5分

3. 您认为贵公司的财务战略绩效是否明显,是否反映了战略目标的管理要求。

○1分　○2分　○3分　○4分　○5分

4. 您认为贵公司是否具有较高的财务战略绩效管理水平,通过管理是否促进了资本资产的有效利用。

○1分　○2分　○3分　○4分　○5分

➢ "财务战略协同控制技术"项目

1. 您认为贵公司的财务战略协同控制是否具有较强的协同性和技术性。

○1分　○2分　○3分　○4分　○5分

2. 您认为贵公司的财务战略协同控制技术体系是否完整,是否反映了智能控制的要求。

○1分　○2分　○3分　○4分　○5分

3. 您认为采用智能化协同控制技术对贵公司的战略管理能否产生了积极作用。

○1分　○2分　○3分　○4分　○5分

4. 您认为贵公司的财务战略协同控制技术在同行业中的地位和作用如何。

○1分　○2分　○3分　○4分　○5分

➢ "财务经营资源管理"项目

1. 您认为财务经营资源管理在贵公司生产经营中的地位和重要性如何。

○1分　○2分　○3分　○4分　○5分

2. 您认为贵公司的财务经营资源是否充分,能否为生产经营活动提供有效的资源保障。

○1分　○2分　○3分　○4分　○5分

3. 您认为贵公司具有独特性的财务经营资源所占的比重是否比较大。

○1分 ○2分 ○3分 ○4分 ○5分

4. 您认为贵公司具有独特性的财务经营资源能否与公司的生产经营活动相匹配。

○1分 ○2分 ○3分 ○4分 ○5分

➢ "财务经营定位与流程管理"项目

1. 您认为贵公司的财务经营定位是否准确有效,是否在行业中处于领先地位。

○1分 ○2分 ○3分 ○4分 ○5分

2. 您认为贵公司的财务经营定位是否反映了社会需求,是否能满足社会的需要。

○1分 ○2分 ○3分 ○4分 ○5分

3. 您认为贵公司的财务经营流程是否流畅、合理。

○1分 ○2分 ○3分 ○4分 ○5分

4. 您认为贵公司的财务经营流程是否能有效保障生产经营业务的开展。

○1分 ○2分 ○3分 ○4分 ○5分

➢ "财务经营成本及绩效管理"项目

1. 您认为贵公司的财务经营成本水平是否在行业中处于领先地位。

○1分 ○2分 ○3分 ○4分 ○5分

2. 您认为贵公司的财务经营成本管理是否具有战略性和系统性。

○1分 ○2分 ○3分 ○4分 ○5分

3. 您认为贵公司的财务经营绩效水平是否在行业中处于领先地位。

○1分 ○2分 ○3分 ○4分 ○5分

4. 您认为贵公司的财务经营绩效管理是否具有科学性和合理性。

○1分 ○2分 ○3分 ○4分 ○5分

> "财务经营协同控制技术"项目

1. 您认为贵公司的财务经营协同控制是否具有较强的协同性和技术性。

○1分　○2分　○3分　○4分　○5分

2. 您认为贵公司的财务经营协同控制技术体系是否完整,是否反映了智能控制的要求。

○1分　○2分　○3分　○4分　○5分

3. 您认为采用智能化协同控制技术对贵公司的生产经营管理能否产生积极作用。

○1分　○2分　○3分　○4分　○5分

4. 您认为贵公司的财务经营协同控制技术在同行业中的地位和作用如何。

○1分　○2分　○3分　○4分　○5分

> "财务关系资源管理"项目

1. 您认为财务关系资源管理在贵公司协同管理中的地位和重要性如何。

○1分　○2分　○3分　○4分　○5分

2. 您认为贵公司的财务关系资源是否稳定、协调,是否具有可扩充性。

○1分　○2分　○3分　○4分　○5分

3. 您认为贵公司的财务关系资源是否具有匹配性、互补性和特殊性。

○1分　○2分　○3分　○4分　○5分

4. 您认为贵公司的财务关系资源管理能力和管理水平是否达到了战略目标要求。

○1分　○2分　○3分　○4分　○5分

> "财务关系资产及价值链管理"项目

1. 您认为贵公司依靠财务关系提供的专用性资产是否足够,是否能满足公司的发展需求。

○1分　○2分　○3分　○4分　○5分

2. 您认为贵公司的财务关系资产是否充分发挥了价值创造作用。

○1分　○2分　○3分　○4分　○5分

3. 您认为贵公司的财务关系资产对于公司的价值链管理是否具有推动作用。

○1分　○2分　○3分　○4分　○5分

4. 您认为贵公司的价值链管理是否有效体现了均衡性财务关系的要求。

○1分　○2分　○3分　○4分　○5分

➢ "财务关系协调成本及绩效管理"项目

1. 您认为贵公司的财务关系冲突是否合理,其协调成本是否在理想的范围内。

○1分　○2分　○3分　○4分　○5分

2. 您认为贵公司的财务关系协调成本在行业中是否处于领先地位。

○1分　○2分　○3分　○4分　○5分

3. 您认为贵公司的财务关系作用是否得到充分发挥,是否能有效改善公司的绩效。

○1分　○2分　○3分　○4分　○5分

4. 您认为贵公司的财务关系绩效是否明显和突出,是否反映了战略目标的要求。

○1分　○2分　○3分　○4分　○5分

➢ "财务关系协同控制技术"项目

1. 您认为贵公司的财务关系协同控制是否具有较强的协同性和技术性。

○1分　○2分　○3分　○4分　○5分

2. 您认为贵公司的财务关系协同控制技术体系是否完整,是否反映了智能控制的要求。

○1分　○2分　○3分　○4分　○5分

3. 您认为采用智能化协同控制技术对贵公司的财务关系管理能否产生积极作用。

○1分　○2分　○3分　○4分　○5分

4. 您认为贵公司的财务关系协同控制技术在同行业中的地位和作用如何。

○1分　○2分　○3分　○4分　○5分

➤ "财务创新资源管理"项目

1. 您认为财务创新资源管理在贵公司协同创新中的地位和重要性如何。

○1分　○2分　○3分　○4分　○5分

2. 您认为贵公司的财务创新资源是否充分,是否能有效保障创新活动的开展。

○1分　○2分　○3分　○4分　○5分

3. 您认为贵公司的财务创新资源是否得到了合理应用,是否充分发挥了创新作用。

○1分　○2分　○3分　○4分　○5分

4. 您认为贵公司的财务创新资源是否具有系统性、协同性和稳定性。

○1分　○2分　○3分　○4分　○5分

➤ "财务创新能力与行为管理"项目

1. 您认为贵公司的财务创新能力是否体现了公司的持续发展要求。

○1分　○2分　○3分　○4分　○5分

2. 您认为贵公司的财务创新能力是否已经成为贵公司核心竞争力的重要支撑。

○1分　○2分　○3分　○4分　○5分

3. 您认为贵公司的财务创新行为是否与公司的创新能力相匹配。

○1分　○2分　○3分　○4分　○5分

4. 您认为贵公司的财务创新行为是否为公司带来了长期的价值。

○1分　○2分　○3分　○4分　○5分

➢ "财务创新水平及绩效管理"项目

1. 您认贵公司的财务创新水平在同行业中是否处于领先地位。

○1分　○2分　○3分　○4分　○5分

2. 您认为贵公司的财务创新水平是否反映了公司的战略目标要求。

○1分　○2分　○3分　○4分　○5分

3. 您认为贵公司的财务创新绩效是否明显,是否达到了预期目标。

○1分　○2分　○3分　○4分　○5分

4. 您认为贵公司的财务创新绩效是否体现了公司的财务创新能力。

○1分　○2分　○3分　○4分　○5分

➢ "财务创新协同控制技术"项目

1. 您认为贵公司的财务创新协同控制是否具有较强的协同性和技术性。

○1分　○2分　○3分　○4分　○5分

2. 您认为贵公司的财务创新协同控制技术体系是否完整,是否反映了智能控制的要求。

○1分　○2分　○3分　○4分　○5分

3. 您认为采用智能化协同控制技术对贵公司的协同创新管理能否产生积极作用。

○1分　○2分　○3分　○4分　○5分

4. 您认为贵公司的财务创新协同控制技术在同行业中的地位和作用如何。

○1分　○2分　○3分　○4分　○5分

> "财务风险资源管理"项目

1. 您认为财务风险资源管理在贵公司财务风险控制中的地位和重要性如何。

○1分 ○2分 ○3分 ○4分 ○5分

2. 您认为财务风险资源管理是否体现了贵公司的财务风险管理能力。

○1分 ○2分 ○3分 ○4分 ○5分

3. 您认为财务风险资源管理是否满足了贵公司财务风险管理的战略目标要求。

○1分 ○2分 ○3分 ○4分 ○5分

4. 您认为财务风险资源管理是否反映了贵公司的财务风险管理水平。

○1分 ○2分 ○3分 ○4分 ○5分

> "财务风险识别与评估"项目

1. 您认为贵公司在财务风险识别方面是否具有有效性、超前性和准确性。

○1分 ○2分 ○3分 ○4分 ○5分

2. 您认为贵公司的财务风险识别能力是否与公司的财务风险管理需求相匹配。

○1分 ○2分 ○3分 ○4分 ○5分

3. 您认为贵公司在财务风险评估方面的定性分析和定量模型能否满足风险管理的要求。

○1分 ○2分 ○3分 ○4分 ○5分

4. 您认为贵公司的财务风险评估作用是否得到了有效发挥。

○1分 ○2分 ○3分 ○4分 ○5分

> "财务风险价值及危机管理"项目

1. 您认为贵公司在财务风险管理上是否充分考虑了风险的价值性。

○1分 ○2分 ○3分 ○4分 ○5分

2. 您认为贵公司在财务风险管理上是否充分考虑了风险的损失性。

○1分　○2分　○3分　○4分　○5分

3. 您认为贵公司的财务风险价值管理是否有效。

○1分　○2分　○3分　○4分　○5分

4. 您认为贵公司的财务危机管理是否具有系统性。

○1分　○2分　○3分　○4分　○5分

➤ "财务风险协同控制技术"项目

1. 您认为贵公司的财务风险协同控制是否具有较强的协同性和技术性。

○1分　○2分　○3分　○4分　○5分

2. 您认为贵公司的财务风险协同控制技术体系是否完整,是否反映了智能控制的要求。

○1分　○2分　○3分　○4分　○5分

3. 您认为采用智能化协同控制技术对贵公司的财务风险管理能否产生积极作用。

○1分　○2分　○3分　○4分　○5分

4. 您认为贵公司的财务风险协同控制技术在同行业中的地位和作用如何。

○1分　○2分　○3分　○4分　○5分

➤ "价值创造能力"项目

1. 您认为贵公司的价值创造能力是否已经成为公司长期竞争优势的重要支撑。

○1分　○2分　○3分　○4分　○5分

2. 您认为贵公司的价值创造能力是否在同行业中处于领先地位。

○1分　○2分　○3分　○4分　○5分

3. 您认为贵公司的价值创造能力是否满足了公司的战略目标要求。

○1分　○2分　○3分　○4分　○5分

4. 您认为贵公司的价值创造能力是否是多种协同控制因素联合作用的结果。

○1分　○2分　○3分　○4分　○5分

➢ "价值创造水平"项目

1. 您认为贵公司的价值创造水平是否在同行业中处于领先地位。

○1分　○2分　○3分　○4分　○5分

2. 您认为贵公司的价值创造水平是否体现了公司的协同发展要求。

○1分　○2分　○3分　○4分　○5分

3. 您认为贵公司的价值创造水平是否反映了公司的价值创造能力。

○1分　○2分　○3分　○4分　○5分

4. 您认为贵公司的价值创造水平是否反映了利益相关者的期望要求。

○1分　○2分　○3分　○4分　○5分

➢ "价值创造动力"项目

1. 您认为贵公司的价值创造动力是否与公司的价值创造能力相适应。

○1分　○2分　○3分　○4分　○5分

2. 您认为贵公司的价值创造动力是否与公司的价值创造水平相适应。

○1分　○2分　○3分　○4分　○5分

3. 您认为贵公司的价值创造动力是否与公司的战略目标相适应。

○1分　○2分　○3分　○4分　○5分

4. 您认为贵公司的价值创造动力是否与公司的发展方向相适应。

○1分　○2分　○3分　○4分　○5分

➢ "价值创造协同性"项目

1. 您认为贵公司的价值创造协同性是否满足了财务协同控制的要求。

○1分　○2分　○3分　○4分　○5分

2. 您认为贵公司的价值创造协同性是否体现了战略管理的要求。

○1分　○2分　○3分　○4分　○5分

3. 您认为贵公司的价值创造协同性是否反映了公司间的竞争性要求。

○1分　○2分　○3分　○4分　○5分

4. 您认为贵公司的价值创造协同性是否满足公司发展要求。

○1分　○2分　○3分　○4分　○5分

附录 B VFP 计算主程序源代码

```
SET TALK OFF
CLOS ALL
CLEAR ALL
CLOS DATA
SET DEFA TO F:\data
SELE 1
USE fs_zcfzb_2016_12.dbf      && 本期末合并资产负债表数据库
SELE 2
USE fs_lrb_2016_12.dbf        && 本期末合并利润表数据库
SELE 3
USE fs_xjllb_2016_12.dbf      && 本期末合并现金流量表数据库
SELE 4
USE fs_zcfzb_2016_1.dbf       && 本期初合并资产负债表数据库
SELE 5
USE fs_lrb_2016_1.dbf         && 本期初合并利润表数据库
SELE 7
USE fs_zcfzb_2015_12.dbf      && 上期末合并资产负债表数据库
SELE 8
USE fs_lrb_2015_12.dbf        && 上期末合并利润表数据库
SELE 9
USE fs_xjllb_2015_12.dbf      && 上期末合并现金流量表数据库
SELE 10
USE fs_zcfzb_2015_1.dbf       && 上期初合并资产负债表数据库
SELE 11
USE fs_lrb_2015_1.dbf         && 上期初合并利润表数据库
SELE 12
USE fzq_data                  && 计算结果数据库
```

```
GO TOP
DO WHILE NOT EOF()
    **** 计算营运资本需求 FZQ_WCR 和投入资本 FZQ_IC *******
    SELE 1
    LOCAT FOR fzq_data.Stkcd=fs_zcfzb_2016_12.Stkcd
    IF FOUND()
    fzq_yyzc=A001111000+A001112000+A001123000
    fzq_yyfz=A002108000+A002109000+A002112000+A002113000+A002114000+A002115000+A002120000
        fzq_wcr=fzq_yyzc−fzq_yyfz    && 营运资本需求
        fzq_ic=A001101000+fzq_wcr+A001212000   && 投入资本=现金+WCR+固定资产净值
        SELE 12
        REPL fzq_data.f_wcr WITH fzq_wcr,fzq_data.f_ic WITH fzq_ic
        REPL fzq_data.f_u1 WITH fzq_ic
    ENDI
    *** 计算 NOPAT\EVA *****************************
    SELE 2
    LOCAT FOR fzq_data.Stkcd=fs_lrb_2007_12.Stkcd
    IF FOUND()
        fzq_nopat=B002000000+B002000201+B001211000*(1−0.25)
&&NOPAT=净利润+少数股东损益+财务费用*(1−所得税率),所得税率为25%
        SELE 12
        REPL fzq_data.f_eva WITH fzq_nopat−fzq_data.f_ic*0.055  &&EVA=NOPAT−IC*WACC,WACC 取 5.5%
        REPL fzq_data.f_nopat WITH fzq_nopat
    ENDI
    *** 计算自由现金流量 FCF\现金盈利增加值 CAV ***********
    SELE 4                    && 计算期初 WCR
    LOCAT FOR fzq_data.Stkcd=fs_zcfzb_2007_1.Stkcd
    IF FOUND()
    fzq_yyzc=A001111000+A001112000+A001123000&& 营运资
```

产＝应收账款净额＋预付款项净额＋存货净额

  fzq_yyfz＝A002108000＋A002109000＋A002112000＋A002113000＋A002114000＋A002115000＋A002120000

  &&营运负债＝应付账款＋预收款项＋应付职工薪酬＋应交税费＋应付利息＋应付股利＋其他应付款

  &&fzq_yyzc＝A001100000－A001101000－A001107000－A001110000

  &&fzq_yyfz＝A002100000－A002101000－A002105000－A002107000

  fzq_wcr＝fzq_yyzc－fzq_yyfz   && 营运资本需求

  SELE 12

  REPL fzq_data.f_wcr0 WITH fzq_wcr

ENDI

SELE 3

LOCAT FOR fzq_data.Stkcd＝fs_xjllb_2007_12.Stkcd

IF FOUND()

  fzq_fcf＝C001000000－(C002006000－C002003000)

  fzq_cav＝C001000000＋C002002000＋C002003000－C003006000

  SELE 12

  REPL fzq_data.f_fcf WITH fzq_fcf－(fzq_data.f_wcr－fzq_data.f_wcr0)

  REPL fzq_data.f_cav WITH fzq_cav

ENDI

计算 v2\v3\v5\v6\v8\v9\v10\v11 *****************

SELE 1

LOCAT FOR fzq_data.Stkcd＝fs_zcfzb_2007_12.Stkcd

IF FOUND()

  fzq_syzqy_t＝A003000000   && 本期所有者权益

  fzq_zjgc_t＝A001213000   && 本期在建工程净额

  fzq_cqfz_t＝A002206000   && 本期长期负债合计

  fzq_yszk1＝A001111000   &&07 期末应收账款

  fzq_ch1＝A001123000   &&07 期末存货

  fzq_yfzk1＝A002108000   &&07 期末应付账款

ELSE

  WAIT '数据不全'

```
ENDI
SELE 7
LOCAT FOR fzq_data.Stkcd=fs_zcfzb_2006_12.Stkcd
IF FOUND()
    fzq_syzqy_t1=A003000000      && 上期所有者权益
    fzq_zjgc_t1=A001213000       && 上期在建工程净额
    fzq_cqfz_t1=A002206000       && 上期长期负债合计
    fzq_yszk3=A001111000         && 06 期末应收账款
    fzq_ch3=A001123000           && 06 期末存货
    fzq_yfzk3=A002108000         && 06 期末应付账款
ELSE
    WAIT '数据不全'
ENDI


SELE 4
LOCAT FOR fzq_data.Stkcd=fs_zcfzb_2007_1.Stkcd
IF FOUND()
    fzq_yszk0=A001111000         && 07 期初应收账款
    fzq_ch0=A001123000           && 07 期初存货
    fzq_yfzk0=A002108000         && 07 期初应付账款
ENDI
SELE 10
LOCAT FOR fzq_data.Stkcd=fs_zcfzb_2006_1.Stkcd
IF FOUND()
    fzq_yszk2=A001111000         && 06 期初应收账款
    fzq_ch2=A001123000           && 06 期初存货
    fzq_yfzk2=A002108000         && 06 期初应付账款
ENDI
******
SELE 2
LOCAT FOR fzq_data.Stkcd=fs_lrb_2007_12.Stkcd
IF FOUND()
    fzq_yysr_t=B001101000        && 本期营业收入
```

    fzq_yycb_t=B001201000　　　&& 本期主营业务成本
    fzq_yycb=B001200000　　　&& 营业总成本
  ELSE
    WAIT '数据不全'
  ENDI
  SELE 8
  LOCAT FOR fzq_data.Stkcd=fs_lrb_2006_12.Stkcd
  IF FOUND()
    fzq_yysr_t1=B001101000
    fzq_yycb_t1=B001201000
  ELSE
    WAIT '数据不全'
  ENDI
  ******
  SELE 3
  LOCAT FOR fzq_data.Stkcd=fs_xjllb_2007_12.Stkcd
  IF FOUND()

fzq_jyxjlr_t=C001001000+C0b1002000+C0b1003000+C0b1004000+C0i1005000+C0i1006000+C0i1007000+C0d1008000+C0f1009000+C0d1010000+C0d1011000+C001012000+C001013000 && 本期经营活动现金流入量

    fzq_gjzfxj_t=C002006000
    fzq_fpzfxj_t=C003006000
    fzq_zgzfxj_t=C001020000
    fzq_xssdxj_t=C001001000
    fzq_gmzfxj_t=C001014000
  ELSE
    WAIT '数据不全'
  ENDI
  SELE 9
  LOCAT FOR fzq_data.Stkcd=fs_xjllb_2006_12.Stkcd
  IF FOUND()

fzq_jyxjlr_t1=C001001000+C0b1002000+C0b1003000+C0b1004000+

C0i1005000 + C0i1006000 + C0i1007000 + C0d1008000 + C0f1009000 + C0d1010000+C0d1011000+C001012000+C001013000　&& 上期经营活动现金流入量

　　　　　fzq_gjzfxj_t1＝C002006000

　　　　　fzq_fpzfxj_t1＝C003006000

　　　　　fzq_zgzfxj_t1＝C001020000

　　　　　fzq_xssdxj_t1＝C001001000

　　　　　fzq_gmzfxj_t1＝C001014000

　　ELSE

　　　　WAIT '数据不全'

　　ENDI

　　fzq_xjyqzfb0＝(2 * fzq_yysr_t/(fzq_yszk0+fzq_yszk1)+2 * fzq_yycb_t/(fzq_ch0+fzq_ch1))/(2 * fzq_yycb_t/(fzq_yfzk0+fzq_yfzk1))　fzq_xjyqzfb1＝(2 * fzq_yysr_t1/(fzq_yszk2+fzq_yszk3)+2 * fzq_yycb_t1/(fzq_ch2+fzq_ch3))/(2 * fzq_yycb_t1/(fzq_yfzk2+fzq_yfzk3))

　　　　SELE 12

　　　　REPL f_v1 WITH SQRT(fzq_jyxjlr_t/fzq_jyxjlr_t1 * fzq_yysr_t/fzq_yysr_t1),

　　　　　f_v2 WITH SQRT(fzq_gjzfxj_t/fzq_gjzfxj_t1 * fzq_zjgc_t/fzq_zjgc_t1),

　　　　　f_v3 WITH SQRT(fzq_cqfz_t/fzq_cqfz_t1 * fzq_syzqy_t/fzq_syzqy_t1)

　　REPL f_v5_0 WITH 2 * fzq_yysr_t/(fzq_yszk0+fzq_yszk1)+2 * fzq_yycb_t/(fzq_ch0+fzq_ch1)－2 * fzq_yycb_t/(fzq_yfzk0+fzq_yfzk1)

　　　　REPL f_v8 WITH fzq_fpzfxj_t/fzq_fpzfxj_t1, f_v9 WITH fzq_zgzfxj_t/fzq_zgzfxj_t1,

　　　　　f_v10 WITH fzq_xssdxj_t/fzq_xssdxj_t1, f_v11 WITH fzq_gmzfxj_t/fzq_gmzfxj_t1

　　REPL f_v5_1 WITH 2 * fzq_yysr_t1/(fzq_yszk2+fzq_yszk3)+2 * fzq_yycb_t1/(fzq_ch2+fzq_ch3)－2 * fzq_yycb_t1/(fzq_yfzk2+fzq_yfzk3)

　　　　REPL f_v5 WITH f_v5_0/f_v5_1, f_v6 WITH fzq_xjyqzfb0/fzq_xjyqzfb1

　　　　REPL f_u2 WITH fzq_yycb, f_u3 WITH fzq_data.f_fcf

    SKIP
  ENDD
    REPL ALL f_v4 WITH f_eva/f_ic,f_v7 WITH f_fcf/f_ic,f_v12
WITH f_cav/f_ic
    REPL ALL f_x1 WITH (f_v1 * f_v2 * f_v3)^(1/3)−1,f_x2 WITH
          SQRT(f_v5 * f_v6)−1,
          f_x3 WITH (f_v8 * f_v9 * f_v10 * f_v11)^(1/4)−1
    REPL ALL f_y1 WITH f_v4,f_y2 WITH f_v7,f_y3 WITH f_v12

    ＊＊＊＊＊＊ 计算矩阵阈值 ＊＊＊＊＊＊＊＊＊＊＊＊
    AVERAGE fzq_data.f_x1 to fzq_d1_x1 FOR f_x1>=0
    AVERAGE fzq_data.f_x1 to fzq_d1_x2 FOR f_x1<0
    AVERAGE fzq_data.f_y1 to fzq_d1_y1 FOR f_y1>=0
    AVERAGE fzq_data.f_y1 to fzq_d1_y2 FOR f_y1<0
    AVERAGE fzq_data.f_x2 to fzq_d2_x1 FOR f_x2>=0
    AVERAGE fzq_data.f_x2 to fzq_d2_x2 FOR f_x2<0
    AVERAGE fzq_data.f_y2 to fzq_d2_y1 FOR f_y2>=0
    AVERAGE fzq_data.f_y2 to fzq_d2_y2 FOR f_y2<0
    AVERAGE fzq_data.f_x3 to fzq_d3_x1 FOR f_x3>=0
    AVERAGE fzq_data.f_x3 to fzq_d3_x2 FOR f_x3<0
    AVERAGE fzq_data.f_y3 to fzq_d3_y1 FOR f_y3>=0
    AVERAGE fzq_data.f_y3 to fzq_d3_y2 FOR f_y3<0

    ?"(x+)",fzq_d1_x1,fzq_d2_x1,fzq_d3_x1
    ?"(x−)",fzq_d1_x2,fzq_d2_x2,fzq_d3_x2
    ?"(y+)",fzq_d1_y1,fzq_d2_y1,fzq_d3_y1
    ?"(y−)",fzq_d1_y2,fzq_d2_y2,fzq_d3_y2
    ＊＊＊＊＊＊ 矩阵评价类型 ＊＊＊＊＊＊＊＊＊＊＊＊
    GO TOP
    DO WHILE NOT EOF()
      DO CASE
        CASE f_x1>=fzq_d1_x1 AND f_y1>=fzq_d1_y1
          REPL f_d1 WITH 'A4'

```
CASE f_x1>=fzq_d1_x1 AND f_y1<=fzq_d1_y1 AND f_y1>0
    REPL f_d1 WITH 'A2'
CASE f_x1<=fzq_d1_x1 AND f_y1>fzq_d1_y1 AND f_x1>0
    REPL f_d1 WITH 'A3'
CASE f_x1<=fzq_d1_x1 AND f_y1<fzq_d1_y1 AND f_x1>0 AND f_y1>0
    REPL f_d1 WITH 'A1'
CASE f_x1<=fzq_d1_x2 AND f_y1<=fzq_d1_y2
    REPL f_d1 WITH 'C4'
CASE f_x1<fzq_d1_x2   AND f_y1>fzq_d1_y2 AND f_y1<0
    REPL f_d1 WITH 'C2'
CASE f_x1>fzq_d1_x2   AND f_y1<fzq_d1_y2 AND f_x1<0
    REPL f_d1 WITH 'C3'
CASE f_x1>fzq_d1_x2   AND f_y1>fzq_d1_y2 AND f_x1<0 AND f_y1<0
    REPL f_d1 WITH 'C1'
CASE f_x1<=fzq_d1_x2   AND f_y1>=fzq_d1_y1
    REPL f_d1 WITH 'B4'
CASE f_x1<fzq_d1_x2   AND f_y1<fzq_d1_y1 AND f_y1>0
    REPL f_d1 WITH 'B2'
CASE f_x1>fzq_d1_x2   AND f_y1>fzq_d1_y1 AND f_x1<0
    REPL f_d1 WITH 'B3'
CASE f_x1>fzq_d1_x2 AND f_y1<fzq_d1_y1 AND f_x1<0 AND f_y1>0
    REPL f_d1 WITH 'B1'
CASE f_x1>=fzq_d1_x1 AND f_y1<fzq_d1_y2
    REPL f_d1 WITH 'D4'
CASE f_x1>fzq_d1_x1 AND f_y1>fzq_d1_y2 AND f_y1<0
    REPL f_d1 WITH 'D2'
CASE f_x1<fzq_d1_x1 AND f_y1<fzq_d1_y2 AND f_x1>0
    REPL f_d1 WITH 'D3'
CASE f_x1<fzq_d1_x1 AND f_y1>fzq_d1_y2 AND f_x1>0 AND f_y1<0
```

                REPL f_d1 WITH 'D1'
        ENDC

        DO CASE
            CASE f_x2>=fzq_d2_x1 AND f_y2>=fzq_d2_y1
                REPL f_d2 WITH 'A4'
            CASE f_x2>=fzq_d2_x1 AND f_y2<=fzq_d2_y1 AND f_y2>0
                REPL f_d2 WITH 'A2'
            CASE f_x2<=fzq_d2_x1 AND f_y2>fzq_d2_y1 AND f_x2>0
                REPL f_d2 WITH 'A3'
            CASE f_x2<=fzq_d2_x1 AND f_y2<fzq_d2_y1 AND f_x2>0 AND f_y2>0
                REPL f_d2 WITH 'A1'
            CASE f_x2<=fzq_d2_x2 AND f_y2<=fzq_d2_y2
                REPL f_d2 WITH 'C4'
            CASE f_x2<fzq_d2_x2 AND f_y2>fzq_d2_y2 AND f_y2<0
                REPL f_d2 WITH 'C2'
            CASE f_x2>fzq_d2_x2 AND f_y2<fzq_d2_y2 AND f_x2<0
                REPL f_d2 WITH 'C3'
            CASE f_x2>fzq_d2_x2 AND f_y2>fzq_d2_y2 AND f_x2<0 AND f_y2<0
                REPL f_d2 WITH 'C1'
            CASE f_x2<=fzq_d2_x2 AND f_y2>=fzq_d2_y1
                REPL f_d2 WITH 'B4'
            CASE f_x2<fzq_d2_x2 AND f_y2<fzq_d2_y1 AND f_y2>0
                REPL f_d2 WITH 'B2'
            CASE f_x2>fzq_d2_x2 AND f_y2>fzq_d2_y1 AND f_x2<0
                REPL f_d2 WITH 'B3'
            CASE f_x2>fzq_d2_x2 AND f_y2<fzq_d2_y1 AND f_x2<0 AND f_y2>0
                REPL f_d2 WITH 'B1'
            CASE f_x2>=fzq_d2_x1 AND f_y2<fzq_d2_y2
                REPL f_d2 WITH 'D4'

```
        CASE f_x2>fzq_d2_x1 AND f_y2>fzq_d2_y2 AND f_y2<0
            REPL f_d2 WITH 'D2'
        CASE f_x2<fzq_d2_x1 AND f_y2<fzq_d2_y2 AND f_x2>0
            REPL f_d2 WITH 'D3'
        CASE f_x2<fzq_d2_x1 AND f_y2>fzq_d2_y2 AND f_x2>0
AND f_y2<0
            REPL f_d2 WITH 'D1'
    ENDC

    DO CASE
        CASE f_x3>=fzq_d3_x1 AND f_y3>=fzq_d3_y1
            REPL f_d3 WITH 'A4'
        CASE f_x3>=fzq_d3_x1 AND f_y3<=fzq_d3_y1 AND f_y3>0
            REPL f_d3 WITH 'A2'
        CASE f_x3<=fzq_d3_x1 AND f_y3>fzq_d3_y1 AND f_x3>0
            REPL f_d3 WITH 'A3'
        CASE f_x3<=fzq_d3_x1 AND f_y3<fzq_d3_y1 AND f_x3>0
AND f_y3>0
            REPL f_d3 WITH 'A1'
        CASE f_x3<=fzq_d3_x2 AND f_y3<=fzq_d2_y2
            REPL f_d3 WITH 'C4'
        CASE f_x3<fzq_d3_x2 AND f_y3>fzq_d3_y2 AND f_y3<0
            REPL f_d3 WITH 'C2'
        CASE f_x3>fzq_d3_x2 AND f_y3<fzq_d3_y2 AND f_x3<0
            REPL f_d3 WITH 'C3'
        CASE f_x3>fzq_d3_x2 AND f_y3>fzq_d3_y2 AND f_x3<0
AND f_y3<0
            REPL f_d3 WITH 'C1'
        CASE f_x3<=fzq_d3_x2 AND f_y3>=fzq_d3_y1
            REPL f_d3 WITH 'B4'
        CASE f_x3<fzq_d3_x2 AND f_y3<fzq_d3_y1 AND f_y3>0
            REPL f_d3 WITH 'B2'
        CASE f_x3>fzq_d3_x2 AND f_y3>fzq_d3_y1 AND f_x3<0
```

```
                REPL f_d3 WITH 'B3'
            CASE f_x3>fzq_d3_x2 AND f_y3<fzq_d3_y1 AND f_x3<0 AND f_y3>0
                REPL f_d3 WITH 'B1'
            CASE f_x3>=fzq_d3_x1 AND f_y3<fzq_d3_y2
                REPL f_d3 WITH 'D4'
            CASE f_x3>fzq_d3_x1 AND f_y3>fzq_d3_y2 AND f_y3<0
                REPL f_d3 WITH 'D2'
            CASE f_x3<fzq_d3_x1 AND f_y3<fzq_d3_y2 AND f_x3>0
                REPL f_d3 WITH 'D3'
            CASE f_x3<fzq_d3_x1 AND f_y3>fzq_d3_y2 AND f_x3>0 AND f_y3<0
                REPL f_d3 WITH 'D1'
        ENDC
        SKIP
    ENDD


    DIME fzq_max(12),fzq_min(12),fzq_main(12),fzq_main1(12),fzq_main2(12),fzq_var(12)
    FOR i=1 TO 12
        fzq_max(i)=0
        fzq_min(i)=0
        fzq_main(i)=0
        fzq_main1(i)=0
        fzq_main2(i)=0
        fzq_var(i)=0
        fzq_v='f_v'+ALLTRIM(STR(i))
        CALCULATE MAX(&fzq_v) TO fzq_max(i)    && 最大值
        CALCULATE MIN(&fzq_v) TO fzq_min(i)    && 最小值
        CALCULATE AVG(&fzq_v) TO fzq_main(i)   && 均值
        CALCULATE AVG(&fzq_v) TO fzq_main1(i)  FOR &fzq_v>=fzq_main(i) AND &fzq_v<=fzq_max(i)    && 上均值
        CALCULATE AVG(&fzq_v) TO fzq_main2(i)  FOR &fzq_
```

```
v<fzq_main(i) AND &fzq_v>=fzq_min(i)          && 下均值
          CALCULATE VAR(&fzq_v) TO fzq_var(i)     && 方差
               ?fzq_max(i),fzq_main1(i),fzq_main(i),fzq_main2(i),fzq_min(i),70/69*fzq_var(i)
     ENDF
     wait
     GO TOP
     DO WHILE NOT EOF()
        FOR i=1 TO 12
             fzq_v='f_v'+ALLTRIM(STR(i))
             fzq_vv='f_stan_v'+ALLTRIM(STR(i))
             DO CASE
                CASE &fzq_v<fzq_main2(i)
                     REPL fzq_data.&fzq_vv WITH 25*(&fzq_v-fzq_min(i))/(fzq_main2(i)-fzq_min(i))
                CASE &fzq_v>=fzq_main2(i) and &fzq_v<fzq_main(i)
                     REPL fzq_data.&fzq_vv WITH 25*(&fzq_v-fzq_main2(i))/(fzq_main(i)-fzq_main2(i))+25
                CASE &fzq_v>=fzq_main(i) and &fzq_v<fzq_main1(i)
                     REPL fzq_data.&fzq_vv WITH 25*(&fzq_v-fzq_main(i))/(fzq_main1(i)-fzq_main(i))+50
                CASE &fzq_v>=fzq_main1(i) and &fzq_v<fzq_max(i)
                     REPL fzq_data.&fzq_vv WITH 25*(&fzq_v-fzq_main1(i))/(fzq_max(i)-fzq_main1(i))+75
             ENDC
        ENDF
        SKIP
     ENDD
     BROW NOEDIT NODELE
     CLOS DATA
     CLEAR ALL
     CLEAR
```

附录 C 样本公司 2016 年合并财务报表数据资料

单位：元

表 C1-1 2016 年合并资产负债表

	江铃汽车	海马汽车	长安汽车	一汽轿车	安凯客车	一汽夏利	中国重汽	中通客车	比亚迪	东风汽车	宇通客车	上汽集团
流动资产												
货币资金	11666684744	2134448437	24782504552	1068110057	1416395566	1063004449	9884955959	1316126513	7693666000	3384681627	5616350260	10594791363
交易性金融资产	8539073	204545800	0	0	0	0	0	0	0	0	358494333	1559753225
应收票据	498874774	1956298523	29002539261	6242175874	450097154	177215100	8865388243	319200	6362378000	4517312916	1135116276	30038463383
应收账款	1172147513	257950897	1498837042	166079059	2209125150	9335791	3885144371	4036181104	41768002000	2776145504	15049323450	30661741112
预付款项	458581043	179264334	1060809893	269352249	18673256	48756304	125730564	49634582	205939000	223601672	226634221	20529658026
应收利息	71804192	13072935	19318139		0	0	1513078	0	0	752922	0	330661934
应收股利					0	0	0	0	0	2900000	0	1622991755
其他应收款	86148319	36573314	1403399178	7965093	2847317423	58527638	123335578	32111492	563215000	79737957	512822885	6960736476
买入返售金融资产	0	0	0	0	0	0	0	0	0	0	0	978112755
存货	1934091997	1619906480	7304106823	2806428671	247502856	421530488	4082310182	259210010	17378439000	1809657016	1923469063	37039781806
划分为持有待售的资产	87636583	0	0	0	0	0	0	0	0	0	0	0

— 237 —

续表

	江铃汽车	海马汽车	长安汽车	一汽轿车	安凯客车	一汽夏利	中国重汽	中通客车	比亚迪	东风汽车	宇通客车	上汽集团
一年内到期的非流动资产	0	0	0	0	0	0	0	760960	482038000	0	40977999	52837948608
待摊费用	0	0	0	0	0	0	0	0	0	0	0	0
待处理流动资产损益	0	0	0	0	0	0	0	0	0	0	0	0
其他流动资产	338252803	230745376	926060331	72070298	97160851	315838024	126207343	678207666	3786404000	1333153879	2047857352	42452846627
流动资产合计	16322761041	6632806095	65997575219	10632181301	7286272255	2094207793	18198125317	6372551527	78240081000	14157943493	26911045838	330962487070
非流动资产												
发放贷款及垫款	0	4575928829	0	0	0	0	0	0	0	0	0	46220053713
可供出售金融资产	0	532300000	432476274	1500000	3000000	294846	0	56550000	3225238000	59655458	1008581782	50484749497
持有至到期投资	0	172505755	0	0	0	0	0	0	0	0	0	0
长期应收款	0	0	0	0	165791010	0	0	0	253668000	30000000	0	1957243977
长期股权投资	39892942	24086068	14743367010	1784107448	36712893	1019931923	0	2685002	2244758000	1297978616	321640929	62657515441
投资性房地产	0	99594784	7782984	33074068	0	8201929	0	15638572	0	16840347	0	2546831984
固定资产净额	5588362749	3116908497	15480484514	4834060764	1135793480	1325479459	1428938679	1167488811	37483211000	3934102174	4537663836	47062354251
在建工程	1100167616	483744413	3821703831	558317548	32377909	33809343	64553874	15444698	4565424000	661917092	90849899	13266596859
工程物资	0	0	96691	0	0	0	0	0	4391521000	0	0	0
固定资产清理	0	0	0	2459217	0	0	0	0	0	157956	0	0

续表

	江铃汽车	海马汽车	长安汽车	一汽轿车	安凯客车	一汽夏利	中国重汽	中通客车	比亚迪	东风汽车	宇通客车	上汽集团
无形资产	742094115	1580363129	3444950675	823507241	269898098	185565580	377839065	303086360	8946267000	647016602	1457537900	10796991720
开发支出	45011563	648613413	1111176453	32317716	0	0	0	0	3109304000	0	0	2391298
商誉	3462208	0	9804394	0	0	0	0	654874	65914000	303868491	492016	668658526
长期待摊费用	0	0	13448410	65476752	0	4439472	1375000	0	0	3621806	10813365	1542669098
递延所得税资产	554487976	331278623	1447607279	281871894	116409152	37355107	245903859	147926108	1448262000	385432929	774873740	20852244252
其他非流动资产	97548600	0	0	0	32158699	0	0	0	1097130000	0	40296759	1689511031
非流动资产合计	8171027769	11565323511	40512898515	8416692649	1792141241	2615077660	2118610477	1709474425	66830697000	7346591471	8242750228	259747811649
资产总计	24493788810	18198129606	106510473734	19048873949	9078413496	4709285453	20316735793	8082025952	145070778000	21504534963	35153796066	590710298719
流动负债												
短期借款	0	200000000	175000000	2000000000	1766800000	206400000	4675000000	3500000	25009611000	10753667	0	8728150584
交易性金融负债	0	0	0	0	0	0	0	897600	0	0	0	0
应付票据	0	787068102	20952104806	649877788	1675135698	486336684	2846219265	2059156494	15742125000	4713668965	5389634002	11740912163
应付账款	7731169413	3820202422	19880580102	5771967814	2659806836	681276977	3990707285	1637456677	19501485000	4923264096	10371408862	104739834222
预收款项	173477498	1371564638	6854337365	1546386620	121307825	68336922	549054316	126354075	1850792000	593225283	1182623227	22675737991
应付手续费及佣金	0	0	0	0	0	0	0	0	0	0	0	0
应付职工薪酬	293844200	116644635	1839947475	21869569	62801722	199055278	109411931	103969076	2978565000	350278147	1126851534	10154726766

续表

	江铃汽车	海马汽车	长安汽车	一汽轿车	安凯客车	一汽夏利	中国重汽	中通客车	比亚迪	东风汽车	宇通客车	上汽集团
应交税费	182188630	141938116	555681489	123371506	106174511	84471613	112742680	164621082	1074614000	190979492	559386569	13913799886
应付利息	132308	1355829	73458000	2259583	3492148	3076998	6638986	1323700	193528000	680223	0	445071370
应付股利	5839873	456995	79743	171500	618935	0	0	0	10000000	602962217	0	255265009
其他应付款	3321946524	583578318	1449028596	780402046	428122872	699370482	1729507760	146759732	2322136000	1134699671	1290639201	4536772418
应付短期债券	0	0	0	0	0	0	0	0	0	0	0	0
一年内到期的非流动负债	5454263	0	1992341128	0	32000000	0	500000000	214299574	7918830000	9948474	0	8673620748
其他流动负债	153640484	0	4211570199	0	0	0	188914812	364871670	423252000	0	0	200154594
流动负债合计	11867693193	8350786248	57984128903	10896324427	6856260547	2428324954	14708197035	4823209679	78317604000	12530460233	19920543396	29738646634
非流动负债												
长期借款	4542636	0	19980912	0	566000000	0	0	0	4847936000	692727867	0	4285992306
应付债券	0	1527890	0	6129684	3566461	454710876	0	5740175	4490584000	35642398	0	14160128077
长期应付款	53627000	0	105132000	13718082	0	54234625	1580000	0	0	1700000	0	184416188
长期应付职工薪酬	0	0	217497541	0	0	15424700	0	0	0	251767531	0	6309621019
专项应付款	0	0	2010153952	202091274	0	0	34641718	470578827	0	251767531	1234662416	824105092
预计非流动负债	130986850	80224205	34535250	480508	0	28842952	127059712	702294	549903000	3390530	1073882	12238453169
递延所得税负债	27382855	17366285	2785885626	256583586	180805297	28842952	127059712	196361219	0	579280221	318405439	2211579861
长期递延收益	0	107634772										17836094587

— 240 —

续表

	江铃汽车	海马汽车	长安汽车	一汽轿车	安凯客车	一汽夏利	中国重汽	中通客车	比亚迪	东风汽车	宇通客车	上汽集团
其他非流动负债	320000	0	0	0	0	0	0	0	1455388000	0	0	0
非流动负债合计	216859341	206753152	5173185281	479003134	750371757	553213153	163281430	673382514	11343811000	1564508547	1554141737	58050390298
负债合计	12084552534	8557539400	63157314184	11375327561	7606632304	2981538107	14871478465	5496592193	89661415000	14094968781	21474685133	355436856639
所有者权益												
实收资本(或股本)	863214000	1644636426	4802648511	1627500000	695565603	1595174020	671080800	592903936	2728143000	2000000000	2213939223	11025566629
资本公积	839442490	3765457284	5085301533	2488902352	385086491	1339805457	432432875	477528748	24471813000	614614635	1278768580	41112249253
减:库存股	0	0	0	0	0	0	0	0	0	0	0	0
其他综合收益	−5523750	14519372	141480908	11141641	0	15619	−400000	0	949840000	23051717	0	9966472713
专项储备	0	0	16349486	0	5934472	1809381	0	33911637	0	0	1346958	335356349
盈余公积	431607000	87642007	2401324256	997234913	49581022	549718022	512688967	183347934	3072173000	704204524	1951071440	32254579593
一般风险准备	0	0	0	0	0	0	0	0	0	0	0	1738792163
未分配利润	10280496536	1989286590	31126707711	2563967693	184077322	−1788427542	3276017528	1297419666	16238160000	3164944174	8138537519	95665028937
归属于母公司股东权益合计	12409236276	7501541679	43573812404	7688746598	1320244910	1698094956	4891820170	2585111920	51255929000	6506815051	13583663720	192098045637
少数股东权益	0	2139048526	−220652854	−15200210	151536281	29652390	553437159	321838	4153434000	902751132	95447213	43175396443
所有者权益合计	12409236276	9640590206	43353159550	7673546388	1471781191	1727747346	5445257329	2585433758	55409363000	7409566182	13679110933	235273442080
负债和所有者权益总计	24493788810	18198129606	106510473734	19048873949	9078413496	4709285453	20316735793	8082025952	145070778000	21504534963	35153796066	590710298719

表 C1-2　2016 年合并资产负债表

单位：元

	福田汽车	亚星客车	曙光股份	江淮汽车	金杯汽车	金龙汽车	悦达投资	小康股份	广汽集团	长城汽车	力帆股份
流动资产											
货币资金	4079942947	656506503	2021762905	16032431339	5049457661	5202423330	672584788	377793586	21317030881	2153603558	7314716905
交易性金融资产	0	0	0	28078741	0	1500000	0	0	604550792	0	79704798
应收票据	309184950	11060700	357790846	1665526819	422166873	315517931	47112417	7056135952	2066254209	39786248863	1275591370
应收账款	12600913522	3258072495	1403150487	3366371401	1842920338	12444928597	90534312	393041899	1154746159	517976747	2482594306
预付款项	819960227	72112910	101215095	378403076	450227266	142348225	41074899	256572545	779221209	1057180424	489541176
应收利息	1889391	0	0	0	12071406	0	0	0	88849819	12418122	43274282
应收股利	0	0	0	0	0	0	0	0	1820194209	0	0
其他应收款	528618166	49371457	204753967	4553682512	65770694	175643602	441404797	24413566	581977177	251011871	630653790
买入返售金融资产	0	0	0	0	0	0	0	0	0	0	0
存货	3256008270	193784268	564826297	2833903875	633966616	1435545353	194196080	1091471831	2493564358	6061133218	2533081068
划分为持有待售的资产	0	0	0	0	0	0	0	0	0	0	0
一年内到期的非流动资产	1848612677	0	0	0	0	0	0	0	656322222	1201702065	446936993
待摊费用	0	0	0	0	0	0	0	0	0	0	0
待处理流动资产损益	0	0	0	0	0	0	0	0	0	0	0
其他流动资产	1665347588	76059071	124214268	2227776251	148141	2461573331	161543743	113259189	3408467775	1448753671	615278348
流动资产合计	25110477738	4316967404	4777713864	31091174015	8476728995	22179480370	1648451036	12712828568	34971178810	53928033539	15911373034
非流动资产											
发放贷款及垫款	319015200	0	0	83389723	75026018	8927500	685911294	0	2024359295	3076249653	0
可供出售金融资产	0	21129000	4948225	0	0	0	0	64671585	0	7700000	16396702
持有至到期投资	0	0	0	0	0	0	0	0	0	0	0

续表

	福田汽车	亚星客车	曙光股份	江淮汽车	金杯汽车	金龙汽车	悦达投资	小康股份	广汽集团	长城汽车	力帆股份
长期应收款	2150413008	0	9684870	168816760	0	0	0	1349324261	434353249	1361193482	940034872
长期股权投资	2465101703	0	71539547	1408607690	278577363	150316699	5286668620	170866377	22635697718	0	3373065044
投资性房地产	0	0	0	0	734927	42308336	0	0	1311432541	128146874	485016400
固定资产净额	12290393034	246367039	2941892852	10286161170	959782500	1846371930	1144358230	3087280557	11018084207	24714953083	5727960885
在建工程	1656508307	3143933	518588432	1395712582	825840919	74331583	6049225	676094145	600572967	4859177811	1163831202
工程物资	0	0	0	0	105994568	0	0	0	0	0	0
固定资产清理	0	0	0	0	0	0	0	0	0	0	0
无形资产	6324849264	50216808	892804529	2692603921	366142671	285234754	928785906	1262481592	4951865322	3210710563	1002742258
开发支出	2195821364	0	0	952696155	40021058	0	0	250732724	2341205007	0	190842383
商誉	14653707	3800310	0	0	16000000	71480045	102366822	274312	305841729	4972731	356225713
长期待摊费用	8162576	4462912	4140681	5846298	72781313	68031515	19402648	21054045	290135098	54066910	3920732
递延所得税资产	1300613381	0	83468832	737554555	152243468	405677389	286850	75366196	789875469	963955023	183763271
其他非流动资产	77455648	0	8144774	392034932	0	57760633	0	164708042	417617452	0	25117538
非流动资产合计	28802987191	329120002	4535212741	18124243786	2893444803	3010440383	8173829594	7122853837	47121040054	38381127028	13468916999
资产总计	53913464929	464608740	9312926606	49214597801	11370173798	25189920753	9822280630	19835682405	82092218864	92309160567	29380290033
流动负债											
短期借款	3386631861	1168449043	1767400000	1664053546	5049825000	1024887924	1887250000	1741818451	1216108718	250000000	12559251490
交易性金融负债	0	0	0	0	0	0	0	0	0	0	0
应付票据	5654906250	1216457901	695199753	12083693898	442603566	6342014543	164500000	5858519200	385064846	4164982676	1752443055
应付账款	12731580647	994874755	1755151588	11047687633	1444785663	7379542023	151471663	3223453283	8999168326	25007335077	2445065250
预收款项	2940323056	39523381	181304938	1250929997	126283007	711825645	12000027	2413949364	1328170019	6311928102	683612269

— 243 —

续表

	福田汽车	亚星客车	曙光股份	江淮汽车	金杯汽车	金龙汽车	悦达投资	小康股份	广汽集团	长城汽车	力帆股份
应付手续费及佣金	0	0	0	0	0	0	0	0	0	0	0
应付职工薪酬	507022006	21113274	35008086	845320732	151427696	390167799	88255881	202784370	1220771322	196684826	15774901
应交税费	515912596	59565246	20476318	414171237	26511286	137413688	135271809	273885369	1132530216	1978393498	115490073
应付利息	38868047	4638640	3813859	5977222	47466214	13400493	2761185	3085917	328585201	924377	149539392
应付股利	0	0	0	4044376	4357459	49660956	0	0	0	0	0
其他应付款	3729179997	343180939	73564506	2096421470	638701548	995455412	111815460	319864812	5732046962	2043696694	444162510
应付短期债券	0	0	0	0	0	0	0	0	0	0	0
一年内到期的非流动负债	1220189225	357070000	325145413	727000000	605000000	589000000	36000000	131762044	1021885174	105170607	1417990868
其他流动负债	24794854	0	131928615	99158732	0	501800000	0	2957385956	1422960496	4222890
流动负债合计	30749408538	4204873179	4988993077	30238458843	8536961438	18135168484	2589326024	14169122809	24321716740	43252239792	19627552697
非流动负债											
长期借款	2209056571	196179000	727500000	1783460000	1305000000	598580000	60000000	590131300	625674517	49800000	525697534
应付债券	997570669	0	0	0	500000000	0	0	0	9720787240	0	1987822954
长期应付款	170987554	0	259599327	3566461	142191	40906616	0	0	109812	0	89716451
专项应付款	2888329	0	7779093	0	0	0	0	0	0	0	0
预计非流动负债	0	40214961	29687576	0	54924272	1402471529	23489211	26380689	371641028	0	30572992
递延所得税负债	11487654	0	6525416	409383	0	680058	84068006	27366690	71951592	2328903	29225558
长期递延收益	705339690	600000	326035478	1720182751	305907031	154928417	798750	449154126	2110207623	1651147353	21976667
其他非流动负债	0	0	0	0	0	410000000	0	30691662	0	0	233208476
非流动负债合计	4097330466	236993961	1357126890	3507623095	2165973494	2607566620	168355966	1093032804	12931063474	1703276256	2918220632

附录C 样本公司2016年合并财务报表数据资料

续表

单位：元

	福田汽车	海马汽车	亚星客车	长安汽车	曙光股份	一汽轿车	江淮汽车	安凯客车	金杯汽车	一汽夏利	金龙汽车	中国重汽	中通客车	悦达投资	小康股份	比亚迪	广汽集团	东风汽车	长城汽车	宇通客车	力帆股份	上汽集团
负债合计	34846739004	14239278245	4441867140	78542441757	6346119967	22709984166	33746081938	4757326624	10702934932	2025464647	2111899488	9257190233	10346699700	2757681990	15262155613	37252278021	44955516049	22545773329
所有者权益		13890070951																				
实收资本（或股本）	6670131290		220000000	78542441757	675604211	2270998416	1893312117	4757326624	1092667132	2025464647	2111899488	9257190233	10346699700	850894494	892500000	6453360605	9127269000	3585044204	3585044204	75641616506		
资本公积	7839934428	14218355487	342093993	78703286521	1110367829	24109654684	5330092790	665924362	1130230450	4073095037	2041835662	8402337258	9673951200	382168991	1085314889	8773298562	1411231014	3150245534	74623674122			
减:库存股	-131541452	1199837181	0	6448760590	0	1822541359	0	561534065	0	2623226934	1889398517	7312462683	8240090000	0	0	0	0	2587631899	73856367302			
其他综合收益	0		0		-1592177		4222226		-136720		-1208936		-7699487		44154663		-1502334		-878935699		
专项储备	2520544						853188910		432360		15209919					10803632				57938550		
盈余公积	2082928680		42566227		262739267		1620195679		413706455		260158240		184764958		2605811769		4575014413		331567263		
一般风险准备	0		0		0		4361563							644425653								
未分配利润	2449740533		-477835018		754373853		4856687876		-2534598798		1056802304		4467090787		1695383290		2553045930		3218278964		1306681608	
归属于母公司股东权益合计	18911193480		129345745		2801492983		13794191160		72280648		3567930488		6562107694		3850263650		4380213085		4729480173		6732801301	
少数股东权益	155532445		74874520		1653133655		1674324703		594958219		879255161		502490946		723263142		1037307798		58842784		1017154403	
所有者权益合计	19066725924		204220265		2966806639		15468515863		667238867		4447185649		7064598640		4573526792		4483943865		4735364451		6834516704	
负债和所有者权益总计	53913464929		4646087405		9312926606		49214597801		11370173798		25189920753		9822280630		19835682405		82092218864		9230916056		29380290033	

表C2-1 2016年合并利润表

单位：元

	江铃汽车	海马汽车	亚星客车	长安汽车	曙光股份	一汽轿车	江淮汽车	安凯客车	金杯汽车	一汽夏利	金龙汽车	中国重汽	中通客车	比亚迪	小康股份	东风汽车	广汽集团	宇通客车	上汽集团
一、营业总收入	26633948551																		
营业收入	26633948551																		
二、营业总成本	25704102500																		
营业成本	20612722940																		

— 245 —

续表

	江铃汽车	海马汽车	长安汽车	一汽轿车	安凯客车	一汽夏利	中国重汽	中通客车	比亚迪	东风汽车	宇通客车	上汽集团
营业税金及附加	823493757	617934990	3629619041	1331468748	28615329	64510198	72562767	26408748	1511717000	292444436	161368126	7520718034
销售费用	1961534561	545353694	5293744701	2426106853	439488297	390308185	669712867	621123402	4196339000	900482611	2926673959	4750341646
管理费用	2461840500	944559044	5128856385	1742564928	333432438	710578808	553130745	299469911	6842635000	1183325952	1825537917	2825836319
财务费用	−194928633	−24464520	−305390915	107870842	58026560	81067683	181422436	64898094	1222190000	1148415	274590800	−332319542
资产减值损失	39439375	103705978	468851401	276229716	184343083	203403229	47542640	77974421	565731000	111123245	437965546	3209471406
公允价值变动收益	8461892	−2676799	0	0	0	0	0	5352370	−18207000	0	58012446	−10023469
投资收益	16721806	−48694747	9619016255	237588122	811172	2151221014	0	−8738626	−726027000	370717008	−12668794	3057226329
其中:对联营企业和合营企业的投资收益	12623612	−68028698	9563723801	234945533	348014	374586507	0	−732782	−599824000	337275906	28640929	2775149950
汇兑收益	0	0	0	0	0	0	0	0	0	0	0	18271097
三、营业利润	955029749	−30448789	9458171491	−1162082397	−1901108566	103590624	700638064	851466719	5986251000	124993969	4393330347	4843002960
加:营业外收入	529893166	98744933	983119331	194217306	1984420155	63554929	309211980	28601770	844328000	53151730	423462916	3313765181
减:营业外支出	3331667	6163047	91466041	24312389	4542577	1262559	19178547	184108021	262169000	74006232	34503000	1254310678
其中:非流动资产处置损失	2728401	1908126	33834450	14192894	2019191	373834	13673856	855320	136717000	50416710	1717047	216270785
四、利润总额	1481591248	62133097	10349824780	−992177480	78769012	165882994	712381496	695960468	6568410000	104139467	4782290263	5049245746
减:所得税费用	163575123	49165859	73230121	10559713	31958097	2987078	174211104	110458111	1088398000	33945152	679950858	6530495764
五、净利润	1318016125	12967238	10276594659	−1002737192	46810915	162895916	538170392	585502357	5480012000	70194315	4102339404	4396961698
归属于母公司所有者的净利润	1318016125	230230911	10285284121	−954327289	51350674	162326977	418178913	585811827	5052154000	218544495	404374566	3200861068

附录C 样本公司2016年合并财务报表数据资料

续表

	江铃汽车	海马汽车	长安汽车	一汽轿车	安凯客车	一汽夏利	中国重汽	中通客车	比亚迪	东风汽车	宇通客车	上汽集团
少数股东损益	0	-217263673	-8689462	-48409903	-4539760	568940	119991480	-309469	427858000	-148660180	58593838	11953351010
六、每股收益												
基本每股收益(元/股)	1.53	0.14	2.19	-0.59	0.07	0.10	0.62	0.99	1.88	0.11	1.83	2.90
稀释每股收益(元/股)	1.53	0.14	0.00	-0.59	0.07	0.10	0.62	0.99	1.88	0.11	1.83	0.00
七、其他综合收益	-811500	-5326119	-100629936	3006929	0	15619	-90000	0	173313000	1755360	0	-100478037
八、综合收益总额	1317204625	7641119	1017596472	-999730263	46810915	162911535	538080392	585502357	5653325000	71949675	4102339404	4295718162
归属于母公司所有者的综合收益总额	1317204625	224904792	1018465418	-951320360	51350674	162342595	418088913	585811827	5183038000	220609855	404374556	3105829016
归属于少数股东的综合收益总额	0	-217263673	-8689462	-48409903	-4539760	568940	119991480	-309469	470287000	-148660180	58593838	1189889149

表C2-2 2016年合并利润表

单位:元

	福田汽车	亚星客车	曙光股份	江淮汽车	金杯汽车	金龙汽车	悦达投资	小康股份	广汽集团	长城汽车	力帆股份
一、营业总收入	46532069536	3395743970	3736692125	52529388972	4801502285	21827961682	1548829979	1619243346	49417676151	98615702427	11046668574
营业收入	46532069536	3395743970	3736692125	52490556761	4801502285	21827961682	1548829979	1619243346	49417676151	98443665116	11046668574
二、营业总成本	47396889628	3272950092	3932027025	55408575068	4971504511	23467032481	1903305626	15540225692	48485594642	86369570982	11764421541
营业成本	40185170543	2747908073	3097647135	47456087897	4100147930	19984954687	1359036087	13060801178	39558535448	74360223523	9814625796
营业税金及附加	600673058	1624437	55100006	1020329902	45249018	120939113	20459286	507065517	1518835313	3832806426	152560116
销售费用	2841987036	192421628	186054505	3284690263	101095642	1631282157	57542543	1040867383	3370018441	3175424411	694033232

续表

	福田汽车	亚星客车	曙光股份	江淮汽车	金杯汽车	金龙汽车	悦达投资	小康股份	广汽集团	长城汽车	力帆股份
管理费用	3255518434	123062485	376753082	3335637004	348734603	1058747111	243488797	857649824	2748892989	4574696894	721486482
财务费用	-38460801	50255742	136399745	-107026052	179493180	-79201743	115763977	31223587	306475405	-3858556	370234983
资产减值损失	551995588	157677728	80072551	400451149	196784138	850311157	107011936	42618202	983018046	413153034	11479133
公允价值变动收益	0	0	0	-5575185	0	16049900	0	0	52219957	0	287447344
投资收益	28318243	235893	247492862	229347246	13253900	52458884	486784541	17085649	5847859995	30347821	442107612
其中：对联营企业和合营企业的投资收益	267129576	0	-3473315	202239424	0	14701151	520554346	6029907	5734640655	0	381433744
汇兑收益	0	0	0	0	0	0	0	0	0	0	0
三、营业利润	-581636849	123029772	52157962	-2655414035	-156748326	-1570562016	132308894	669293302	6832161461	12276479267	11801988
加：营业外收入	1153065994	3084854	75294461	4015042784	234950125	192451991	55873039	125411593	295520073	248928208	99843957
减：营业外支出	53557487	36415	64907147	17768783	3214597	381610496	32511310	16276447	76964482	42346682	5793591
其中：非流动资产处置损失	23136271	114	43646042	10414807	0	14983260	681602	13051445	39782521	17127374	2446686
四、利润总额	517871658	126078211	62545276	13411859966	74987203	-1759720521	155670623	778432448	7050717052	12483060793	105852354
减：所得税费用	5743798	60828595	-5986340	127249275	74278336	134682985	21411960	143337350	754341512	1929106149	13885165
五、净利润	512127860	65249616	68531616	1214610691	708867	-1894403506	134258663	635095098	6296375540	10553954644	91967189
归属于母公司所有者的净利润	566828251	62307778	60689650	1161965733	-208415182	-718590483	110154598	513516901	6288215860	10551158884	82601804
少数股东损益	-54700391	2941838	7841966	52644958	209124050	-1175813022	24104065	121578196	8159680	2795760	9365385
六、每股收益											
基本每股收益（元/股）	0.08	0.28	0.10	0.72	(0.19)	(1.18)	0.13	0.63	0.98	1.16	0.07
稀释每股收益（元/股）	0.00	0.28	0.10	0.72	(0.19)	(1.18)	0.13	0.00	0.97	0.00	0.07
七、其他综合收益	-73721864	0	2206889	4369422	17649145	-3145091	217393619	-2325031	-18949611	146471631	-56391290

续表

	福田汽车	亚星客车	曙光股份	江淮汽车	金杯汽车	金龙汽车	悦达投资	小康股份	广汽集团	长城汽车	力帆股份
八、综合收益总额	438405996	65249616	70738504	1218980113	18358012	−1897548596	351652282	632770067	6277425929	10700426275	35575898
归属于母公司所有者的综合收益总额	493106387	62307778	62896539	1166057748	−190704027	−720545909	327457387	510762106	6268696306	10697630515	26202558
归属于少数股东的综合收益总额	−54700391	2941838	7841966	52922365	209062039	−1177002687	24194894	122007961	8729623	2795760	9373340

表C3-1 2016年合并现金流量表

单位：元

	江铃汽车	海马汽车	长安汽车	一汽轿车	安凯客车	一汽夏利	中国重汽	中通客车	比亚迪	东风汽车	宇通客车	上汽集团
一、经营活动产生的现金流量												
销售商品、提供劳务收到的现金	31156599164	12627865489	78942062369	18314218128	2792464506	1478193837	22215784521	8336330324	87581417000	17817147775	29825398493	891624152918
收到的税费返还	0	38285659	178956003	0	19435989	11078946	0	60939435	1068938000	50366653	566699850	315804730
收到的其他与经营活动有关的现金	600833526	218751240	1355517641	140141425	164808660	56975187	42576874	98474752	1058953000	312531707	398084733	3430186493
经营活动现金流入小计	31757432690	13234551648	80476536012	18454359553	2976709155	1546247970	22258361395	8495744511	89709308000	18180046134	30790183077	911478441287
购买商品、接受劳务支付的现金	19536763176	8932331664	59116153863	12277211758	3590117016	2181282719	20587466130	7067436570	70164209000	14491525352	21332971423	771545924736
支付给职工以及为职工支付的现金	1860674515	727664841	5549657884	1485633053	485863101	887686545	802414939	466172020	14065652000	1297064492	2478454684	27911567006

基于MAS的企业集团财务协同控制研究

续表

	江铃汽车	海马汽车	长安汽车	一汽轿车	安凯客车	一汽夏利	中国重汽	中通客车	比亚迪	东风汽车	宇通客车	上汽集团
支付的各项税费	2360384348	1042372701	6901561944	2701363628	130461341	107370241	488522924	264901135	4361624000	506717997	1087352202	31307759251
支付的其他与经营活动有关的现金	3406218115	590160919	6622611017	1422506594	26612594	550220850	688392286	713775243	2963394000	1141968618	2359073078	30983820407
经营活动现金流出小计	27164040154	12880161691	78189984707	17886715032	4233054052	3726560355	22566796279	8512284968	91554879000	17437276458	27257851387	90010507471
经营活动产生的现金流量净额	4593392536	354389956	2286551305	567644521	−1256344897	−2180312385	−3084334884	−1654 0456	−1845571000	742769676	3532331690	11376933816
二、投资活动产生的现金流量												
收回投资所收到的现金	0	5684863733	0	0	5000000	2560500000	490000000	152221920	16290000	931609168	7738563754	30542870 4453
取得投资收益所收到的现金	13723656	35733219	9799173102	155311957	401438	475509454	0	406656	32698000	319407873	49393697	28538886862
处置固定资产、无形资产和其他长期资产所收回的现金净额	2764796	2502783	2799369	683210262	1329035	6352966	714843	1672113	196641000	76822494	23072595	1311241931
处置子公司及其他营业单位收到的现金净额	0	0	0	0	0	0	0	0	16091000	20920996	0	18836662
收到的其他与投资活动有关的现金	253841051	0	280035500	0	12565211	0	0	0	1026293000	80000000	0	1953383593

— 250 —

续表

	江铃汽车	海马汽车	长安汽车	一汽轿车	安凯客车	一汽夏利	中国重汽	中通客车	比亚迪	东风汽车	宇通客车	上汽集团
投资活动现金流入小计	270329503	5723099736	10082007971	838522219	19295684	3042362420	490714843	154300689	1288013000	1428760531	7811030046	33723216839
购建固定资产、无形资产和其他长期资产所支付的现金	1144339914	624158296	4644798095	859217694	91358041	86955000	64487552	87104350	13053450000	662395876	444782071	17266516975
投资所支付的现金	0	6007635720	0	0	5289000	0	490000000	210792300	926905000	1929000000	8374513679	293036078828
取得子公司及其他营业单位支付的现金净额	0	20202130	0	0	0	0	0	0	0	0	0	474280677
支付的其他与投资活动有关的现金	1137861	0	0	0	0	12213121	0	0	750300000	0	0	0
投资活动现金流出小计	1145477775	6651996147	4644798095	859217694	96647041	99168121	554487552	297896650	14730655000	2591395876	8819295750	310795713142
投资活动产生的现金流量净额	−875148272	−928896411	5437209877	−20695476	−77351357	2943194299	−63772709	−143595961	−13442642000	−1162635345	−1008265704	2643503698
三、筹资活动产生的现金流量												
吸收投资收到的现金	0	4900000	1984000000	0	0	0	0	0	14473000000	0	0	5514889666
其中：子公司吸收少数股东投资收到的现金	0	0	0	0	0	0	0	0	0	0	0	5514889666

续表

	江铃汽车	海马汽车	长安汽车	一汽轿车	安凯客车	一汽夏利	中国重汽	中通客车	比亚迪	东风汽车	宇通客车	上汽集团
取得借款收到的现金	0	200000000	167940510	3500000000	2419008657	1138400000	5175000000	2069870000	31223339000	37220000	300000000	12741532471
发行债券收到的现金	0	0	0	0	0	0	0	300000000	0	0	0	13821280926
收到其他与筹资活动有关的现金	0	0	1109970	56315411	85	0	0	61242891	0	1205524286	13914969	0
筹资活动现金流入小计	0	204900000	2153050480	3556315411	2419008742	1138400000	5175000000	2431112891	46292139000	124274286	313914969	32077703064
偿还债务支付的现金	432683	0	9638990	3500000000	909208657	2191000000	4732207100	2247605000	26691182000	31593138	300000000	12469531735
分配股利、利润或偿付利息所支付的现金	898162280	84087971	3110847895	167012216	89622720	70453582	688387537	236355967	3208633000	227288068	3451582703	24753281341
其中:子公司支付给少数股东的股利、利润	0	0	0	0	2529867	2000000	388146416	0	51690000	0	42000000	9225573031
支付其他与筹资活动有关的现金	1467618	0	1482209050	0	575105212	70289124	0	12526250	122107000	49117987	18531828	996638269
筹资活动现金流出小计	900062581	84087971	4602695934	3667012216	1573936588	2331742705	5361594637	2496488217	30021922000	307999193	3770114531	3821945134
筹资活动产生的现金流量净额	−900062581	120812029	−2449645455	−110696805	845072154	−1193342705	−186594637	−65375326	16270217000	934745093	−3456199562	−614174828

— 252 —

附录C 样本公司2016年合并财务报表数据资料

续表

	江铃汽车	海马汽车	长安汽车	一汽轿车	安凯客车	一汽夏利	中国重汽	中通客车	比亚迪	东风汽车	宇通客车	上汽集团
四、汇率变动对现金及现金等价物的影响	16	9806581	-6605001	-335151	1395397	5763	0	4906318	97059000	-5618322	-155297509	305983449
五、现金及现金等价物净增加额	2818181699	-443887844	5267510726	435917089	-487228703	-430455028	-558802230	-220605425	1079063000	509261102	-1087431086	3197672681
加：期初现金及现金等价物余额	8848039899	2482120410	17725921341	632192968	1062607312	1363712036	1210993348	424061189	6279531000	2255683374	6667286698	6210749427
六、期末现金及现金等价物余额	11666221598	2038232566	22993432067	1068110057	575378609	933257007	652191118	203455764	7358594000	2764944476	5579855612	9408516695
附注												
净利润	1318016125	12967238	10276594659	-1002737192	46810915	162895916	538170392	585502357	5480012000	70194315	4102339404	43961961698
少数股东权益	0	0	0	0	0	0	0	0	0	0	0	0
未确认的投资损失	0	0	0	0	0	0	0	0	0	0	0	0
资产减值准备	39439375	103705978	468851401	276229716	176409779	203403229	47542640	77974421	565731000	35547330	437965546	3209471406
固定资产折旧、油气资产折耗、生产性生物资产折旧	729726539	458222470	1779545710	888521258	82527967	244969610	225634688	53077969	5308825000	415351583	662175633	6600873155
无形资产摊销	36114993	265032343	504246780	227240588	9835231	7918514	9233734	9730846	1718744000	39880396	38193696	751238156
长期待摊费用摊销	0	2771852	6899426	581297	1162277	1833334	0	0	59000	3348480	13701762	414905259

续表

	江铃汽车	海马汽车	长安汽车	一汽轿车	安凯客车	一汽夏利	中国重汽	中通客车	比亚迪	东风汽车	宇通客车	上汽集团
待摊费用的减少	0	0	0	0	0	0	0	0	0	0	0	0
预提费用的增加	0	0	0	0	0	0	0	0	0	0	0	0
处置固定资产、无形资产和其他长期资产的损失	2550195	957156	26176073	-69507045	1939423	-6277697	13393239	272537	136717000	50151368	-14407231	425903740
固定资产报废损失	0	0	0	0	0	21154	0	1282	0	0	0	0
公允价值变动损失	-8461892	2676799	0	0	0	0	0	-5352370	18207000	0	-58012446	10023469
递延收益增加（减少）	0	0	-179280974	0	0	0	0	0	0	0	0	0
预计负债	69905471	0	0	0	0	0	0	0	0	0	0	0
财务费用	-195485582	1803472	122341937	97076295	54790632	89870526	204753801	67537150	1799609000	15412216	243082696	739757086
投资损失	-16721806	48694747	-9619016255	-237588122	-811172	-2151221014	0	8738626	726027000	-370717008	12668794	-3057226329
递延所得税资产减少	-80284386	-103597885	-31996088	-33428535	-52360300	2431477	-28449756	-87306743	-367846000	-14936564	-213661800	-3855837342
递延所得税负债增加	-1009029	-3077106	0	-73466	0	0	0	702294	-60788000	-8940976	1073882	-137047470
存货的减少	-260023406	-88474642	687546887	274788775	39884653	-101300506	-1950316366	35590551	-1984925000	-329768260	-441387776	474259074
经营性应收项目的减少	90459915	-806402518	-8528097899	-1939989873	-2777101093	-44790619	-2158170027	-1167692926	-1981144100	-17249972	-4707186681	-2862225488
经营性应付项目的增加	2869166024	461881902	6772191515	2080212694	1161147770	-589514392	2795473208	404683549	4830456000	854496768	3455786211	18771738474

附录C 样本公司2016年合并财务报表数据资料

续表

	江铃汽车	海马汽车	长安汽车	一汽轿车	安凯客车	一汽夏利	中国重汽	中通客车	比亚迪	东风汽车	宇通客车	上汽集团
已完工尚未结算款的减少（减:增加）	0	0	0	0	0	0	0	0	0	0	0	0
已结算尚未完工款的增加（减:减少）	0	0	0	0	0	0	0	0	0	0	0	0
其他	0	0	4448994	0	0	119138	0	0	−204899000	0	0	0
经营活动产生现金流量净额	4593392536	354389956	2286551305	567644521	−1256344897	−2180312385	−30843484	−16540456	−1845571000	742769676	3532331690	11376933816
债务转为资本	0	0	0	0	0	0	0	0	0	0	0	0
一年内到期的可转换公司债券	0	0	0	0	0	0	0	0	0	0	0	0
融资租入固定资产	0	0	0	0	0	0	0	0	0	0	0	0
现金的期末余额	11666221598	2038232566	2299343067	1068110057	575378609	933257007	652191118	203455764	7358594000	276494476	5579855612	94085166953
现金的期初余额	8848039899	2482120410	1772592134	632192968	1062607312	1363712036	1210993348	424061189	6279531000	2255683374	6667286698	62107494271
现金等价物的期末余额	0	0	0	0	0	0	0	0	0	0	0	0
现金等价物的期初余额	0	0	0	0	0	0	0	0	0	0	0	0
现金及现金等价物的净增加额	2818181699	−443887844	5267510726	435917089	−487228703	−430455028	−558802230	−220605425	1079063000	509261102	−1087431086	31977672681

表 C3-2　2016 年合并现金流量表

单位：元

	福田汽车	亚星客车	曙光股份	江淮汽车	金杯汽车	金龙汽车	悦达投资	小康股份	广汽集团	长城汽车	力帆股份
一、经营活动产生的现金流量											
销售商品、提供劳务收到的现金	28331243739	1399091744	3215491818	4037456 9448	5040010730	20389542771	1714846164	13143143417	5803180 0263	99640709468	8715648478
收到的税费返还	1058710581	14097941	33378480	609210994	0	654064919	6055420	41826384	37524070	46523185	507970306
收到的其他与经营活动有关的现金	743998267	5233979	224333200	1250639802	272865708	853972484	61326323	184894921	2086384673	283072186	341655883
经营活动现金流入小计	30133942586	1418423665	3473203498	4223442 0244	5312876438	21897580173	1782227906	13369864722	6015570 9006	10038505 4588	9565274667
购买商品、接受劳务支付的现金	21624276661	1755811537	3045355268	3626892 1576	3656090092	18910067492	1110685637	8725149737	4292758 1290	69116024232	8264298912
支付给职工以及为职工支付的现金	3241365154	161533775	396104352	3904512651	559867821	1967429416	347577407	849398059	3334532776	6837381504	636017686
支付的各项税费	1390063712	47276075	177498025	2207192958	326943357	626807255	89840506	1074773918	4253199635	8749960765	391216104
支付的其他与经营活动有关的现金	2685883754	121111794	450959101	203623913	289741939	2109922737	372837734	1574638836	4142037029	4181898329	1016222623
经营活动现金流出小计	28942159281	2085733181	4069916745	4258425 1098	4832643209	23614226899	1920941284	12223960550	5465735 0730	91549648354	10458796150
经营活动产生的现金流量净额	1191783306	-667309516	-599671247	-349830855	480233229	-1716664726	-138713377	1145904173	5498358276	8835406234	-893521483
二、投资活动产生的现金流量											
收回投资所收到的现金	11046864	0	12386358	678848255	15000000	1237300000	238896041	0	26385249133	19447100000	1887475778
取得投资收益所收到的现金	312707204	235893	15877950	48597112	7403988	47647121	507232257	7898000	5025899629	36852878	157049574
处置固定资产、无形资产和其他长期资产所收回的现金净额	2184161542	0	40797236	10390558	725006	323676	83102643	50529556	179517725	5548426	97269451

— 256 —

附录C 样本公司2016年合并财务报表数据资料

续表

	福田汽车	亚星客车	曙光股份	江淮汽车	金杯汽车	金龙汽车	悦达投资	小康股份	广汽集团	长城汽车	力帆股份
处置子公司及其他营业单位收到的现金净额	0	0	0	0	0	0	9311178	6070235	0	0	100000000
收到的其他与投资活动有关的现金	101942802	0	321000000	336237246	0	24412243	0	0	1850024282	72908823	71255129
投资活动现金流入小计	2609858412	235893	390061544	1074073170	23128994	1309683040	838542119	64497791	33440690769	19562410127	2313049932
购建固定资产、无形资产和其他长期资产所支付的现金	6949898258	15185467	116933221	799828306	957294547	353304840	28182847	642919130	5211562875	6684140111	350124445
投资所支付的现金	29350000	0	14651241	1589542200	0	2010879483	252430568	82500000	2936912560	2113560000	2436291752
取得子公司及其他营业单位支付的现金净额	1121159453	0	0	0	61048800	0	−504392	0	0	12130564	67970000
支付的其他与投资活动有关的现金	193000000	0	0	20974	0	13080500	0	0	1941625434	98000000	21145355
投资活动现金流出小计	7290707711	15185467	131584462	2389391480	1018343347	2377264823	280109023	725419130	36522800869	2792987076	2875831552
投资活动产生的现金流量净额	−4680849299	−14949574	258477082	−1315318310	−995214353	−1067581783	558433096	−660921340	−3082110100	−8367460548	−562781620
三、筹资活动产生的现金流量											
吸收投资收到的现金	0	0	366086280	4500190000	0	500000000	0	738451000	275331582	0	27000000
其中:子公司吸收少数股东投资收到的现金	0	0	0	0	0	0	0	0	154450000	0	27000000
取得借款收到的现金	6687083031	1323545383	1564500000	4517225682	6986525000	5136874879	2982250000	2255539891	5873117243	0	1619063632

基于 MAS 的企业集团财务协同控制研究

续表

	福田汽车	亚星客车	曙光股份	江淮汽车	金杯汽车	金龙汽车	悦达投资	小糠股份	广汽集团	长城汽车	力帆股份
发行债券收到的现金									4064524200		1985300000
收到其他与筹资活动有关的现金	190385028	0	1442709028	448319998	2978479427	350000	0	27790000	85130000	921640081	1148265897
筹资活动现金流入小计	6877468060	1323545383	3373295308	9465735679	9965004427	5637224879	2982250000	3021780891	10298103025	921640081	29685592209
偿还债务支付的现金	3169279909	614353609	1729500000	3288992552	5920758906	2925000000	3374000000	1818462140	6669480441	300200000	1673419144
分配股利、利润或偿付利息所支付的现金	444825460	54140059	1223111412	493936204	358898895	199961145	247653432	88699683	1897931450	1737766740	746764265
其中：子公司支付给少数股东的股利、利润	0	0	0	33546179	102857000	3666100	2554647	0	59709441	0	798471
支付其他与筹资活动有关的现金	232396045	0	960647303	583214563	2454865664	484692	0	32016000	86532868	0	10304564345
筹资活动现金流出小计	3846501414	668493667	2812458715	4366143319	8734523466	3125445837	3621653432	1939177823	8653944759	2037966740	27784747754
筹资活动产生的现金流量净额	3030966646	655051716	560836592	5099592360	1230480961	2511777042	−639403432	1082603068	1644158266	−1116326660	1900844455
四、汇率变动对现金及现金等价物的影响	68368307	1661099	2382246	11496753	30842	94269673	2143738	3051115	74098281	81860320	27871254
五、现金及现金等价物净增加额	−3897310140	−25546276	224982673	3445939948	715530679	−178179794	−217539974	1570637015	4134504723	−566520654	472412606
加：期初现金及现金等价物余额	3386868522	145435962	1223787997	10618982971	1877944186	5707089390	890124762	783344253	15634997830	2458364987	2068134857
六、期末现金及现金等价物余额	2997137481	1198896686	1448770670	14064922920	2593474866	5528909596	672584788	2353981268	19769502553	1891844334	2540547462
附注											
净利润	512127860	65249616	68531616	1214610691	708867	−1894403506	134258663	635095098	6296375540	1053954644	91967189
少数股东权益	0										

— 258 —

附录C 样本公司2016年合并财务报表数据资料

续表

	福田汽车	亚星客车	曙光股份	江淮汽车	金杯汽车	金龙汽车	悦达投资	小康股份	广汽集团	长城汽车	力帆股份
未确认的投资损失	0	0	0	0	0	0	0	0	0	0	0
资产减值准备	551995588	157677728	80072551	400451149	196784138	850311157	107014936	42618202	983018046	413153034	11479133
固定资产折旧、油气资产折耗、生产性生物资产折旧	819620990	20644311	208624026	1511729694	112770553	254296714	114366909	480579938	1048996353	2468351569	311936580
无形资产摊销	755915949	1810347	31835267	319896548	34805997	14429851	109059852	124079222	1050534680	83538210	45004537
长期待摊费用摊销	4392003	2928780	741614	7099114	17072941	18921707	29187792	5164351	108151780	9889420	8758
待摊费用的减少	0	0	0	0	0	0	0	0	0	0	0
预提费用的增加	0	0	0	0	0	0	0	0	0	0	0
处置固定资产、无形资产和其他长期资产的损失	−116273856	114	32686644	5490795	−324043	14379601	−28009801	−41181509	16367743	15774408	609762
固定资产报废损失	0	0	0	0	0	751	290561	0	0	0	0
公允价值变动损失	0	0	0	5575185	0	−16049900	0	0	−52219957	0	−287447344
递延收益增加(减：减少)	0	0	0	0	0	0	0	0	0	−98130059	0
预计负债	0	0	0	0	0	0	0	0	0	0	0
财务费用	−57542422	53028177	163040802	−132095639	236615131	19413867	124374553	89218933	1036353959	11181473	57260458
投资损失	−283183243	−235893	−247492862	−229347246	−13253900	−52458884	−486784541	−17085649	−5847859995	−30347821	−442107612
递延所得税资产减少	−360736246	0	−21824401	−167121321	−2990972	−19248806	−2747319	−2803428	−349337571	−254226740	−41937327
递延所得税负债增加	0	0	−3908699	−5933576	0	146326	−945416	−2803428	29869807	1234626	4365379
存货的减少	−1243881463	−42301162	−153078289	−1121119345	207765339	1490410242	75281654	397764522	−737749030	−2866687877	−392954215

— 259 —

续表

	福田汽车	亚星客车	曙光股份	江淮汽车	金杯汽车	金龙汽车	悦达投资	小康股份	广汽集团	长城汽车	力帆股份
经营性应收项目的减少	−611849285	−176994811	333768503	−607562443	−827441975	−1335372371	−380867815	−3165663077	−2218563546	−1404054873	−922022747
经营性应付项目的增加	6639671160	842548687	−1089710019	3916557539	517721153	−1072606197	64059276	3396393932	4134420467	12565012866	15497184
已完工尚未结算款的减少（减增加）	0	0	0	0	0	0	0	0	0	0	0
已结算尚未完工款的增加（减少）	0	0	0	0	0	0	0	0	0	0	0
其他	88169843	1288591	0	0	0	11182721	0	0	0	0	0
经营活动产生现金流量净额	11917833306	−667309516	−596713247	−349830855	480233229	−1716646726	−138713377	1145904173	5498358276	8835406234	−893521483
债务转为资本	0	0	0	0	0	0	0	0	0	0	0
一年内到期的可转换公司债券	0	0	0	0	0	0	0	0	0	0	0
融资租入固定资产	0	0	0	0	0	0	0	0	0	0	0
现金的期末余额	2997137481	119889686	1448770670	1406492920	2593474866	4467576014	672584788	2355981268	19769502553	1891844334	2540547462
现金的期初余额	3386868522	145435962	1223787997	1061898297	1877944186	5407089390	890124762	783344253	15634997830	2458364987	2068134857
现金等价物的期末余额	0	0	0	0	0	1061333582	0	0	0	0	0
现金等价物的期初余额	0	0	0	0	0	300000000	0	0	0	0	0
现金及现金等价物的净增加额	−389731040	−25546276	224982673	344593948	715530679	−178179794	−217539974	1570637015	4134504723	−566520654	472412606

参考文献

[1]柯荣浦.企业集团管理体制研究[M].北京:中国经济出版社,2004.

[2]张弘弢,陈佳南.长航油运:开进"死胡同"的巨轮[N].中国船舶报,2014—7—9.

[3]贾凌轩.基于动态能力理论的虚拟企业流程构建[J].商业经济研究,2016(1):91—93.

[4]Ansoff I. Corporate Strategy[M]. New York:McGraw-Hill,1965.

[5](德)哈肯.协同学:理论与应用[M].北京:原子能出版社,1989.

[6](美)迈克尔·波特.竞争优势[M].北京:华夏出版社,1997.

[7]Itami H.,Roehl T. W. Mobilizing Invisible Assets [M]. Cambridge:Harvard University Press,1987.

[8](美)罗伯特·S.卡普兰,戴维·P.诺顿.组织协同:运用平衡计分卡创造企业合力[M].博意门咨询公司译.北京:商务印书馆,2006.

[9]严复海,吴晓静.上市公司资产剥离短期价值效应的实证研究[J].财会通讯(综合下),2010(9):69—71.

[10]刘文华.经理层团队职能背景特征价值效应的实证研究[J].现代管理科学,2011(12):108—110.

[11]李国栋,薛有志.多元化企业董事会战略介入有效性研究——基于董事会能力的视角[J].山西财经大学学报,2012(9):96—103.

[12]顾海峰,谢晓晨.中国企业跨国并购的价值效应及配置

策略研究——基于矢量分析法的理论探讨[J].金融教学与研究,2013(6):53—59.

[13]龙文滨,宋献中.基于资源投入视角的社会责任决策与公司价值效应研究[J].南开管理评论,2014(6):41—52.

[14]张俊丽,金浩,李国栋.治理结构战略参与度与战略转型价值效应关系研究[J].天津商业大学学报,2015(6):15—21.

[15]周建,余耀东,杨帅.终极股东超额控制下公司治理环境与股权结构的价值效应研究[J].数理统计与管理,2016(1):162—178.

[16]窦军生,王宁,张玲丽.家族涉入对企业多元化及其价值效应的影响研究[J].南方经济,2017(3):1—19.

[17]Weitzner David, Darroch James. The Limits of Strategic Rationality: Ethics, Enterprise Risk Management, and Governance[J]. Journal of business ethics, 2010, 92(3): 361—372.

[18]Chatzipoulidis, Aristeidis. Developing Strategic Perspectives for Enterprise Risk Management Towards Information Assurance[C]. 9th European Conference on Information Warfare and Security 2010, ECIW 2010: 35—42(University of Macedonia, Thessaloniki, Greece).

[19]Mont M. Casassa, Brown Richard. Risk Assessment and Decision Support for Security Policies and Related Enterprise Operational Processes [J]. HP Laboratories Technical Report, 2011(12): 235—247.

[20]Ai Jing, Brockett Patrick L., Cooper William W. Enterprise Risk Management Through Strategic Allocation of Capital [J]. Journal of Risk and Insurance, 2012(1): 421—435.

[21]Maria Garcia-Perez A., Yanes-Estevez V., Ramon Oreja-Rodriguez J. Strategic reference Points, Risk and Strategic Choices in Small and Medium-Sized enterprises. Journal of Business Ecnomics, 2014, 15(3): 562—576.

[22]Bharathy G. Mcshane M. Applying a Systems Model to Enterprise risk Management[J]. Engineering Management Journal,2014,26(4):38—46.

[23]Jiang Ji-Jiao,Yang Nai-Ding. Enterprise Strategic Risk Dynamic Measurement Based on Real Option[J]. Control and Decision,2005,20(7):741—745.

[24]叶建目,邓明然.战略风险的维度空间与柔性控制[J].武汉理工大学学报(信息与管理工程版),2006(10):109—111.

[25]商迎秋.战略风险识别、评估和应对研究[D].北京:首都经济贸易大学,2011.

[26]孙慧,程立.基于战略地图的战略执行风险控制研究——一个整合的模型框架[J].企业经济,2012(10):34—38.

[27]熊艳,谢艳,张同健.国有商业银行信息能力培育与风险控制的相关性研究[J].湖南财政经济学院学报,2012(12):68—73.

[28]王春华.基于复杂网络的对外投资企业战略风险识别及预警模型研究[D].上海:东华大学,2014.

[29]李翕然.基于内部控制的集团企业风险管理研究[J].技术经济与管理研究,2015(4):63—67.

[30]安雪芳.煤炭企业战略风险管理及控制研究[D].北京:中国矿业大学,2015.

[31](美)海斯·J.A.自适应软件开发[M].钱玲译.北京:清华大学出版社,2003.

[32](美)霍兰·J.H.涌现——从混沌到有序[M].陈禹译.上海:上海科学技术出版社,2001.

[33]于冬,踪家峰,高璇.面向城市信息系统的复杂性研究[J].中国管理科学(专辑),2004(10):181—185.

[34]白世贞,郑小京.基于三层——回声模型的供应链复杂适应系统资源流研究[J].中国管理科学,2007(2):111—120.

[35]慕静,牛建涛.基于三层——回声模型的物流企业创新主体交互作用模型研究[J].价值工程,2010(17):8—10.

[36]田钢,张永安.集群创新网络演化的动力模型及其仿真研究[J].科研管理,2010(1):104-125.

[37]Arthur W. B. , Holland J. H. , and LeBaron B. et al. Asset Pricing Under Endogenous Expectation in an Artificial Stock Market[N]. Working Paper 96-12-093,Santa Fe Institute,1996.

[38]陈禹.复杂适应系统(CAS)理论及其应用——由来、内容与启示[J].系统辩证学学报,2001,9(4):35-39.

[39]邓宏钟.基于多智能体的整体建模仿真方法及其应用研究[D].长沙:国防科学技术大学研究生院,2002.

[40]吴集.多智能体仿真支撑技术、组织与AI算法研究[D].湖南长沙:国防科学技术大学研究生院,2006.

[41]Pfeffer,J. ,G. R. Salancik. The External Control of Organizations[M]. New York:Harper and Row,1978.

[42]George B. Richardson. The Organization of Industry [J]. Economic Journal,1972(82):883-896.

[43](美)道格拉斯·诺思罗伯特·托马斯.西方世界的兴起[M].北京:华夏出版社,1999.

[44]Hart,Oliver. Corporate Governance:Some Theory and Implication [J]. The Economic Journal,1995,105(5):678-679.

[45]干胜道.所有者财务论[M].成都:西南财经大学出版社,1998.

[46]伍中信.现代财务理论与产权理论的相关性研究[J].湖南财政与会计,1999(12):21-24.

[47]汤谷良.企业改组、兼并与资产重组中的财务与会计问题研究[M].北京:经济科学出版社,2002.

[48]吴秋明,陈捷娜.集成视角下的产业集群组织结构模式研究[J].东南学术,2015(2):131-140.

[49]新华社.中共中央关于制定国民经济和社会发展第十三个五年规划的建议[EB]. http://news. xinhuanet. com/ziliao/2015-11/04/c_128392424. htm.

[50]韩明安主编.新语词大词典[M].哈尔滨:黑龙江人民出版社,1991.

[51]Buzzell Robert D.,Gale Bradley T. The PIMS Principles Linking Strategy to Performance[M]. New York:The Free Press,1987.

[52]顾保国.企业集团制度协同绩效分析[J].理论探讨,2006(2):75−77.

[53]陈志军,赵月皎.集团公司控制与协同辨析[J].济南大学学报(社会科学版),2017(1):109−115.

[54]张友棠,冯自钦,杨轶.企业集团三维财务协同模式研究[J].财会通讯,2009(2):111−113.

[55]张宝强.基于利益相关者的企业集团财务冲突及其治理机制研究[J].财会通讯,2013(3):65−66.

[56]代鹏,刘洪渭.基于协同理念的企业集团双重财务控制研究[J].东岳论丛,2014(2):154−158.

[57]王莉.企业集团财务协同控制研究[J].民营科技,2015(8):231.

[58]黄清钊.企业集团财务协同应用探讨[J].中国总会计师,2016(10):113−115.

[59]丁铭华.基于协同经济的企业集团管控路径研究[J].经济管理,2010(2):65−69.

[60]王晓静.企业集团研发协同与研发绩效的实证研究[D].济南:山东大学,2012.

[61]李彬,潘爱玲.母子公司协同效应的三维结构解析及其价值相关性检验[J].南开管理评论,2014(7):76−84.

[62]小艾弗雷德·D.钱德勒.企业规模经济与范围经济[M].北京:中国社会科学出版社,1999.

[63]曾晓洋.协同经济与企业运营战略研究[J].华中师范大学学报(人文社会科学版),1997(7):138−144.

[64]朱沁夫,张萍,周再福.生产要素协同作用与企业效率初

探[J].湖南大学学报(社会科学版),2000(9):83—86.

[65]顾保国.企业集团协同经济研究[D].上海:复旦大学管理学院,2003.

[66]张维迎.所有制、治理结构及委托代理关系——兼评崔之元和周其仁的一些观点[M].经济研究,1996.

[67]Hart.Oliver,Corporate Governance:Some Theory and Implication[J].The Economic Journal,105(5):678—679.

[68]李维安等.公司治理[J].天津:南开大学出版社,2001(9).

[69]张瑞君.财务管理信息化——IT 环境下企业集团财务管理创新[M].北京:中信出版社,2008.

[70]赵增耀等.企业集团治理[M].北京:机械工业出版社,2002.

[71]孙班军等.企业集团管理研究[M].北京:中国财政经济出版社,2002.

[72]彭正新.中国国有企业集团治理机制研究[D].重庆:重庆大学,2003.

[73]王巍.中国企业集团治理机制研究[D].沈阳:辽宁工程技术大学,2007.

[74]郭泽光,戚海峰.财务战略的管理对象探析[J].财政研究,2002(7):52—54.

[75]颜莉.知识经济时代财务观念的创新与发展[J].科技创业月刊,2006(12):77—78.

[76]Collis,D.J.and Montgomery C.A.,Corporate Strategy:Resource and the Scope of Firm[M].Londen:McGraw-Hill Ltd,1997.

[77]朱明秀.三维价值驱动型财务模式研究[M].北京:经济科学出版社,2007.

[78]李敏.管理经济学[M].合肥:安徽人民出版社,2002.

[79]Freeman,R.E.,Strategic Management:a Stakeholder

Approach[M]. Pitman,Boston,MA,1984.

[80]Blair, Margaret M, Ownership and control: Rethinking Corporate Governance for the Twenty-First Century[M]. Washington D. C. ,Brookings Institute. 1995.

[81]Mitchell,R. K. ,Agle,B. R. ,and Wood,D. J. ,Toward a Theory of Stakeholder Identification and Salience:Defining the Principle of Who and What Really Counts[J]. Academy of Management Review,1997,22(4):853－886.

[82]Carroll, A. B. ,Business and Society:Ethical and Stakeholder Management[M]. Cincinnati,Ohio,Southwestern College Publishing,1996.

[83]程宏伟.利益相关者财务论——财务范畴的新探索[J].四川会计,2001(1):14－15.

[84]李心合.利益相关者财务论[J].会计研究,2003:10－15.

[85]衣龙新.财务治理理论研究[D].成都:西南财经大学,2004.

[86]Moeller, R. COSO Enterprise Risk Management—Understanding the New Integrated ERM Framework [M]. John Wiley & Sons,Inc. Hoboken,New Jersey,2007.

[87]Brealey,Richard and Stewart Myers. Principle of Corporate Finance[M]. McGraw-Hill,2000.

[88]Y. Zhang, Z. Feng and S. Jiang. Research on 3D Financial Risks & Competitiveness of Enterprise Based on Porter Diamond Model[C]. Proceedings of the5th International Conference on Innovation & Management. Maastricht,the Netherlands,December 10－11,2008:1044－1048.

[89]Ginoglou, D. ,Agorastos, K. and Hayzigagios, T. Predicting Corporate Failure of Problematic Firms in Greece with LPM,Logit,Probit and Discriminant Analysis Models[J]. Journal of Finance Management and Analysis,2002,15(1):1－15.

[90] Scordis, N. Integrated Risk Management[J]. The Journal of Risk and Insurance, 2000(4): 63—74.

[91] Kulp, C. A. and Hall, W. Casualty Insurance[M]. New York: Ronald press company, 1968.

[92] Arthur, C., Williams, J. and Heins, M. Risk Management and Insurance[M]. London: McGraw-Hill, 1985.

[93] Mehr, I. Fundamental of Insurance[M]. Richard D. Irwin Inc, 1986.

[94] S. Peng, J. Xing. Corporate Financial Crisis[M]. BeiJing: Tsinghua University Press, 2005.

[95] W. Chen. Formation and Prevention of Corporate Financial Risks[J]. Contemporary Manager, 2006(9): 56—57.

[96] Y. Jiang, C. Li. Systematic Analysis and Fuzzy Evaluation of Corporate Financial Risks[J]. China Management Information, 2007(12): 77—80.

[97] Y. Zhang, Z. Feng, Y. Yang. New Theory of 3D Financial Risks Early-warning Mode and Index Early-warning Matrix[J]. Accounting Communications, 2008(2): 25—29.

[98] (加) Jiawei Han Micheline Kamber. 数据挖掘概念与技术[M]. 范明, 孟小峰译. 北京: 机械工业出版社, 2008.

[99] 王建民. 战略管理学[M]. 经济科学出版社, 2003.

[100] Nicolis, Prigogine. Self-organization in Non-equibibrium System, From Dissipative Structures to Horder Through Fluctuations[M]. New York: Wilety, 1977.

[101] H. Haken. Advanced Synergetics[M]. Berlin: Springer, 1983.

[102] 李士勇等编著. 非线性科学与复杂性科学[M]. 哈尔滨: 哈尔滨工业大学出版社, 2006.

[103] 柯东昌. 内部控制理论的新进展探讨——基于COSO发布的企业风险管理整体框架(ERM—IF)的分析[D]. 南昌: 江

西财经大学,2006.

[104]管理整体框架(ERM—IF)的分析[D].南昌:江西财经大学,2006.

[105]赵文龙,侯义斌.多Agent系统的组织结构与协同[J].计算机工程与应用,2000(10):59-61.

[106]KatiaP. Sycara. Multiagent Systems[J]. AI Magazine,1998,19(2):79-92.

[107]马孟夏.论企业财务管理创新[J].哈尔滨商业大学学报(人文社科版),2009(3):91-93.

[108]刘兴堂,梁炳成,刘力.复杂系统建模理论、方法与技术[M].北京:科学出版社,2008.

[109]马巧云,洪流,陈学广.多Agent系统中任务分配问题的分析与建模[J].华中科技大学学报(自然科学版),2007(1):54-57.

[110]覃兰静.企业协同竞争战略的几点思考[J].理论月刊,2003(11):159-160.

[111]彭正银,何晓峥.企业网络组织协同竞争的理论与效应解析[J].现代财经,2007(1):41-45.

[112]杨蕙馨,冯文娜.中间性组织研究——对中间性组织成长与运行的分析[M].北京:经济科学出版社,2008.

[113]侯光明,李存金.管理博弈论[M].北京:北京理工大学出版社,2005.

[114]伍奎,李润方,刘景浩.智能化系统的知识表达与推理机制[J].机械工程学报,2005(5):98-103.

[115]杨萍,刘卫东,毕义明.基于分布式协商进化算法的多Agent目标冲突消解[J].系统工程与电子技术,2009(8):1918-1922.

[116]吴明隆.结构方程模型——AMOS的操作与应用[M].重庆:重庆大学出版社,2009.

[117]杨力,曹谢东,陈毅红,袁海燕.CIAgent平台上基于MAS的企业分布式数据库集成应用研究[J].智能系统学报,2007(6):73-78.

[118]杨波,徐升华.多Agent建模的虚拟企业知识转移演化博弈仿真分析[J].情报杂志,2010(5):20—25.

[119]杨波,徐升华.复杂系统多智能体建模的博弈进化仿真[J].计算机工程与应用,2009(23):6—8.

[120]陈剑,陆今芳.多智能自主体企业供应链系统的构建及激励机制研究[J].系统工程理论与实践,2002(7):1—8.

[121]高琛颢,范玉顺.基于MAS的动态企业建模方法[J].计算机应用,2004(9):139—141.

[122]刘洋,郑清春.基于Multi-Agent协商的虚拟企业冲突消解[J].天津理工大学学报,2006(6):42—44.

[123]蒋蕊,王德占,张仲义,姜丽莉.基于多智能体的企业信息系统网格集成平台研究[J].物流技术,2009(12):216—218.

[124]刘追,张润红.基于多智能体的虚拟企业资源集成与优化[J].武汉理工大学学报(信息与管理工程版),2006(12):108—111.

[125]周伟,贺正楚.基于合同网协议的多智能体虚拟企业协商研究[J].计算机工程与科学,2009(8):140—143.

[126]赵斌,毕贵红,杨肖鸳.应用于虚拟企业信息平台智能主体的构建[J].系统工程理论与实践,2003(6):56—62.

[127]张丽霞,唐万生,邹明能.Multi-Agent技术在供应链管理中的应用[J].黑龙江大学自然科学学报,2004(6):35—38.

[128]毛新军,陈火旺,刘凤岐.Multi-Agent系统中Agent知识获取的合作模型[J].软件学报,2001(2):256—262.

[129]刘佳,陈增强,刘忠信.多智能体系统及其协同控制研究进展[J].智能系统学报,2010(2):1—8.

[130]承向军,杜鹏,杨肇夏.基于多智能体的分布式交通信号协调控制方法[J].系统工程理论与实践,2005(8):130—135.

[131]李英.多Agent系统及其在预测控制与智能交通系统中的应用[M].上海:华东理工大学出版社,2004.

[132]胡芳华,资武成.基于JADE平台的Multi-Agent协商的

设计与实现[J].电脑知识与技术,2009(12):9695-9696,9746.

[133]李小庆.基于 Multi-Agent 的动态联盟协同体系研究[J].北京理工大学学报(社会科学版),2011(10):68-71.

[134]李松仁,景广军,陈松乔,梁雪梅.基于 Multi-Agent 的分布式专家系统原理及应用[J].中南工业大学学报,2001(2):20-24.

[135]倪明,陶琴.基于 Multi 2Agent 的供应链企业逆向物流库存模型研究[J].徐州工程学院学报(社会科学版),2009(1):15-18.

[136]张俊瑞,赵贵富.基于 Multi-Agent 的建模仿真方法研究[J].电脑开发与应用,2011(11):44-46.

[137]徐选华,陈晓红.基于 Multi-Agent 的决策支持系统模型管理研究[J].计算机工程与应用,2005(13):194-196.

[138]陈晓红.决策支持系统理论与应用[M].北京:清华大学出版社,2000.

[139]蒋国瑞,杨晓燕,赵书良.基于 Multi-Agent 的面向中小企业的柔性商务智能平台研究[J].商业研究,2006(14):43-47.

[140]薛霄.一种实时 Agent 的实现模型[J].计算机工程与应用,2005(3):219-221.

[141]李春梅,邹平.基于 Multi-Agent 的企业经营战略 GDSS 总体框架设计[J].系统工程理论与实践,2005(8):130-135.

[142]黄必清,刘文煌,奚兵.基于智能 Agent 的群组决策支持系统及其在经营过程管理中的应用[J].系统工程理论与实践,2000(4):74-78.

[143]王臣业,邱尔卫,刘富强.基于 Multi-Agent 的企业知识管理网络化模块组织体系构建[J].科技进步与对策,2011(11):98-101.

[144]贾晓霞,杨乃定,姜继娇.基于 Multi-Agent 的系统评价集成框架研究[J].科研管理,2005(7):134-137.

[145]刘大海,王冶宝,孙洪军等.基于多 Agent 的虚拟股市

仿真研究[J].计算机工程与应用,2003(25):26—28.

[146]李莉,石岩森,薛劲松,朱云龙.基于 Multi-Agent 的虚拟企业集成框架研究[J].信息与控制,2002(4):112—116.

[147]彭扬.基于 Multi-Agent 技术的 3PL 企业信息门户设计[J].物流科技,2005(29):71—73.

[148]肖毅,甘仲惟,肖明,赵慧.基于 Multi-Agent 技术的个性化信息服务研究[J].计算机应用研究,2005(3):81—84.

[149]王伟平,王斌等.Web 智能搜索多 Agent 系统结构及相关技术[J].计算机工程,2001(3):38—39.

[150]赵新昱,陈文伟,牛晓丽.基于 Multi-Agent 决策支持系统中通信和语言机制的设计和实现[J].小型微型计算机系统,2002(1):103—105.

[151]张孟资,徐国明.基于对策论的 Multi-Agent 多边协商机制研究[J].计算机技术与发展,2012(10):51—54.

[152]罗杰,段建民,陈建新.基于协进化机制的 Multi-Agent 分布式智能控制体系[J].计算机工程,2006(10):34—37.

[153]史忠植.智能主体及其应用[M].北京:科学出版社,2000.

[154]王君,樊治平.一种基于 Multi-Agent 的组织知识获取模型框架[J].中国管理科学,2004(2):41—44.

[155]毛新军,陈火旺,刘凤岐.Multi-Agent 系统中 Agent 知识获取的合作模型[J].软件学报,2001(2):256—262.

[156]薛明志,钟伟才,刘静,焦李成.正交 Multi-Agent 遗传算法及其性能分析[J].控制与决策,2004(3):290—294.

[157]蓝艇,刘士荣,顾幸生.基于进化算法的多目标优化[J].控制与决策,2006(6):601—606.

[158]丁辉,李宏光.求解约束多目标优化问题的 Agent 进化算法[J].吉林大学学报(工学版)(增刊1),2011(7):173—177.